蒙台梭利教育

全球早期教育畅销经典

蒙台梭利教育

[意]蒙台梭利 著

宿文渊 编译

北京工艺美术出版社

图书在版编目（CIP）数据

蒙台梭利教育/〔意〕蒙台梭利著；宿文渊编译．——
北京：北京工艺美术出版社，2017.6（2021.4重印）
（第一阅读系列）
ISBN 978-7-5140-1056-5

Ⅰ.①蒙…　Ⅱ.①蒙…　②宿…　Ⅲ.①儿童教育-早期
教育　Ⅳ.①G61

中国版本图书馆CIP数据核字（2017）第051085号

出 版 人：陈高潮　　　　　　　封面设计：青蓝工作室
责任编辑：赵震环　　　　　　　责任印制：高　岩

法律顾问：北京恒理律师事务所　丁　玲　肖灵利

蒙台梭利教育

〔意〕蒙台梭利　著　　　宿文渊　编译

出　　版　北京工艺美术出版社
发　　行　北京美联京工图书有限公司
地　　址　北京市朝阳区焦化路甲18号
　　　　　中国北京出版创意产业基地先导区
邮　　编　100124
电　　话　（010）84255105（总编室）
　　　　　（010）64283627（编辑室）
　　　　　（010）64280045（发　行）
传　　真　（010）64280045/84255105
网　　址　www.gmcbs.cn
经　　销　全国新华书店
印　　刷　金世嘉元（唐山）印务有限公司
开　　本　720毫米×1020毫米　1/16
印　　张　20
版　　次　2017年6月第1版
印　　次　2021年4月第2次印刷
印　　数　5001～15000
书　　号　ISBN 978-7-5140-1056-5
定　　价　59.00元

《蒙台梭利教育》是 20 世纪西方卓越的儿童启蒙教材。它提供了经典的幼儿教育方案，由意大利第一位女医学博士、第一所"儿童之家"的创办者玛丽亚·蒙台梭利撰写。玛丽亚·蒙台梭利，1870 年出生于意大利安利那省的希亚拉瓦莱小镇，大学毕业后从事特殊儿童教育，而后又致力于正常儿童的教育。她在实验、观察和研究基础上撰写的《蒙台梭利早期教育法》《童年的秘密》等著作先后被译成 37 种文字，畅销全球。

　　蒙台梭利认为，有些儿童之所以不能正常地发育和成长，主要是因为受到了成年人的压抑，一切都是强制性的，家长从来没有真正地给予孩子尊重。为此，蒙台梭利一直致力于打破已有的教育传统，寻求了解孩子和爱孩子的新方法。在本书中，蒙台梭利详细而生动地描绘了儿童的生理和心理特征。她强调教育者必须信任儿童内在的、潜在的力量，为儿童提供一个适当的环境，激发和促进儿童"内在潜力"的发挥，使其按自身规律获得自然的和自由的发展。

　　现实生活中，有很多家长都是依照着想象和所谓的经验来完成对孩子的教育。许多为人父母者都认为听话是儿童的美德，而听话的孩子虽然能够使父母省心，却往往不能很好地完成自我的实现，长大后成为不独立、不自主，或是心理有缺失、人格有障碍的人。甚至有不少家长坚持认为教育孩子就是喂养和管教的结合，他们不懂得教育的方法，又不屑于学习，以为孩子诞生的同时，自己也就一并拥有了为人父母的知识和权威，用自以为是的一套准则不断地在孩子成长的路途中设置各种

1

障碍，最终误了孩子的一生。

　　父母爱其子，则为之计深远。如何培养子女，其中大有学问。如果只注重孩子的才能，他有可能会变成一个身体羸弱或没有是非观念的愚人；如果只注重孩子的身体，他有可能会成为一个无知、粗鲁的人；如果只注重孩子的品质，他又有可能会成为一个只有想法而无法付诸实践的废人。那些艺术家、大文豪和大科学家的产生，都离不开合理的早期教育。对于教育工作者和父母来说，本书既是包含教育大师经典教育理念的智慧结晶，又是一本通俗易懂、极具操作性的实用教子手册，是蒙台梭利博士对她所进行的教育创新背后的理论原则的揭示，向父母、教师和教育管理者介绍了蒙台梭利方法的指导原则，传授了如何"让孩子通过自己的努力去自由地学习"，以及如何为孩子们提供一个进行"自我教育"的环境。蒙台梭利在本书中传授了如何刺激孩子的观察力、认识力和判断力的发育。她强调，对每个孩子的教育方法是不同的，成人的作用应该是引导孩子自己去试验，让他们自己意识到自己的错误，让他们自己在学习中冒必要的风险，希望能够给所有爱子心切的家长们以切实的帮助。相信很多家长看完，都会感到有必要重新对自己的教子方略做一番考量和调整，同时掌握教育的精髓和养育孩子的新方法。

　　阅读本书的过程也是一个自我反省的过程。书中提出了不少教育的具体方法，但并不是唯一的"标准答案"，因为每个孩子都有其独特的个性，家长们完全可以在领悟书中精髓的基础上，根据实际情况加以灵活运用。

Contents | 目 录

怎样对待初离母体的婴儿

人的能力是逐步发展的，并一点点地最终
走向独立。这是大自然的恩赐，是生命发展的
必然结果。既然生命被赋予了独立的使命，就
要全力促成这种独立的实现，把自由和独立归
还给儿童。

如何迎接初来人世的婴儿

试想一下，假如我们是婴儿，来到这个世界上的时候，会看到些什么呢？那些洗漱用品、沙发橱柜在我们看来就是庞然大物，我们根本摆弄不动，甚至是一个小小的鞋刷子，也没有一个是为我们准备的。这里不是我们应该生存的房间，这里属于那些"巨人"们，我们只是被关押在这个房间里面的"小矮人"。

难道不是吗？你仔细看看孩子在一天中可怜的遭遇吧！父母身体巨大、腿也特别长，因此可以毫不费力地迈过每一个房间的门槛，而孩子们假使想走进大人的房间，那个门槛对他们来说就是一座巨大的屏障，想要翻过去就像爬山一样困难；孩子们累的时候，等待他们的是比他们身体还要庞大的"巨型"椅子，他们要想上去休息一会儿，那只会让他们变得更累；孩子们想动手把脏衣服刷一下，可是那该死的刷子竟让孩子们两只手才能拿得起来；可怜的孩子，你还想洗澡，对吗？你可以洗，不过你首先要确定自己能够搬得动那个笨重而硕大的洗澡盆。尽管这些遭遇让你愤怒不已，可是那些"巨人"们还乐呵呵地对你说，他们盼望你的出生已经盼望了好久。也许他们真的期待已久，可是却没有做任何准备工作，真是绝妙的讽刺。

当然，这么说也不完全对，他们的确做了一些准备。你没看到孩子的房间里摆满了各式各样的玩具吗？为了孩子能够身心健康地发展，成人的确下了很大功夫。可是，那些并不是孩子们真正需要的，那不过是成人玩具的一种"迷你版"。这又是成人给孩子们玩的一种黑色幽默。所以，孩子们来到这个世界上的时候，一定很失望。他们逐渐发现根本没有真正属于自己的空间，自己只是个被愚弄的对象，硬生生地被安排到了成人的世界里自娱自乐。

众所周知，孩子们常常毁坏他们手中的玩具，尤其爱破坏那些特意为他们制作的玩具。在我们看来，儿童的这种破坏行为恰恰是他们智力发达的证明。他之所以会拆坏玩具，是因为他想知道"这东西是怎么做的"，也就是说，他想在玩具里面寻找有趣的东西。因为玩具在外观上没有任何使他感兴趣的东西。所以，当孩子们愤怒地对待这些玩具时，我们一定要给予理解。这是因为他急切地想知道深藏在玩具之中的奥秘。

依靠周围环境和各种辅助物生存是儿童的自然倾向，他宁愿用自己的脸盆，自己穿衣，自己扫地；当然，他喜欢使用与自己相配的桌子、椅子、沙发、衣橱和餐具。这会让他们变得更能适应生活，也过得更加舒适。重要的是，孩子们还可以通过使用双手而变得更聪明。让孩子在行为上看上去更像大人，这有什么不可以呢？天性使然，使命使然。

我们"儿童之家"有这样一个孩子，他做事沉着细致，非常有耐心，俨然一个公司的管理者。房间的布置井井有条，挂衣物的衣钩正好在他伸手就够得着的地方，当他轻轻打开一扇门时，门的扶手大小也恰好能被他的手握住；房间里的小凳子，重量正好适合他的臂力，使他搬起来不太沉。我们看到，当他在自己房间里做这些动作的时候，显然十分享受这个过程。有鉴于此，我们便提出一条简单明了的建议：为儿童创造一个所有东西的大小都与其能力相配的环境，这有助于开发他们的潜力。孩子们在一个属于自己的环境里面，才会表现出更加积极的生活态度，生命也因此充满了活力。

有时候我们会发现，孩子的生命更像是蝶蛹里面的虫，需要慢慢地长成蝴蝶。虽然他们的行动还是那么缓慢，但是不可否认他们的确很专注。我们应该尊重生命的成长过程，否则欲速则不达。转过头来，看看我们家长是怎么摧残这些小生命的吧！我们会毫无顾忌地阻止他们的活动，就像奴隶主对待没有人权的奴隶一样，并且我们在这样做时，毫无歉疚之心。许多人认为，对一个小孩表现出尊重是十分可笑的。大人们对以下的情形已经习以为常，当一个孩子正在吃饭时，成人就会很自然地去喂他；当孩子正在努力地扣衣服的扣子时，又有大人急不可耐地帮他扣上。总之，孩子的每一个行为都会有人代替他去做，成人对孩子连最起码的一点儿尊重都没有！特别当孩子妨碍了大人的工作时，我们总是劈头盖脸地将孩子训斥一顿，但是当孩子"工作"时，我们则可以粗暴地打断他们而没有任何的羞愧之心。

如果有一天我们也沦为了巨人的奴隶，我们就能够体会到孩子们的痛苦了。我们正在美滋滋地享受着美味的鲜汤，这时巨人突然从我们手中抢走汤匙，强迫我们以最快的速度把汤喝下去，这一举动差点使我们噎住。我们正在房间里愉快地穿着外套，巨人忽然闯进来，将一件外套扔在我们面前，并且要强行给我们穿上。这种种举动已经让我们忍无可忍，于是我们强烈抗议，要求巨人给我们以必要的尊重，可遗憾的是他们无法和我们正常地沟通，他们只尊重那些和他们一样大的人，我们这样的小矮人是没有尊严的。

"天赋人权"的理论让我们知道成人应该有自由的权利，对自由的渴望其实是人的一种天性，哪怕他只是个小孩。是自由给了我们幸福与健康，自由体现在生活中的每一个细节。就如一位哲人说的那样："人不能只靠面包活着。"对于孩子们来说，给予他们精神和文化上的自由，与给他们牛奶面包同样重要，否则就会扼杀儿童创造的天性。所以，我们还是善待自己的孩子吧，不要让他失去精神上的自由。要知道，那样不仅仅会给他们的精神造成一定的创伤，还会累及他们的身体，而精神与身体是紧密相连的。

这方面的例子比比皆是。在一家收养弃儿的慈善机构里，有一个长得很丑的小孩，所幸的是，照看他的妇女非常喜欢他。一天，这位妇女告诉孩子的母亲，那孩子长得越来越漂亮了。听到这个消息后，这位夫人便去看望孩子，她发现孩子仍旧非常难看。她从中领悟到，也许是因为每天在一起相处使得一个人习惯了另一个人的缺点。过了一些日子，这位妇女又向孩子的母亲提供了一份与以前一样的报告，这位夫人便又一次和善地访问了这家机构，这一次她对那个照看孩子的年轻妇女有了一个很好的印象，因为这位看护人在谈论孩子时是那么的满怀热情。夫人这时明白了，爱能给予一个人自信，她深受感动。几个月之后，那位年轻的妇女带着胜利的喜悦宣布，那孩子已经无可置疑地变得漂亮了。夫人虽然感到有些吃惊，但是她不得不承认这是真的。孩子的身体在伟大的爱的作用下发生了巨大的改变。

我们常常单纯地认为，我们已经给了孩子各种东西，给他们新鲜的空气和营养丰富的食物。但事实上这些东西只是人生存的基本需求，但远远不够，儿童的身体也需要有灵魂的存在。不妨设想一下，在野外吃一顿便宜的饭，比关在空气污浊的房子里进行一个豪华的宴会更富有营养。因为身体的所有功能在露天中会活跃得多，吸收也会更加完全。同理，与所爱的人或有同感的人一起进餐，要比与粗俗的部长一起参加一个喜怒无常的贵族主人的盛宴更富有营养。无须多言，我们对自由的渴望已经说明了一切，没有了自由，即使住的是金碧辉煌的皇宫，吃的是山珍海味，依然体会不到生命的乐趣，因为我们的天性受到了压抑，这对健康无益。

不要完全束缚孩子

人们对进化论中环境对于物种和生物形态所产生的影响已经耳熟能详，相信我们也没有多少精力去考证纷繁复杂的理论，但环境对自然界生物有影响是不争的事实。法国昆虫学家法布尔的研究又一次证实了这一点，通过他的研究，我们知道除非是在自然环境中对生物进行观察和研究，否则无法彻底了解生物。

事实上，人类和环境之间的关系更为复杂，有时不是人在适应环境，而是在创造一个适合自己的环境。人们无时无刻不处在一个社会环境中，这就构成了人们社会交往中的人际关系。因此不难理解，为什么新的教育理论更加强调培养孩子社会本能的重要性。假如一个孩子无法适应他所在的环境，他不但不能正常地发挥自己的潜能，更不会了解自己。可遗憾的是，我们的孩子很难找到一个可以适应的环境，因为他们的周围都是成人的世界，这种生活环境的偏差，给孩子在人格上的发展造成了相当大的影响。环境失调给孩子们造成的影响远不止这些。其直接后果就是孩子在成人的眼中看起来总是那么笨拙不堪，这就好比一个技术高超的专业杂技演员在看一个杂耍爱好者在拙劣地模仿自己。我们可以想象，这位专业杂技演员根本没有看下去的必要和耐心，他会告诉你应该怎么做，你做得有多差。这不正是我们日常生活中对待孩子的态度吗？所以我在这里非常诚恳地建议：每一位妈妈都可以试着让3~4岁的孩子按照自己的喜好去行事，让他们自己梳洗，自己穿衣服，自己吃饭。

当然，妈妈们最好能够给孩子准备一个与其年龄相符，能够释放孩子的精力，同时又能配合他们心理发展的环境，孩子就可以获得充分的自由。这种做法实际上使我们向解决问题的方向迈出了一大步，从此，孩子们就拥有了自己的环境。学校也应该为孩子们量身定做适合他们身材和力气的桌椅及用具，这样孩子们才能更加自由灵活地使用它们。这里有一些基本原则是必须要注意的：家具必须轻巧，摆设的位置要能够方便孩子移动，照片要张贴在与孩子的视线同样高的地方，让他们能够很容易观看。这些原则适用于所有孩子周围的东西，从地毯到花瓶、盘子和其他类似的物品。家庭里面的每一样东西都必须能够让孩子使用，日常家务事也要让孩子参与，比如扫地、吸尘、自己穿衣服和梳洗等。孩子周围的东西，应该让他感觉到坚固而且看上去有吸引力，"儿童之家"应该是既可爱又舒适的地方，只有当一所学校显得美观时，孩子们才会乐于在里面活动和生活，就像成人都知道一个优美的家庭环境有助于家人和谐融洽地生活在一起。可以肯定地说，环境的舒适美观与孩子的学习和活动能力有着必然的联系，在一个优美的环境中，孩子主动探索与发现的意愿要比他在一个混乱不堪的环境下更强。

孩子们对于环境的好坏有着天然的判断力，是十分敏感的。"你知道为什么孩子们都不打扫教室而宁愿让教室脏兮兮的吗？因为他们没有漂亮的抹布可以用。假如不给我漂亮的抹布，我也不想去打扫卫生。"这是旧金山蒙台梭利教育学校一个学生对学校老师说过的一句话。要让孩子们养成保持卫生的好习惯，首先要把他身边的东西洗刷干净，这样他们才乐意去做一些清洁的工作。试想一个孩子拿着一个脏兮兮的抹布，他哪里有心情去将教室的玻璃擦干净呢？记住，孩子们的家具必须是可以清洗干净的，这样更能激发他们打扫卫生的兴趣。

还有，我不认为给孩子提供一个虚拟的外部环境有任何意义。比如有人曾建议我们学校的桌椅下面都垫上一层塑胶防滑垫，这样可以避免孩子们移动桌椅时产生巨大的噪声。这貌似是个不错的建议，其实不然。一旦这样做了，孩子们听不到自己制造出了多大的噪声，他也就无法意识到自己的动作是多么鲁莽，慢慢地反而习以为常了。因此，"儿童之家"里也摆设着一些易碎物，比如玻璃、盘子、花瓶等。是的，这样完全可能被孩子们打碎，但通过打碎这些东西告诉孩子如何培养起自己的秩序感，哪个更重要呢？

孩子一旦处于一个真实的环境里面时，他们会尽可能地注意自己的举止，并控制自己的行为。在这样的环境中，孩子不需要外界的激励就能够改进自己的行为。我们可以从孩子的脸上看出他的喜悦和骄傲，偶尔还会看到他那无以复加的正经神情，这说明孩子天生就会改进自己的行为，而且他们也喜欢这样。无可讳言，成长对于一个3岁的孩子来说似乎是一种天性。我们一定要尽可能地帮助他们成长，给予他们更多锻炼自己的机会，这样孩子将来才可能大有作为。要让孩子知道，类似洗手这样的事情必须自己做，而不仅仅是个人喜好。在生活中学会自己动手，这是孩子发展所有能力的根本所在。

我们往往喜欢在孩子正在努力把工作做好的时候，费尽心思地去帮孩子，这其实是孩子发展时期最大的障碍。比较生动的例子就是，学校喜欢把桌椅都固定在地板上，这样做看起来也许更整齐，但如此一来，孩子永远也无法使身体行动有序了。我们不妨给孩子准备一个铁碗或铁盘子，为了不让孩子不小心将碗或盘子打碎。但这样做只会让孩子更加疯狂地把盘子或者碗往地上摔，岂不是变相鼓励孩子继续犯错误？这种人为的限制其实是孩子成长道路上最大的绊脚石。我们还经常代替有动手能力的孩子梳洗、穿衣服，殊不知这样就等于无情地剥夺了孩子的自主权。孩子生命的最初几年是如何度过的啊！到处都设置着条条框框，不能打破或者弄脏家里的东西，更没有机会练习控制自己的身体，不能学习使用日常生活中的物品，许多学习必要生活经验的机会就这样没有了。

有人说，难道要对孩子不闻不问、听之任之吗？不，绝对不是这样的。对孩子好是一回事，但不能忽略了孩子所犯的每一个错误。应该尽可能让孩子自然地生活与成长，提供给他成长所需要的，找出避免他犯错误的方法。当你给孩子们提供了属于他们自己的环境之后，就可以在一旁静静地观察了，什么都不需要你做。你会发现孩子们为了把事情做好，总是显得非常沉静，非常认真，自得其乐。在蒙台梭利教育学校，老师已经成为了一个观察者的角色，不像一般的学校那样常常占据主动角色。事实上，好的教师就应该让孩子自己成长或者发展，教师仅仅在旁边观察。

我记得我们学校曾发生过一件十分有趣的事情。有一次，校工忘记把学校大门的锁打开，孩子们因此不能进入学校，心情自然不太好。最后教师对他们说："你们可以从窗户爬进去，但是我进不去。"于是，孩子们一个一个地从窗户爬进了教室，那位教师则心甘情愿地守在门外看着孩子们在里面玩耍。所以，我们应该建立一个能够引导孩子并提供他们锻炼能力的适当环境，允许教师暂时离开。这样一个环境的设立就是教育上的一大进步。

了解孩子出生的秘密

有一种说法，文明是人类逐渐适应自身生存环境的最有效的方法。这个说法如果成立的话，没有谁比婴儿更能敏锐地感受到环境的变化了。我们成年人想要在瞬间适应环境，那一定相当困难，但是婴儿却可以从一个世界降临到另一个完全不同的世界，适应能力实在惊人。通过以往的经验我们知道了这样一个可怕的事实，那就是一个人在婴儿期受到的不良影响将会影响到他的整个一生，这一观点已经得到了世界各地专家学者的认可。不但如此，胎儿时期和儿童阶段的成长变化，会对其成年后的健康状况产生决定性影响。大家都知道分娩对产妇来说十分危险，其实对婴儿来说那更是至关重要的一刻。

这其实并不难理解，从婴儿诞生的那一刻起，他就成为一个独立的个体，不再依附于母体而生存，需要独自抵抗外界病毒的侵袭和天气冷暖的变化。一个在母亲肚子里的小生命，突然遭遇了这么大的变化，这本来就让人难以想象。可是我们的精力更多地放在了产妇身上，谁会在意婴儿此时的感受？即便是护士小姐，也只是粗略地检查一下，确定母子平安就算是大功告成了。而当了父母的小夫妻此时肯定在忙着向亲戚朋友报喜，彼此互相庆贺，他们没有太多精力关心这个刚刚经历生死瞬间的小家伙是否适应房间里的光线、温度，谁也不会注意这个小家伙刚刚也经历了一场艰苦的磨难。

我们甚至见到过动物非常警惕地将自己的孩子藏起来，使他们避开强光，还用身体给他们的幼兽保暖。母兽甚至不让其他动物碰触自己的孩子，连看一眼都不行。可是我们人类对待婴儿的方式却十分不同，从婴儿呱呱坠地那一刻起，就马上被厚厚的包裹给包上，可怜他们柔弱的四肢，如何才能摆脱这种束缚呢？

　　你当然可以说，健康的孩子完全有抵御外界侵害的能力，自然界万物都是如此，没必要大惊小怪。既然人类有这么强的适应能力，为什么冬天还要穿着厚厚的棉衣呢？为什么整天仍围在温暖的火炉或者暖气前足不出户呢？难道大人比婴儿还脆弱吗？其实，整个人类社会都有一个盲点，就是对人类生命的理解。我们必须彻底了解婴儿的出生，从他生下来那一刻起就悉心照料，这样才能稳稳跨出生命中的第一步。没有丰富的婴儿养护知识，你很难满足婴儿自身的需求。好比一个刚刚做父亲的男人，即使对孩子百般呵护，仍因为没有掌握正确抱孩子的姿势而使得孩子哇哇大哭。

　　此外，我们最好能够在孩子出生到满月这段时间给孩子一个安静的环境。在保证室温的情况下别给孩子穿衣服，也不要包裹，让婴儿在室温下自然调节。因为穿衣服对婴儿来说没有实质性帮助。有人可能对这一论点有非议，认为我忽略了各个国家已经存在的传统育婴方式。我其实对各国的育婴方式都有一定的了解，虽不敢说达到了专家的程度，不过确实做过一些深入的研究。这些传统的育婴方式存在心灵上的缺憾。也就是说，他们没有为孩子的降生做好心理上的准备。这让他们在养育婴儿方面看起来十分狼狈，常常扮演"救火队员"的角色。他们生怕孩子打乱自己的生活秩序，生怕孩子把房间搞得脏乱不堪，因而随时准备抢救那些可能被孩子破坏的东西。大人们千方百计地想让孩子变乖，成为一个有教养的绅士，这样一来就对孩子束手束脚，以致抑制了孩子们随心所欲的性情。

　　有时候我们会把孩子随心所欲的特性当作是任性的表现。其实，孩子一点也不任性，只不过我们对他的了解太少了，我们常常因为不太了解孩子的性情，而在教育过程中犯下一些错误。举例来说，孩子从一岁到两岁的时候特别容易产生一种倾向，就是希望看到每样东西都摆在他所熟悉的位置上，并且他对每一样东西都有特定的使用方法。如果有人打破了这种习以为常的生活秩序，他会感到非常沮丧，甚至会想尽办法把东西放回原来的地方，然后他的心情才会平静下来。

　　每个孩子都有"物归原主"的要求，即使年龄再小也不例外。蒙台梭利学校就发生了这样的事情。有一次，一个孩子呆呆地站在那儿，低头看地上的沙子，他妈妈发现了，随手抓起一把沙子扬掉了。没想到孩子当时就大哭起来，他边哭边把散落的沙子集中起来，捧回原地。这时，妈妈才明白孩子为什么突然哭起来，遗憾的是她还把孩子的这种需要当成"不乖"的表现。

　　还有一件令人捧腹大笑的事情，是一个孩子的妈妈告诉我的。有一次，因为天气暖和，她把外套脱下来挽在手上，这时她的孩子却哭闹起来，没有人知道孩子为什么会如此伤心，直到他妈妈把外套穿上了，孩子才安静下来，大家这才恍然大悟。

看到了吗？是孩子不乖还是我们没有彻底了解孩子呢？影响孩子情绪的原因无非就是那个物品已经不在他所熟悉的位置了。这当然不是什么缺点，完全没有必要因此而处罚孩子，随着他慢慢长大，这些问题也会随着消失的。

最后再告诉大家一个例子，我的邻居有一个两岁的孩子，保姆每次都在同一个浴缸里，用同一种方式帮他洗澡。有一天，这个保姆有事必须离开一阵子，另一个保姆代替她照顾孩子。当新保姆帮孩子洗澡时，孩子就哭闹不停，大人们搞不清楚到底是怎么回事。直到原来的保姆回来后问孩子："为什么一洗澡你就哭呢？那个阿姨不是很好吗？"孩子回答说："她是个好阿姨，可是她每次帮我洗澡都倒着来。"原来，这个保姆每次洗澡都是先给孩子洗头，而新保姆是从孩子的脚开始洗。洗澡的先后顺序对孩子来说，是不可以改变的生活规则，他在尽力维护着这个规则。然而，孩子这样的表现，却常常被大人看作是"不乖"。

儿童成长的不同阶段

许多心理学家都认为，一个人从出生到大学毕业这段时间，他的心理变化也可以分为不同的几个阶段。先前人们普遍认为新生婴儿阶段没什么研究价值，现在发现这种观念有些过时，也不尽科学。人在不同的成长阶段，其心理也在经历着变化，并且每个阶段都有明显的界限，与身体的成长发育密切相关。一个阶段的结束，即意味着另一个阶段的到来，是一个不断再生的过程。

心理发展第一个阶段是从出生到 6 岁，这个时期的心理类型基本一致。这个阶段又可以分为 0～3 岁和 3～6 岁两个不同的时期。第一个时期是 0～3 岁，这个阶段的儿童心理我们无法了解，也不能直接对他施加影响。这个阶段的儿童不能上学，事实上，也没有会接受 0～3 岁儿童的学校。第二个时期是 3～6 岁，这个时期儿童的心理类型没有发生多大变化。不过，儿童的人格已经出现了很大变化，非常容易受到成人的影响。也许父母感觉不到这种变化，不过，只要把 6 岁的孩子与新生婴儿对比一下，就会发现变化是惊人的。我们先不谈这种变化是怎样发生的，只需要承认一个事实，就是 6 岁的孩子可以到学校接受教育了。

心理成长的第二个阶段是 6～12 岁。这个阶段相对平稳，儿童处于一个稳定的发展期，表现得健康、强壮、快乐。对这个阶段的儿童，心理学家罗斯有如下描述："这种在精神上和身体上表现出来的稳定，是儿童阶段后期的一个明显特征。这种稳定与成年时期非常相似。不难想象，假如一个外星人初次来到地球，在没有碰到成人之前，很可能以为这些 10 岁左右的孩子就是成人。"

这个阶段不仅在心理上与第一阶段明显不同，而且身体上的变化也很明显，最明显的就是儿童换牙齿。

心理成长的第三个阶段是 12 ～ 18 岁，在这个阶段，孩子会发生很大的变化。这个阶段也可以分为两个时期：一个是 12 ～ 15 岁，一个是 15 ～ 18 岁。

通常情况下，人的身体到了 18 岁之后就完成了发育，身体不会随着年龄发生明显的变化。一般学校的教育对此已经有一定的认识，可惜做得还远远不够。

他们很显然是认同 0 ～ 6 岁这个阶段的，因为孩子到 5 ～ 6 岁的时候就可以去学校上学了。因为这时他们已经懂事了，否则他们听不懂老师的话，不会走路就无法跟其他同学在一起生活。这个变化是被大家所认可的。

第二个阶段可以说也得到了一定的认可，这是因为世界上大多数国家的儿童 12 ～ 13 岁就进入了中学，这也意味着人们普遍认识到，6 ～ 12 岁是适合接受基础教育的最佳年龄。这显然不是什么巧合，而是基于大家对于儿童心理发育的普遍认知。这个阶段的儿童在心理上非常适合上小学，不仅能够接受教育，而且还会影响他们的身体发育。因此，这是一个接受文化教育的绝好时期。

12 岁之后，孩子就要接受一种新的学校教育，这说明各国的官方教育也认识到，此时儿童的心理发展已经进入一种不同的类型。这个时期也可以分为两个小阶段。与此相对应的是，中学教育也分成初中和高中。通常，初中为三年，高中是三年或四年。对我们来说，这样划分是否合理并不重要，重要的是这一事实，即 12 ～ 18 岁这 6 年的教育通常分成两个阶段。青少年教育受到心理学家的一致关注，因为 12 ～ 18 岁这个年龄段与 0 ～ 6 岁相似，心理变化更加显著。这个阶段不像前一个阶段那样简单，而且也不再平静。这个时期，青少年的性格很不稳定，而且有一种逆反倾向。在身体发育方面，也没有前一个阶段稳定。

让人不安的是，很多学校往往对这些漠不关心，他们似乎更喜欢以强制的形式来实施教育。早已经给你安排好了课程表，不管你愿不愿意，都必须接受这样的安排。学生们不得不长时间地在教室里听老师喋喋不休地讲课。按说大学教育是整个教育的最高级别，但事实上和中小学教育并无太大区别。依旧是老师们在课堂上讲，学生在下面端坐听讲。他们虽然已经长大成人，可依旧被当作小孩一样对待，不能随意上街、不能抽烟喝酒，考试一旦没考好，一样会受到老师或父母的责骂。

谁来开发他们的智慧？社会需要的是有头脑和社会经验的人才，他们或许只是"考试机器"，并非社会真正需要的人才。这些大学生将来可能是医生、律师或工程师，他们能够在社会上找到适合自己的工作吗？他们能够养活自己吗？还是看看纽约街头那些失业的大学生吧！没有哪个企业愿意将一个大项目交给一个年轻的工程师来做，也不会轻易找个年轻的律师来帮着打官司。为什么会这样？这是因为大学生多年来都是在听别人讲，而不是自己真正去干，没有任何实战经验。所以不难理解，一个医学院毕业生要通过几年的实习期，年轻的律师要通过向老律师学习办案经验。事情远没有这么简单，他们可能还需要别人的推荐或者帮助，毕业生就业形势一直都很严峻。我们的教育虽然认识到在不同阶段有不同的发展模式，却没能给我们带来质的改变，我们依然无法摆脱传统习惯的束缚。

我们甚至无法理解，为什么教育从幼儿园起就已经开始，大学却还是老样子，没什么实质性的变化。许多心理学家开始了对这个问题的研究，得出的结论和我一样，我们都相信教育的最重要阶段不在大学，恰恰相反，是在 0～6 岁这个阶段，此阶段是智力的形成时期，并且人的心理也是在这个阶段定型。这个阶段对人格的形成也有重要的意义。

科学家通过对婴儿的研究，发现新生婴儿身上有着无限的潜能，这是人类过去完全不了解的。我们都知道，婴儿期创造性的潜能一直在发挥作用。这是很明显的，刚出生的婴儿没有任何知识，什么都不知道，可是一年之后，就什么都知道了。而动物就有着与人类不同的本能，比如小猫一生下来就会"喵喵"叫，牛犊和刚孵出来的小鸟一落地就发出和它们父母一样的叫声。初生的婴儿没有这种能力，他们只能发出"哇哇"的哭声。

很显然，人类不能决定自己的成长轨迹，甚至不能解决其间出现的许多问题，但这并不妨碍人们研究自身的发展过程。这是一个从无到有的过程，其中充满了令人惊奇的变化。不过，这个研究过程非常困难。人们普遍认为婴儿的大脑始终处于沉睡状态，其实不然。婴儿的大脑与我们成人的完全不同，婴儿的大脑似乎更像一个蕴藏着巨大创造力的宝藏，特别是在婴儿出生的第一年，他们拼命地吸收身体所需要的能力，同时完善自己的发音器官，让智力和身体同步发展。与成人相比，婴儿的这些创造性的活动都是在无意识的状态下完成的，而我们成人知道自己需要什么，婴儿却不知道。这种无意识的行为其实充满了智慧，它帮助婴儿从环境中吸收知识，然后迅速成长。那么，婴儿是如何从周围环境中吸收知识的呢？就是上面讲的那些无意识的天性，周围食物唤起了婴儿的热情和注意力，婴儿与环境之间开始进行互动。婴儿不是在靠思想，而是靠自己的天赋来吸取知识。如果你观察一下就会发现，婴儿对于语言的学习就很好地展现了这种天赋。有人会说，那是孩子的本能，他们天生就有理解人类语言的能力。这未免有失偏颇，为什么婴儿周围有上千种声音，却唯独学会了人类的声音？很明显，是因为婴儿生活的周围环境中，人类语言给婴儿留下的印象更为深刻，且极易与婴儿的内心激起共鸣，这样促使他们发出相同的声音。

与此类似的，还有对音乐的感受。人们在听音乐的时候，脸上的表情不仅随着旋律而变化，而且他的头和手也会跟随节拍活动。当然了，婴儿对语言的感受要比我们对音乐的感受强烈。婴儿是在无意识中受到周围声音感染的，人们很少看见他们的舌头、脸颊在动，其实，正是在这种静默之中，婴儿的每个器官都在学习发声。那么婴儿究竟是如何学习语言的？语言又怎样成为他们生活的一部分呢？通常，人们把在婴儿期学到的语言称作母语，这种语言与后来学习的语言有明显的区别，这类似于真牙和假牙的区别。刚开始，婴儿听到的只是一些毫无意义的声音，可是过不了多久，他们就明白了其中的含义。那么，这些单纯的声音是怎样被赋予意义的呢？儿童不仅学会了词语及其意思，还掌握了句子和语言结构，因为懂得句子结构是理解语言的前提。比如人们说"玻璃杯在桌子上面"，词语的排列顺序决定了句子的意思，表示玻璃杯的位置在桌子的上面。如果把语言顺序颠倒，说"上面桌子在玻璃杯"，人们就很难明白是什么意思了。儿童之所以能够理解语言的含义，正是因为他们掌握了语句的顺序。

我们前面讲到，婴儿与成人的智慧不同。比如，我们记住东西的话，需要有一定的记忆力，而婴儿期的孩子显然是没有这种能力的。因此，婴儿对于语言的学习让人觉得不可思议，他们有一种特殊的心理能力，通过这种能力直接吸收知识。成人的学习可以通过记忆把知识输入大脑里面，进行储存，如同往水瓶里灌水一样，人与知识之间没有建立起直接的联系。相反，婴儿在学习中经历了一个转型过程，通过学习塑造了自身。他们逐渐学会了自己的母语，在幼小的躯体内发生了一种精神化学反应，知识不仅进入大脑之中，而且促进了大脑的发育。就这样，通过与周围环境的交流，婴儿建立了自己的精神世界，我们把这时候的心理称作"具备吸收力的心灵"。

我们无法想象婴儿到底具有怎样的心理能力，这种能力的优势却是不言而喻的。试想我们每个人都保持这种心理能力的话，这个世界上还存在语言沟通的障碍吗？学习语言就像吃饭、睡觉一样变得再轻松不过了。让我们畅想一下，浩如烟海的知识一下子涌进了我们的大脑里，这是多么令人心神激荡的事情啊！如果某个星球上的人们压根就不需要老师，也没有什么学校、图书馆，但是人人都掌握了大量丰富的知识，这样就大大减轻了人们学习的负担，从此可以更加悠闲地去生活了。但愿这样的事情不只是发生在童话故事里。不幸的是，这种与生俱来的能力随着我们的年龄一点点地在消失殆尽。当我们从无意识变为有意识地去学习的时候，每学到一点知识，便会付出极大的代价。

儿童的动作学习是件非常神奇的事情。婴儿出生之后，通常被包在襁褓之内过上大半年，这时基本上是没有任何动作的。可是过不了半年，他们就能够移动，而且还学会许多动作。在这期间，孩子们只是开心地玩耍，同时还能学习动作，并且语言也不再是什么大问题了。婴儿身边发生的任何事情，都会像录像一样深深地刻在他们的脑海里。我们一定忘记了自己出生后第一个动作是怎样做出来的，但儿童对动作的学习必然是非常规律的。他们在各个特定学习阶段开始之前，大脑已经开始了对周围环境的学习。婴儿学习动作的时候，就是从无意识到有意识转变的一个信号。我们常常见到，一个3岁的孩子会反复地摆弄手中的一些东西，这些游戏活动其实是有意识的，对他们来说这些都是有意义的工作。人类学会使用双手，是智慧的象征，儿童的学习也是从手的使用开始的。这些经验最终形成了儿童的性格，同时也给他们带来了限制，这是因为经验的世界要比无意识的世界狭小得多。

这个神秘的学习过程从婴儿降生就开始了。婴儿在这个过程中逐渐获得自己的力量，形成自己的思想和意识，并将成为他记忆的一部分，从而获得理解和思考的能力。对于从事儿童教育的人来说，这个过程的最后结果就是，这些6岁大的孩子突然之间有了理解力，并且有耐心听老师讲话。

近几年来对于婴幼儿心理的研究，确实让人们大开眼界。这个神秘的世界有很多东西是人们无法想象的。我们的主要工作，就是对0～6岁这个阶段儿童的学习进行研究，这有着极其重要的意义。我们要做的就是满足孩子们发展的需要，而不是对他们进行教育。如果我们有一天正确认识到这个阶段儿童的心理发育，从而延长这个阶段的话，人类恐怕就有可能完全摆脱痛苦的学习过程了，这的确是功德无量啊！

对于儿童心理的发现，本身就是一场教育界的革命。大家都知道婴儿的心理与成人是完全不同的。婴儿的学习是一种无意识的心理，这种无意识让婴儿在游戏过程中不断从周围的环境吸收知识和经验，而我们成人学习起来却是有意识地灌输。教育理念在此时已经发生了极大的变化，人们知道不要再让教育介入到儿童这个阶段中来。儿童能够自然地吸收知识，因而性格形成就显得非常重要。教育此时应该做的就是消除儿童天赋创造力的障碍，使这种能力充分发挥出来。于是，教育不再像过去那样，是一个灌输语言和观点的过程,而是为儿童的心理发展提供帮助的手段。成人应该给儿童以帮助，这并非因为他们幼小，而是因为他们天赋的创造力尚处于萌发阶段,非常脆弱,需要成人的呵护。这也应该成为当今世界教育的一个新方向——帮助儿童心理发展，充分发挥儿童自然学习的能力。

儿童必须获得相对的独立

我们成人身上会有一种叫作"主观意愿"的东西，这种心理在儿童身上也会得到体现。婴儿身上同样有一种巨大的能量，它可以使其在脱离母体之后，朝着自身独立的方向发展。这种力量可以克服发展过程中的各种艰难险阻，努力地完善自身。生物学家帕西·纳恩先生把这种力量称为"具有目的的行动"。

"具有目的的行动"是儿童成长的源泉，也是生命演进的一种强大的推动力，它可以说是生命的一种本能。假如发育不受任何干扰，儿童身上就显现出一种生命的愉悦，他们会充满活力，会快乐健康地成长。这种"自然发展"的基本体现，就是儿童对独立的要求。换句话说，只要成人对儿童的自然发展给予应有的帮助，他们就会实现自身的独立。在儿童心理发展方面是这样，在身体发育方面也是如此。因为身体同样存在发育完全的驱动力，而且非常强烈。

我们接着探讨儿童"自然发展"的各个阶段。首先，新生婴儿脱离母体来到这个世界，就是朝着独立迈进了一大步。同时，出生赋予他认知外在世界的强烈欲望，他通过吸收各种新知识来完善自己，并逐渐形成自己的个性。从这个角度讲，人类的确生来就有"征服世界的欲望"。这是生命发展第一个阶段的一个显著标志，它告诉我们外在环境对儿童具有强大的吸引力。可见，儿童很喜欢这个世界，这个世界对儿童来说有着丰富多彩的感官刺激。婴儿首先是靠感官来感知这个世界，如果感官没有吸收信息的功能，它们还有何意义或者价值呢？

我们环顾四周，能够看见什么？能够看见视野之内的所有东西。我们侧耳倾听，能够听见什么？能够听见可辨声域内的所有声音。人的感知范围很广阔，但人并非生下来就能分辨这些东西。就拿声音来说，婴儿最初听到的只是一种混合的声响，后来，随着与环境经验交流的积累，才逐渐能够分辨声音之间的差别，这个过程恰好符合完全形态的心理学。首先吸取所有能够感知的东西，然后对它们逐一鉴别，一个正常儿童的心理发展就是这样。假如情况相反，儿童不能感觉到周围环境的动人之处，反而对它存在一种恐惧感，这样外部世界就不再是感官刺激的源泉，而成为恐惧之源。

上述两种情况千差万别。研究结果表明，假如一个婴儿 6 个月左右的时候开始接触外面世界的信息和影响，他便会走上人类正常的生长过程。这些都是有科学依据的，也能够从婴儿身上找到些许答案。比如说，6 个月大的婴儿开始分泌胃酸，开始长牙，开始身体发育。这样一来，6 个月大的婴儿不仅可以吃母乳，还能吃一些与母乳混合的食物，在这之前，他们无法消化吸收母乳以外的食物。

显然，6 个月左右的婴儿已经有着相对独立的迹象。当一个儿童成长为少年的时候，这种迹象还会体现，他们将会因为过度地依赖父母而感到羞愧，并且竭尽所能报答父母的养育之恩。在 6 个月左右，幼儿的小嘴终于能够发音了，这是一个重要标志，表明他们顺利完成了语言学习的第一个阶段。从这以后，儿童的发展将大大加快，直到他们完全独立。儿童一旦开始说话，就能够表达自己的需求，不再依赖别人。从某种意义上说，他已经是人类成员之一，因为语言是人们交流的工具，儿童掌握了语言，就开始了社会交流。

孩子开始尝试着与他人做一些交流，是儿童走向独立的重要一步。刚刚来到这个世界上的时候懵懵懂懂，但现在居然能够听懂人话，甚至可以随意表达一些自己的思想，这真的让人惊讶不已。就像梦一般的神奇，儿童不知什么时候就已经具有倾听和语言表达的能力。等孩子长到 1 岁半的时候，就开始用自己的双腿学着走路，他们的跑动也更加随意。这时如果有陌生人接近他们，这些小家伙就会躲避，他们控制身体行动的能力更强了。因此，人的能力是逐步发展的，并一点点地最终走向独立。这是大自然的恩赐，是生命发展的必然结果，既然生命被赋予了独立的使命，就要全力促成这种独立的实现，把自由和独立还给儿童。

就儿童的成长而言，学会行走非常重要，不仅仅因为行走是复杂的机体活动，表明儿童体质发育的完善，还由于行走出现在儿童 1 岁左右，与儿童对语言的学习，对周围环境的汲取同时进行。在哺乳动物中，只有人需要经历学习行走的过程，其他哺乳动物一生下来就会走动，几分钟后就能奔跑了，人类则不然，刚生下来什么都不会干，需要在襁褓中生存很长时间，逐渐培养这些能力。这是因为儿童在站立之前，需要先完成身体上三个方面的发展。

人的直立行走看起来十分简单，但仍需要身体及部分复杂的神经结构互相配合才能完成，这主要取决于大脑底部的小脑。小脑是控制人体平衡与运动的器官。可以说，儿童的行走是小脑发育的结果。当儿童长到6个月时，小脑开始快速发育，这个快速发育的过程持续到14～15个月，然后速度渐渐放慢，到4岁半完成。在这一时期，儿童实际上同时进行两方面的发展，不仅小脑和神经系统发育成熟，而且行动器官也发育成熟了。一个正常的儿童长到6个月就能够坐起来，到9个月就可以爬动和打滚，10个月左右就能够站立，12～13个月开始迈步行走，到15个月的时候，就可以平稳地走路了。

运动神经系统的发育，也贯穿在人类行走的过程之中，这方面的例子就是人的脊柱神经。行走需要脊柱神经把大脑的指令传达给腿部肌肉，假如脊柱神经没有发育成熟，就无法传递。这对于控制肌肉是很重要的，因为行走过程是由各种肌肉运动协调完成的。

行走必需的第三个因素是骨骼发育。婴儿刚生下来的时候骨质很软，腿还无法承受身体的重量，因此开始走路前需要骨骼硬化。另外，在这段时间，婴儿颅骨上的缝隙也已长满，即使不慎摔倒，也不会伤及大脑。

父母当然需要在时机成熟的时候才可以教孩子走路，如果太早则有害无益，必须尊重自然发展的规律。只有当小脑、脊柱神经和骨骼完全发育成熟之后，才可以让孩子尝试着走路。因为行走是一个协调性要求很强的动作，如果各个器官无法协调发展，就不能走路。当身体各个器官发育成熟之后，必然就会发挥作用。这时候，即使我们企图阻止儿童走路，那也不可能。器官发育成熟之后，就获得了相应的"环境经验"，这种经验充分地实现了器官的功能，否则器官就是发育不完全。同样，当儿童学会说话的时候，谁也别想让他闭嘴，他们会一直说下去，要知道让儿童保持沉默是件非常困难的事情。

所以说，儿童获取行走能力之后，大大提高了独立性。他们要获得自身的独立和发展，需要能够自由使用这些能力。心理研究表明，人的任何发展都不是必然的，都是有条件的，"任何个体行为都来自环境经验"。如果我们认为教育就是帮助儿童发展，那么，我们只能为他们获得的每一点进步而高兴，我们很清楚，无法对儿童的成长提供实质性帮助。可是，我们对儿童的教育却存在这样一个问题，那就是环境经验的缺失，它可能减慢儿童的发展，甚至会使发展出现逆转。

教育的头等大事，就是要向儿童提供学习环境，使大自然赋予他们的能力得到充分发展。这不仅是出于我们的爱心，或者让孩子们高兴，还要求我们调整观念，遵循自然的法则，与自然进程协调一致。

儿童在实现了这个跨越之后，还有更高层次的经验等着他。心理学家研究发现，儿童总是在扩大自己的范围，总是在发展着自我的独立性。比如，他们明确提出要这个玩具而不是那个，要穿这件衣服而不是那件。他们还常常做一些让人匪夷所思的事情。很显然，这些都不是大人教他们的，而是他们自己的主张。可是，他们获取经验的要求常常被大人无情地阻止。我们也许不知道，自己阻止的不是儿童，而是自然法则的充分实现。因为儿童的行为事实上是受自然支配的。

儿童个性的形成始于精神上的独立，而精神独立的前提就是彻底摆脱对成人的依赖。这段时间，儿童会对获取的经验进行这样那样的思考，从而寻找各种事物之间的种种联系，建立自己的判断和认识，不再依靠别人。社会必须给儿童全部的自由，让他们获得独立，让他们正常发挥自身的能力。这已不是一个理论问题，而是需要我们马上去做的事情。我们说，只有通过自由和丰富的环境经验，人类才能实现自身的发展。这不是一种时髦的理想主义理论，而是基于对生命和自然的科学观察，在客观事实上得出的结论。

需要说明的是，这个"独立"和"自由"的概念，不同于我们通常所讲的那种流行观念，我们不能把自己的思想观念强加给儿童。至于"自由"和"独立"的确切定义，现如今人们的说法还存在着分歧，这是毋庸置疑的。不过，我们通过对儿童发育的研究，认为自由、独立和生命的真实意义只有在儿童身上才有可能反映出来。

我坚信，大自然的方法为我们提供了帮助。提供了一个解释社会生活的新基础。成长中的儿童似乎毫无保留地将一切都展现在我们面前。儿童所表现的是正确的，因为它为我们提供了现实和真理的指南。每当发现一条自然的真理，真理便驱散疑虑。因此，孩子发育成长所获得的自由能让我们进行妙趣横生、新颖别致的思索。

那么，儿童获取越来越多的独立，目的究竟是什么，这个目的来自何处呢？很显然这个目的就是标志生命不断完善的个性。那么，儿童是怎样获得独立的呢？他是通过不断活动获取的。任何生命都不会是静止不动的，独立也不是一种静止状态，而是一种不断的获取。要获得自由、力量和完善自我的能力，就必须走这条艰苦不懈之路。

儿童的第一本能是在没有任何人帮助他的情况下自己完成动作。当他不让其他人帮他完成动作时，他就为独立做出了最初的努力。像许多人想象的那样，如果最美好的生活是无所事事，那么，还有什么比婴儿出生前所过的生活更理想呢？婴儿在母体中时，母亲为他做了所有的事情。我们想过学说话这项艰巨的任务吗？是这项任务使成人能与其同伴交谈。"休息"若是生活的真正理想，那么，儿童不是就可以不学说话，不用使自己适应正常食物了吗？如此一来，他免去了行走、动脑的麻烦，但同时也失掉了认识周围世界所感到的欢欣鼓舞。

儿童最终帮我们证明了知识的价值，他还表明自然教育方法完全不同于社会教育方法。儿童可以通过工作获得他们想要的身体及思维独立，他们并不关心其他的东西。我们必须清晰地认识到，当我们向儿童释放自由和独立的时候，我们是在向一位已经潜心工作，不工作、不活动便无法生存的人施予自由。这与其他生活形式一样，阻止它便会使孩子退化。

充满生机的世界，万物生机勃勃。生命为这种盎然生机之最。只有通过活动，生命才能达到完美。有人向往最少的工作时间、让别人为我们工作，这些期望是那些在刚出世的日子里没人帮助他们适应环境，因此对环境失去兴趣的人退化的标记。他们是那种希望得到帮助、得到侍候、让人抱在怀里或放在轮车上的儿童，那种羞于结伴、喜欢长眠的儿童。他们具有科学已认识到的并把它称为"重返母体倾向"的特征。出生正常、生长正常的儿童朝着独立前进。谁要逃避这种独立，谁便在退化。

这便又出现了新问题，我们应该怎样教育不太正常的儿童，如何治疗这种扭曲正常生长的退化呢？这种发生偏差的儿童实在不喜欢生活的环境，他们看到了太多的苦难和障碍，这令他们心生畏惧。于是，一些儿童心理诊所便应运而生。这样，误入歧途的孩子们便成为心理诊所的研究对象，科学家也参与其中，他们研究出了一些治疗方法，游戏就是这些方法中的一种。

我们从教育学中得知，环境一定不能有太大的抵抗力。因此，环境中可以避免的障碍越来越多地被减少了。今天，尤其是为了那些对环境感到反感的儿童，其周围的一切都安排得尽量迷人。这样做的目的是希望激起同情和爱，来战胜冷漠和厌恶。我们还为他们提供愉快的活动，因为我们知道生长发育源于活动。让兴趣促使孩子活动，激励孩子进行自身经验的环境动机必须丰富多彩。这些便是生活与大自然颁布的"法则"。这些"法则"帮助那些已经沾染了退化特征的孩子从懒惰的倾向向渴望工作转变，从倦怠和惰性向充满活力转变。

对于非正常的儿童来说，从倦怠到充满活力的确是个令人惊讶的转变过程。这些转变都是以自然规律为依据而进行的。在此我们不做过多的讨论，只想对"成熟"这个词做一点解释。因为这样可以更好地帮助读者理解这本书的要义。"成熟"是生物学中遗传和胚胎中所提及的概念，指的是受孕胎产生之前，最初的生殖细胞从不成熟到成熟的发展期。这一概念移植到儿童心理学之后，便有了更为丰富的内涵。它表示一种成长调节机制，这种机制能保障个体生物乃至在生长刺激方面的发展平衡。尽管阿诺德·格塞尔没有下任何确切的定义，却发展了这个概念。如果我们领会了他的精髓，便是这样一种解释：个体的成长受固定法则的支配。这些法则必须遵循，因为儿童的学习过程受生命本能的支配。正如我们前面所说，在某一个器官尚未成熟之前，我们不能教儿童走路。我们应该以自然教育法则作为教育的基础。但若是将格塞尔的观点完全应用于儿童的精神成长上，未免有些牵强附会。根据他的"一元论"学说，他认为："由于儿童的发展进程，他的智力水平与身体发展成正比。"但是，这很难说一定正确。假如我们在一个与世隔绝的地方将孩子养大成人，只给他食物和水，别的什么都没有，那么这个孩子的身体发育会是正常的，但大脑的发育一定受到严重的影响。

正如人们常说的那样，我们无法制造天才，只能为每个个体提供成为天才的机会，使他们充分发挥身上的潜能。但是我们要讨论"生理成熟"的进程，就必须准确认识"心理成熟"的进程。因为在胚胎发育中，这两者是平衡进行的。

现如今，我们还没有能力完全认识器官的成长过程，因为器官的发育并不规律，每个器官的发育都是围绕着活动点进行的。这些活动点在器官出现之后就要消失。此外，器官的发育过程还有一些敏感期，这些敏感期对动物行为存在着特别的影响。这是由荷兰生物学家德·弗雷指出的。我们也发现它与儿童的心理发展非常相似——生命发展的规律和人类的本性基本上是一致的，两者相互适应。

就生命个体而言，"成熟"过程中不仅基因功能起作用，还存在环境的影响，在个体的成熟过程中，环境因素有着不可忽略的作用。至于心理成熟，这恐怕只有依靠环境经验才能完成。在不同的发展阶段，环境经验也存在不同形态，这是因为在发展过程中，"具有目的的行动"不断更换类型，环境经验也就展现出了各种不同的面貌。正因为环境经验的不断出现，使得人的意识出现了一种特定的模式。这种模式我们当然无法用肉眼观察到。这些不断重复的行为与它们所产生的作用没有任何直接的联系，并且一出现便消失了。与此同时，孩子的注意力也相应地转移了，以便发展另一种功能。如果儿童不能这样连续吸收环境经验，他就会失去对环境的敏感性，影响他的发育成熟。

按照我们的调查结果，可以这样说，人在出生的时候，便有一种吸收的心理普遍存在于我们的大脑结构中，这就是"具有目的的行动"。至于这种力量和功能，我们在"星云"一章中会做详细讨论。

因此，我们得出结论，影响个体成长和心理发展机制的有以下几个方面：具有吸收力的心灵、"星云"、敏感期。这些都是人类的特征，具有遗传性质。但是，他们必须通过个体的自由活动，在环境中获取经验之后才能完成。

生命伊始

如果我们想要促进人的精神生活的进步，那么我们必须首先认识到，幼儿的吸收的心理使其能不断从环境中摄取营养，变成有用的知识，以此来促进自身的发展。因此，在人生的初期，我们必须尽力使环境变得趣味盎然和富有吸引力。

现在我们都认识到，儿童的发育过程可以分为许多阶段，环境在每一个阶段都有重要的作用。但是，环境在其他任何阶段的作用都不能与其在幼儿刚诞生那个阶段的作用相提并论。然而，迄今为止，认识到这一点的人可说是寥若晨星。因为就在不久以前，人们几乎连想都不曾想过，在人生的最初两年里，儿童居然还会有各种心理需求。不过，现在人们已经知道，它们是非常重要的，绝不能有些微忽视；否则，今后会出现极其严重的后果。

过去，科学家们往往把注意力只集中在影响儿童身体健康的物质方面。在 20 世纪，为了降低一直居高不下的婴儿死亡率，在医学和卫生领域里出现了一种精细烦琐的方法。但是，他仅仅局限在身体健康方面，心理健康几乎完全无人问津。即使有人曾涉足该领域，也收获甚微，难以填补自然历史的空白。他们认为，幼儿期的首要目的是形成一个能适应社会生活的个体。

那么，自然发展到底向我们展现了些什么呢？自然让我们知道，婴儿的出生，在精神上要经历一个逐渐适应外在环境的过程，这一阶段对于儿童来说十分重要，即使对于其他哺乳动物也同样重要。必须明确一点，人和哺乳动物不尽相同，人类没有天生的行为能力。儿童要面临的首要问题就是心理创造，而不是精神唤醒。正因为如此，环境的作用才显得异常重要。我们必须注意婴儿周围的一切环境条件，使他不受排斥，不产生退化行为，要使他降临其中的世界变得对他有吸引力。这对

25

他完成吸收的重任是很有帮助的。他的进步、成长和发展都有赖于这种吸收。

谈到生命的第一年，我们大致可以分为几个不同的时期，而且每一个时期都应该引起特别的重视。第一个时期主要是婴儿的出生，当然这个阶段非常短暂。在婴儿出生最初的几天，作为家长要让婴儿多与母亲保持接触，温度、光线、声响等与出生前各种条件对比度不能太大，因为母亲的子宫非常宁静、黑暗和温暖。在现代儿科诊所里，母婴被安置在一间四壁皆为玻璃的房间里，室内的温度是可控的，因此很稳定，可以缓慢地改变它，使其与室外的常温一致。玻璃是蓝色的，因此光线很柔和。对触摸和移动婴儿也有严格的规定。这与先前的做法大相径庭。以前，人们往往把婴儿扔进地上的浴盆里，让他受到了严重的惊吓。而今，科学告诉我们，应尽量少触摸婴儿，不应给他穿任何衣服，应该把他放在一间没有穿堂风的房间里，室内必须有足够的热量，使他感到温暖，而不是像过去那样，根本不考虑他的感觉，手忙脚乱地给他穿戴一番，就好像他是一个没有知觉的物体一样。现在移动婴儿的方法也不同了，应先将他轻轻地放在一张类似吊床的鸭绒垫上，然后再抱起他。千万不能突然抱起或放下，动作一定要温柔，就像我们对待伤员那样。这么做当然都是出于对孩子健康的考虑。我们还要求护士一定要佩戴口罩，以防那些细菌传播到空气中。母亲和婴儿应该同时被照料好，这样孩子与母亲就不会存在隔阂，母亲像是一个磁石，紧紧地吸着自己的孩子，母婴之间的联系特殊而密切。

以上的这种方法，已经被越来越多的人认可，不过这些方法并不适合整个婴儿期。婴儿出生一段时间后，就可摆脱母婴之间的孤独感，重新回到人群中去，参与社会生活。

儿童所遇到的各种社会问题与成年人有所不同。成年人或许因为社会不公平等问题产生一些消极的影响，比如贫穷等。然而贫穷对孩子却未必是什么坏事，相反儿童却会在富裕的环境中遭遇不幸。比如一个有钱的太太，生完孩子之后就养尊处优起来，尽管给了孩子许多礼物，却将孩子交给了保姆来代养。穷人虽然物质生活并不富裕，但是母亲会把孩子带在自己身边，这种做法更符合自然的要求。

母子相依之后，儿童就能够轻而易举地适应新环境了。他开始大踏步地走上了我们前面所说的独立之路。他迫不及待地去拥抱这个环境，并吸收各种知识，将它融为自己的东西。孩子们明眸善睐，对环境充满着热切的希望。科学研究发现，儿童的双眸并不仅仅受光线的影响。他压根儿不是消极被动的。在兼容并蓄各种印象的同时，他还在世界中积极寻觅各种印象。这与动物的眼睛有着本质的区别，虽然二者从结构上看并无二致。动物的眼睛也像一个照相机，但是它们似乎更专注于一些自己感兴趣的食物，所以它们吸收的信息量非常的有限。比如猫，它的眼睛就只适合在夜间活动。其他的夜间捕食动物也差不多，虽然比较适应黑暗，却只在乎那些运动中的东西，只要黑暗中一有动静，它就会迅速地扑上去，对于静止的事物往往视而不见。以此类推，某些昆虫只为某种特殊颜色的花丛所吸引，因为它们是在这种颜色的花簇中采集其感兴趣的食物。不过从蛹壳里出来的幼虫就不一样。它享受本能的驱使，眼睛帮助它进行适当的活动。

与动物不一样的是，儿童的感觉器官却遵循着另外一种规律。猫只对移动的东西感兴趣，儿童则完全可以摆脱这样的限制，所有的东西都可以出现在他的视线里面，他还可以从这些东西里面吸取经验。儿童的观察不是那么死板，他们在吸收环境信息的同时更能获得某种心理反应，这有助于儿童人格的形成。经过对比之后，我们可以确定，如果一个人要是像动物那样，只受本能的驱使，那这个人的心理发育肯定不健全，必然出现性格上的缺陷。这样的人恐怕只是一个活着的机器，是感官局限的牺牲品。因此，注重儿童发展过程中所表现出来的深刻规律就显得尤为重要了。

在动物与人的感官能力之间做一个比较，有助于了解儿童对环境吸收的能力。有的昆虫非常像植物的叶子，有的则看起来像植物的茎。他们在植物的叶和茎上面走完其生命的全部，它们与植物的茎和叶是如此相似，几乎难分彼此。正如昆虫依赖植物一样，儿童对于环境的兼收并蓄使得他与环境也融为一体。儿童会变得热爱或喜爱所有的东西。我们发现，所有生命都存在一种天然的吸收和模仿能力，只不过在昆虫和动物中，这是一种生理的能量，而到儿童身上，这是一种心理能量。

儿童看待这个世界的方式与成年人截然不同，我们看到美好事物的时候说一声："太美了！"之后便走马观花地去看其他的事物，结果只能留下一种模糊的印象。儿童就不一样，他们会将这种印象建造在自己心灵的深处，在其生命的初期更是如此。他们通过这些经验塑造自我，凭借其幼稚的能力，获得其独特的个性特征，像语言、宗教、种族等。这些都是儿童通过特有的内在能力获取的，并且将伴随其一生。他们以这样的方式来适应世界，并在这个世界中寻找自我，这一过程非常愉悦，其心灵也日渐成熟。

儿童有着惊人的自我调节能力，这可以让他适应各类环境，并很快与之融为一体。因此，我们要帮助儿童首先就要弄明白给他一个什么样的环境。婴儿显然无法告之我们他真正需要什么，也没有这种表达能力和意识。他们尚处于无意识的阶段，但是一个 3 岁的孩子完全可以知道他们想要什么。因此我们不要急着去给婴儿提供各式各样的玩具，重要的是帮他找出能够激发他们发挥成长潜力的行为条件。

问题是我们应该怎样给新生儿准备环境呢？这个问题现在很难有准确的答案，这是因为婴儿总是在他所遇到的环境中成长，至少到目前为止是这样。儿童如果离群索居，显然就不能有一个适宜的语言环境，这样便无法学习语言。相应地，要获得某种精神素质，同样要跟有这样素质的人生活在一起。简而言之，构成人生活的行为方式和传统，都是来自相应的群体生活。

很难想象，人们过去对待婴儿的方式是如此的简单粗暴。他们为了让初生婴儿获得一个安静的环境，就把婴儿单独放在一个房间里，尽量让他睡觉。这无异于对待病人一样，可见那时人们还只是集中在研究婴儿的身体和卫生方面。现在对婴幼儿心理发育的研究，彻底改变了过去人们那种不科学的做法。人们知道，那样做对婴儿的精神是一种极大的伤害。试想一下，把婴儿和母亲隔离开来，单独放在育婴房，由保育员看管，这样的孩子等于生下来就没有了母爱，每天只能面对单调乏味的保育员。他们每天都被放进婴儿车里，甚至看不到周围的环境，这样婴儿的内心深处肯定会出现强烈的渴望和不满，进而阻碍他们身心的正常发展。

记得在"二战"之前，许多家庭富有的欧美人都在用这样的方式对待初生的婴儿。不过还好，现在的情况没有以前那么糟糕，尤其是贫困家庭的父母，他们能够让儿童回到自己的身边。大多数发达国家已经开始反思他们对待儿童的方式，并且已经把这当成一个社会问题来探讨。科学地讲，儿童只要有走出家门的能力，就应该被领到外面，去接触外面世界的一切，去观察周围的环境。可喜的是，婴儿的车子和育婴房也得到了极大的改观，他们的育婴房标准很高，并且不再像以往那么单调，而是张贴了许多色彩各异的图片，这样就使得婴儿在斜躺着的时候，可以看到一些不同的东西，而不是眼巴巴地盯着天花板发呆。但婴儿的语言学习依旧是个大难题，因为照顾他们的保姆大多处于社会底层，他们也许并没有太多的耐心完成儿童语言的教育工作。

我们常常有这样的困惑，到底父母与人交谈的时候，是不是也应该让孩子待在身边？答案是肯定的，尽管带着孩子去参加一些社交活动会有这样那样的麻烦，但这的确有必要。因为孩子的潜意识会吸收很多东西，他们可以观察到你们在做什么，说什么，尽管不一定完全理解，可这些东西依然能够促进他们的成长。我们没有人知道外在的世界中，孩子们到底对哪些事物感兴趣，但是却一定要让孩子走出来。

然后认真观察他，看看究竟是哪些事物吸引了他，然后把孩子抱到这些事物跟前，让孩子尽情地去观察，这时我们会发现，孩子的脸上会出现一种充满好奇的神情，并且呈现出满意的微笑。

成年人如果想要保证儿童的发展，那么必须摒弃自己那些陈规陋习，给自己来一次彻底的思想"大扫除"，不要给孩子树立反面的典型。要明白的是，孩子的人格大多数是在儿童时期通过与环境的充分接触逐步建立起来的。这时候就要保证让孩子有足够多的机会去接触周围的环境，不然的话，这个孩子将来便会成为社会的负担，很难有大的作为。生活中的很多问题，归根究底是个人无法在道德层面上适应社会的需求。这就要求我们在对待儿童的态度上、照顾儿童的方式上，尽量以一个文明社会所需要的那种方式去进行。

有人可能会提出异议，这么明显的事实我们怎么会不明白？还有一些思想顽固的人可能会说，"老祖先们并不明白这些事实，不一样这样活过来了吗？"还有的会反问我："人类历史悠久而漫长，活在这个世界上的人成千上万，他们不见得都懂这方面的知识啊，可不是同样学会了说话吗，他们不也能够适应当时的社会习惯吗？"

那么，请我们睁开双眼，看看世界上在其他文化背景下生活的人们吧！那些民族对待儿童的方式显然比我们更合理，我们总是自以为是，却也总是严重违背自然规律。这个世界上的大多数儿童是与母亲紧密相连的，他们总是与母亲形影不离，一起出门，一起购置家庭用品，可以看着母亲与商家讨价还价。孩子把这些生活中的常识记得一清二楚，这不仅加强了孩子与母亲的关系，更加强化了孩子们生活的本能。

如果不是现代文明加以破坏，这种习惯还会延续下去，母亲绝不会把自己的孩子交给他人去养育，因为这种做法本身就不符合自然规律。在这种传统的养育关系中，孩子可以分享母亲的生活，母亲言传身教，孩子是一个忠实的听众，接受母亲的教诲和指导。母亲可能会经常跟孩子滔滔不绝地讲话，这时候母亲变得更加健谈了，孩子们也因此受益。当他们看到大人的言行举止的时候，虽然还无法彻底理解，却可以按照自己的方式逐渐地体会其中的意思。

至于如何携带孩子，这个问题真的是非常有趣。据我所知，各个社会群体和民族之间都有着很大的不同，很多人还专门研究过这一问题。研究的结果显示，很多地方的妇女是不习惯用胳膊直接抱孩子的，她们更习惯将孩子放在一个小床上，甚至是袋子里面。有的地方的人，母亲要是出去的话，会用绳子将孩子捆绑在木板上面，然后搭在肩膀上，有的母亲喜欢将孩子吊在脖子上，有的习惯装在筐子里。尽管这些方式各异，但是他们都无一例外地注意着孩子们的呼吸问题。比如，把孩子背在身前的那个民族，他们会让儿童脸朝前方，日本的母亲也是这样，他们把孩子绑在身后，但是要保证孩子的头部高出肩膀，这样才能保证孩子的呼吸顺畅。日本人也因此被赋予一个美妙的绰号"双头民族"。印度的妇女则更喜欢将孩子放在臀部上方的位置。北美的印第安人可不同，她们会想办法将婴儿放进一个类似于摇篮的东西里面，这样孩子就被背在身后，背靠背地贴着母亲。虽然方式多种多样，但绝对不能把孩子丢下不管，这种方法是极其错误的。人们常常会在非洲的某个部落里看到，女王即使是在加冕那一刻，也始终不忘将孩子抱在自己怀里。

关于延长婴儿哺乳期的问题，我们这里再做一次讨论。母亲对婴儿的哺乳期有的到了1岁半，有的是2岁，还有的延长到了3岁。这都不尽相同。不过可以预见，这不是营养问题，事实上孩子到了2～3岁就已经能够吸收其他的食物了。延长婴儿哺乳期的另外一个重要意义，就是增加母亲与孩子相处的时间，这对于儿童的发展来说意义重大。只要孩子和母亲生活在一起，他们就能最大限度地完善自己。即使妈妈有家务缠身，没有时间打理孩子，孩子也可以跟周围的世界进行交流。他们跟着母亲上街，可以听到人们之间的交谈，可以观察到车辆、行人、动物，等等。这些东西都可以在儿童的脑海里留下非常深刻的印记。我们如果留心的话，就会看到，一个母亲背着孩子在跟小商小贩讨价还价的时候，母亲背上的那个小家伙听得是多么专注啊！母亲的语言和行动引起了孩子极大的兴趣。

我观察到，只要孩子在身体完全健康的情况下，他们跟母亲一起出门是不会哭泣的。他们有时候可能还在呼呼大睡，但从来不哭。常听人说，西方的小孩子爱哭。好多朋友跟我抱怨说，自己的孩子很爱哭。他们也常常一起讨论这样几个问题：如何哄孩子，如何让孩子别再哭泣而保持安静，如何逗孩子开心。他们大概不清楚，如果孩子爱哭或者说情绪反复无常，脾气暴躁，那只能说明这个孩子的精神处于极度饥饿的状态。

因此，不管出于什么样的考虑，都不应该限制孩子的活动范围。哪怕你是为了他们的安全、卫生和健康着想，也不能那样做。别让儿童生活在一种类似于囚犯的生活状态中。世界上的许多国家都在按照自己的生活习惯去抚养孩子，他们却无意识地采用了正确的方法。而至于西方人，我们必须明白这个道理，并想方设法去改变这种不良的状况。

婴儿的成长发育

如果说人生是一个漫长的旅程，婴儿期就是人生中最重要的一个起点，婴儿不仅仅是一个活生生的肉体，而是带着"心理胚胎"降临在这个世界。

孩子的双手与大脑

许多心理学家一致认为，儿童的正常发展可以分为三步走，其中有两大步跟运动有直接的关系，这就是开始走路和开始讲话这两种活动。因此，科学家以"星云图"来命名孩子这两项活动，并以此预测孩子的将来。这两项非常复杂的运动展现出孩子在获得运动能力和表达方法上有了一个重大的突破。假如按照语言和思维的一致表现来看，语言才是人类独有的特征，行走就不能算，因为这是任何动物都有的功能，不足为奇。动物之所以区别于植物，就是他们能够自由地到处行走。这种运动往往借助于一种特殊的器官来完成，行走也是人类的一个基本特征。然而即便人类有着巨大的运动能力，甚至可以环绕整个地球，也不可以将这一智慧归结为人类独有。

我们都知道，手是专门为人类的智慧所服务的，它的运动则完全不同。比如，人们早期的时候将打磨过的石器当作工具来使用，这就表明最早的人类出现了。能够制造和使用工具，标志着有机体在生物发展的历程中进入了一个里程碑的阶段。人类通过手的劳动，把语言也刻画在了石块上面，这个时候，语言便成为了记载人类历史的一个载体。双手的解放，使得人类的手不再是一种行走的工具，而成为智慧的象征。它使得手开始服务于智慧，因此人类也在动物界中占有了一个足够高的地位，还可以通过运动把人类的这个有机的整体完全展现出来。

人的手非常精细复杂，这是完全不同于其他动物的。它不仅显示了智慧，并且使人与环境产生了非常特殊的联系。我们可以这样理解，人是靠双手开拓了环境，并且在理智的指导下，完成了改造世界的使命。

因此我们应当通过对儿童语言和手的运用，来了解儿童心理发展的水平，考虑他们的心理活动。我们对于语言的研究，研究手在人类劳动中的功能，完全是合乎逻辑的。

人的潜意识可以重视心理的这两种外在的表现。言语和手的重要性表现出来，这正是人类独有的特征。这里主要讲的是与成人社会生活相关的某些形式。比如，一个男人和一个女人结婚的时候，携手走进了婚姻的殿堂，并且手挽着手一起"海誓山盟"；当男人订婚时，他也会拉着女人的手问女人是否愿意与他结婚。不但如此，手在许多宗教的仪式中也被广泛地运用，这其实是在表现一种强烈的自我意识。不愿意为耶稣的死负责的彼拉多，要在公共场合洗手，这种洗手既是象征性的也是真实的。在做一些最严肃的弥撒的时候，神父也会在祭坛上说："我将在无罪的臣民中洗手。"事实上他讲话时，并没有用水洗手，因为他早已经在上祭台之前就把手洗干净了。

这些案例还有很多，无一例外地表明了手在人们的潜意识中已经成为了"自我"的一种表达方式。如果这是事实的话，我们可以认识到手在儿童发展中的重要性和神圣感。我们也应该对儿童第一次向外界招手充满期待，因为这是儿童智慧的一种表现形式。它是儿童进入这个世界的一种宣告仪式，成人应该对这一动作由衷地赞美。不过好多成年人并不知道这些动作的含义，以至于愚蠢地限制孩子把手伸出去，他们不希望孩子伸手去碰触那些在我看来毫无意义和价值的东西。比如一些家长为了保护一个花瓶，甚至千方百计地将它藏起来，生怕孩子将他的破玩意儿打碎。成人往往训斥孩子："不要碰！"就像他总是说："不要动，老实待着！"这其实体现了成人潜意识之中的焦虑，并就此筑成了一道坚固的防线，还请求别人来帮他们完成这种愚蠢的举动。他们对待孩子这种举动就像是如临大敌，好像有一伙强盗要来了。

他们也许还不明白，儿童最初的心理发展需要在环境中获得一些东西，这些最好是能听到能看到的。由于儿童的发展更多依赖于运动和手的活动，并且要在一定的环境之中，所以我们应该尽量给孩子提供这些帮助，给予他们活动的对象。遗憾的是，在儿童的家里我们看不到这些，你会发现摆放的那些东西都是属于成人的。这些东西像是什么宝藏一样，儿童被告知"不许碰"，孩子们也摸不得，只能眼睁睁地看。一旦碰到了这些东西，轻则被责骂，重则遭到体罚。小孩子如果成功地抓到一件东西，就像是捡到一块骨头的小狗一样，只能躲在角落里暗自把玩，拼命地从没有营养的东西里面汲取营养，十分地可怜。

儿童的运动显然不是偶尔为之，他们在自己的指导之下，逐步建立起了协调性、组织性和目的性。在经历了无数次的协调试验之后，他们才能用内在精神把他的表达器官跟组织协调起来。儿童需要自己做主，独立去完成某些事情。在他们独立地塑造自我的过程中，运动是一个专门的活动，绝不是一时冲动的结果。儿童的活动看起来是那么杂乱无章，乱跑、乱跳、扔玩具，屋子被弄得一团糟。事实上他们是从他人的活动中得到启示，从而进行建设性的活动。他们很难像成人那样去做事情，模仿成人用的物体或工具去做事。所以，家庭和社会环境对儿童的发展有着极其重要的影响。儿童会尝试去扫地、洗碗、洗衣服、倒垃圾、洗澡、梳头、穿衣服等。这种天性可以称为"模仿"，但这又不同于猴子的那种模仿行为。儿童的这些行为源自于一种有智慧的心理模式的建立。认识先于行动，行动受心理活动的支配。当儿童决定去做什么的时候，首先想要弄明白这是什么，他也渴望去做其他人在做的事情。儿童的语言发展也被我们发现有相同的情况，尤其是他们在听周围人谈话的时候，逐渐便获得了这种语言能力。他的记忆力会帮助他把那些词汇记住，再根据需要把这些词汇说出来。这种模仿与简单的"鹦鹉学舌"有着本质的区别。因此，我们应该清楚地认识到儿童的这些特性，更好地深入理解儿童的活动。

智力水平的发展

有些心理学家认为，儿童的智力是在外在条件的催化下慢慢发展起来的，事实上并非如此。而这种谬论似乎已经根深蒂固，一时间无法消除。他们认为外部事物的影响是通过闯入我们感官的大门来实现的，然后这些体验在心灵里面生根发芽，逐渐与身体融合发挥作用，进而形成了智力。那么我们首先假设儿童在心理上只能是被动地反应，听凭环境的影响，并以此推论出儿童的智商是完全由成人左右的。另一个观点也差不多，就是说儿童不仅在智力上被动反应，而且他就像是一个空瓶子，可以随时被填满。

我们不去争论，但经验告诉我们，环境在儿童发展中的影响是不容忽视的。大家都知道，我们的教育体系是完全重视儿童在环境中的影响，并把环境当成是教育体系的核心。与其他教育体系相比，我们更重视开发儿童的感知能力，但是我们的思想与他们不同。对于那些认为儿童只是被动的人的陈腐观念，我们持不同意见。我们更加注意儿童内在的敏感性。儿童其实有一个慢慢发展的敏感期，这个敏感期可以持续到 5 岁左右。儿童正处于一个积极观察周围环境的人生阶段，他们对周围事物的感知是靠感官吸取得到的，但是并非那样来者不拒、全盘吸收。一个真正的观察者往往有着内在的需要，是根据感觉和兴趣来行动的，是有选择性地去获取。美国一位叫作詹姆斯的心理学家谈到，还没有一个人可以真正感知物体的全貌，这也传递着另外一种信息，每个人都有其认识的局限性，只能窥探到物体的一部分，因此人在描述物体的时候，也只是根据兴趣和感觉来考虑。因此，对于同一个物体，人们的描述往往呈现出不同的结果。詹姆斯举例说："如果你穿着一套新衣服，并且感到非常满意的话，你出门的时候就会非常在意别人是否跟你穿着相同的款式。

但是你在车来车往的公路上这样观察的话，就非常危险，极有可能命丧于车祸。"

　　也许有人会产生疑问，儿童既然可以吸收那么多经验，他们的选择标准是什么？从詹姆斯的例子里面可能无法找到答案，因为儿童不会受到外界因素的狭隘影响。儿童是从无到有，靠自己的力量不断前行的。这些就是儿童实实在在的理性，敏感期也是围绕着这个理性而展开的。但是这种获得理性的过程确实是自然的和充满创造性的，他依靠从环境中所获得的体验来获取力量，像一个茁壮成长的小生命那样生机盎然。

　　儿童的理性是生命的源泉。他们往往把各种体验整理和集中起来，然后为理性做服务，儿童用最初的体验来完善自己的理性。我们可以想象，儿童此时获得体验的需求是如饥似渴，是永远不能满足的。儿童会被光线、声音和颜色等强烈地吸引，同时感到乐此不疲，这些我们大都知道。但是这里必须指出，孩子的这种理性的产生是自发运动的过程，是一种内部引发的现象。因此，儿童的心理状况值得我们认真去关注。从无到有去发展自己的理性，这是人特有的品质，儿童大概在蹒跚学步的过程中，就已经沿着这条道路走了。我想举个例子可能更具有说服力。曾经有一个只有 4 个星期左右的婴儿，之前他从来没有被带出过房间。有一天，家里的保姆抱着孩子在房间里面走动，这时婴儿看到了和他住在一起的父亲和叔叔。这两个人身材、相貌都差不多。婴儿看到他们非常吃惊，他甚至警觉起来，表现得非常害怕。他的父亲和叔叔就找到了我们，让我们帮助婴儿消除这种恐惧感。我们就要求这两个人一直出现在婴儿的视线范围内，只不过一个在他的左边，一个在他的右边。这个婴儿马上仔细凝视一个人，看了一会儿婴儿笑了。可过了一会儿他的神情就变得十分忧虑起来。他马上扭过去认真观察另外一个人，看了一小会儿，他也对另一个人呵呵地笑起来。他就这样把头一会儿扭过来看这个，一会儿去看那个，直到终于分辨出这是两个人，脸上才露出欣慰的笑容。可见，这两个人在婴儿看来曾经是一个人。他们在不同的场合和婴儿玩耍，曾经把他抱在怀中，深情地和他说话。这个婴儿显然是以为只有一个男人和自己家人住在一起，所以当出现两个男人的时候，他表现得异常警觉。在他周围环境中出现了一个男人之后，又见到了另外一个男人，这下子他明白自己犯了个错误。尽管他才刚刚出生 4 个星期左右，但他却让我实实在在地体验到人类理性的谬误和可笑。

　　很显然，如果这两个男人无法理解婴儿从出生起就有着自己的心理活动，那么他们就无法帮助婴儿。这样的帮助使得婴儿走出了最艰难的一步，并开始自己的思考，也获得了更多的体验。

这里还有一个更大一点的儿童的例子。有一个 7 个月大的儿童正在地板上玩一个绣花枕头，他竟然兴致勃勃地闻着绣在枕头上的那些花的图案，还亲吻着那个绣在枕头上的儿童。不幸的是，一个没有受过儿童护理正确教育的保姆，天真地以为给孩子闻一下或者亲吻一下其他东西会让孩子更高兴。于是，她不顾一切地给孩子拿来一堆乱七八糟的东西，并不停地说："快闻一下这个！亲一下这个！"结果适得其反，儿童幼小的头脑被这突如其来的东西给打乱了。孩子正在形成自己的模式，他通过识别这些图像，然后将其储存在大脑中。他做这些事情的时候兴致极高，这对于他的理性构建工作很有益处。可当他试着获得一种内部秩序，进行这项神秘工作之时，却被一个无知的成年人给打乱了。

这种粗暴地打断儿童思路的做法，在我们日常生活中还很常见。但是这样做可能给儿童的内部工作造成严重的障碍。我们成人无法意识到这种神秘工作对于儿童的意义，就可能毁灭了儿童最初的心理成长过程。这就好比是海水冲上了沙滩，卷走了堆砌城堡的泥沙。由于成人的无知，儿童的基本欲望就有可能遭受到极大的遏制。重要的是，儿童应该得到他所能得到的清澈体验。因为只有这种深刻的体验，才能让儿童的智力逐步形成。

儿童营养学家通过实验发现，必须在儿童的饮食方面充分考虑个人因素。他发现儿童在达到一定年龄之前，还没有一种东西可以代替母乳的营养价值。因为一样东西，对这个孩子来说是好的，但是对另一个来说就未必。这位儿童营养学家所做的实验在 6 个月以下的儿童身上产生了极好的效果，但是对于 6 个月以上就没有这种效果。这让人感到疑惑，因为这个年龄的孩子，人工喂养比早期喂养要容易得多。有些穷人的妇女无法给自己的孩子喂奶，便去询问这位专家如何给孩子喂奶，专家为这些贫困的母亲设置了门诊处。但是这些贫困妇女们的孩子并不像在诊所里的儿童那样在 6 个月之后表现出营养失调。这个专家经过反复观察认为是孩子心理因素的作用。他开始注意到，诊所里的 6 个月以上的儿童，由于心理不健康而产生了厌倦情绪。他给儿童提供了不少娱乐和消遣的活动，不再让孩子们只在诊所里散步，而是带他们到一些新奇的地方去玩耍，结果孩子们的健康恢复了。

根据事实，我们得出这样的结论：1 岁以前的孩子能够在他们周围的环境中获得足够的深刻体验，而且能从一些图片中认出所熟悉的环境。但这种体验一旦获得，他们就再没有强烈的兴趣了。当第二年再看到一些漂亮的物体和颜色时，他们就不再欣喜若狂，也没有了那种好奇心理。我们注意到，那种激动就是敏感期内的一些特征，但是孩子们对于我们平时不注意的小东西却产生了极大的兴趣。可以说他们开始对那些不起眼的小东西产生兴趣了。

我首先在一个只有 15 个月大的小女孩身上找到了这种敏感性。我听到她在花园里放声大笑，这对这么一个小孩来讲太不寻常了。她自己走出去，坐在平台的砖头上，看起来完全沉醉于一种发现的愉悦中。附近有一个美丽的花坛，种着的天竺葵在骄阳下看起来十分娇艳，但这个小女孩并没有看着花，而是把眼睛盯在地面上。但地面上没什么可看的东西，我看到了儿童的一种无法捉摸的奇特兴趣。我慢慢地走近她，仔细地看着这些砖头，却没有发现任何好玩的东西。但是这个小女孩却严肃地对我说："那里有一只会动的小东西。"她指给我看，我看到了一只跟砖头一样颜色、小得几乎看不出来的昆虫，它正在飞快地跑动着。原来，激起这个小女孩开怀大笑的是一个小生物，它会动，会跑，她在欢乐的叫嚷声中满足了好奇心，叫声远远高过她平常的声音。这种欢乐并不是从太阳来的，不是从花朵来的，也不是从鲜艳的色彩来的。

还有个类似的故事，这里也给大家说一下。同样是一个 15 个月大小的男孩，给我留下了比较难忘的记忆。他正在玩着母亲的明信片，因为他的母亲是个明信片收集者，所以很多明信片看起来十分花哨。这些收藏品似乎引起了这个小孩的兴趣，于是他拿来给我看。他用孩子的话对我说"叭叭"，他用来表示"汽车"。于是我知道他邀请我来看汽车的图片。他的图片很多，也很漂亮，很容易看出他母亲把这些东西收集起来，既是为了哄他高兴，同时也试图用这种方式教育孩子。在这些明信片上画着长颈鹿、狮子、蜜蜂、猴子、鸟等许多种类的动物；还有一些明信片上画着讨儿童喜欢的绵羊、猫、驴子、马和母牛等；还有一些明信片则画着各种景物，比如房子、动物和人。使我觉得奇怪的是，在收藏的这些明信片中——我没有发现汽车的图片。我对这个孩子说："我看不到汽车啊。"当时他看着我并指着一张明信片得意地说："在这里哦！"这幅图画的中央可以看到一只漂亮的猎狗，远处有一个肩上扛了一把枪的猎人。可以在一个角落里看到一座小屋，还有弯弯曲曲一条线，好像是一条路，在这条线上还可发现一个黑点。这个小男孩指着这黑点说"叭叭"，这个黑点很小，几乎看不到，但我看出来这个小黑点确实可以表示一辆汽车。汽车被画得如此小，简直很难发现，这小小的汽车却引起了这个小男孩的关注，所以他觉得有必要指给我看。我想，也许这个小男孩还没有注意到其他明信片上那些漂亮和实用的图画。我挑出一张明信片，上面画有长颈鹿，对他说："看这长长的脖子。"这个小男孩脸色很不愉快地说："长颈鹿。"于是，我继续讲下去的勇气没有了。

可以这样说，大多数儿童在2岁左右的时候，就已经可以依靠天性逐渐引导智力的发展了，这种活动会一直持续下去，直到有一天他们对周围环境中的东西有了充分的了解。我还记得这样一个例子。我曾经帮着一个20个月大小的男孩子看一本成人题材的书，封面完全是那种十分漂亮的风格，这是一本《新约全书》，由多雷配的插图。书中还嵌入了一些经典的绘画作品，比如有一幅就是拉斐尔的《主的荣光》。这个小男孩在我的引导下认真地看完了这幅画，上面正好还有一幅耶稣呼唤小孩到他身边去的画面，我便向他解释道："耶稣怀里抱着一个小孩子，你看别的小孩子是多么爱他啊！他们都把头靠在耶稣的身上，并且目不转睛地仰视着他。"

这个小家伙显然对这些丝毫没有兴趣。这时候他扭动着自己的身体，像是在暗示我没有照管他。我翻看着这些图画，试图寻找另一幅图画。这时候，小男孩突然对我说："看，他在睡觉呢！"我对这个小男孩的话感到诧异："谁在睡觉？"这个小男孩大声地说："是耶稣啊！耶稣在睡觉！"他示意我把书翻回去。我又仔细端详这幅画，画面上的耶稣正站在高处俯视着儿童。他的脸低垂着，看起来的确像是在睡觉。这个细节被小男孩捕捉到了，而我这个成年人却丝毫没有注意到，现在想起来真是非常惭愧。

我想，还是继续把这个话题讲完吧。当我讲到一幅耶稣显现圣荣的图画时，我说："快看啊，耶稣升天了，人们的表情是那么地惊恐。你看这个小男孩眼睛滴溜溜直转，那个妇女张开双手，不正是这样子吗？"我意识到了，我选的这些图画对儿童来说不太合适，这可能无法引起他们的兴趣。但让我欣慰的是，我又一次发现了儿童和成人对同一幅画的不同解读。这个小男孩漫不经心地嘀咕道："嗯，继续往下翻。"但是他的表情上丝毫看不到那种兴奋和喜悦，他似乎毫无兴趣。我又开始不停地往下翻，这时小男孩突然抓住自己脖子上的那个类似于小兔子的饰物，大声叫道："小兔子！"我心想，他可能是被这个饰物的形状给吸引了吧。突然，他又示意我往回翻。我就按照他的话，把书翻了回去。这时我彻底被震惊了，那幅《主的荣光》画面的一侧还真的就画着一只小兔子。我显然根本没有注意到这一点，这再一次说明儿童和成年人有着两种不同的观察视野。成人总是低估孩子的认知能力，习惯给他们一些再普通不过的东西，认为孩子什么都没见过。其实这就好比你以为某人是个聋子，然后大声给他讲话，当他特别反感的时候，就对你说："我不是聋子，你说的话我都能听清楚！"这个时候，反而是你异常尴尬。

　　成人可能习惯了自以为是，觉得儿童只是喜欢色彩鲜丽、声音巨大的事物。强烈的刺激并不能给孩子带来注意力上的提升，比如歌声、钟声、飘扬的旗帜、绚烂的灯光等，因为这些强烈的刺激是转瞬即逝的。我们不妨把这种行为方式和成人做一个直接的比较。比如我们正在聚精会神地看书，此时有个管弦乐队正好从楼下经过，这时我们大概会把书放下，然后走到窗口去看看外面究竟发生了什么。因此我们推论出，孩子和大人一样，也容易被外在的响亮的声音极大地吸引，但这仅仅是一种附带产生的结果，与儿童心理生活的发展并没有重大联系。儿童相反会全身心地注意那些我们忽略的小东西，这一现象可以被看作是儿童心理生活存在的证明。儿童这样做显然不是因为这些小东西特别醒目，特别吸引人，而是因为他们这时候更加专注于小的东西，并在全神贯注地看它的时候，显示着"爱与智慧"。

　　儿童的心灵对成人来说为什么就那么神秘呢？根源就在于，他们更注重观察表面现象，而不是从内心深处去挖掘。在儿童活动的背后，有一种可以理解的原因，对此我们必须考虑到。我们总是以为孩子的所有反应都是一时冲动，但是兴趣也同样包含着这样的因素。这是一个非常值得重视的问题，同时必须找到答案，这个过程快乐而充满着艰辛。成人必须一改以往的傲慢态度，对儿童重新审视，才有可能窥探到谜底。成人需要重新做回一个学习者，端正那种蛮横专断的态度，克服狭隘的心理，在与儿童的关系上不再以裁判者或领导者的身份出现。

　　我曾经和一群妇女们讨论过关于儿童书籍的问题，我们就在一间画室的角落里进行的。我发现一个1岁半左右的小男孩，他在妇女们身边安静地玩耍着。我们首先是从理论探讨，紧接着谈到了一些具体的事情，其中还谈到了小孩子的书籍问题。这时，那个小男孩的母亲说："我有一本叫作《小黑人萨莫》的书。萨莫是个小黑人，在他生日那天，父母送给他许多礼物，这其中有帽子、长筒袜和颜色鲜艳的外衣。他的父母正在为他准备可口的饭菜，这个小萨莫却顾不上吃饭，匆匆忙忙地去街上炫耀他的新衣服了。小萨莫在街上碰到许多动物，他想安抚一下他们，就送给每个动物一件东西。他把帽子送给了长颈鹿，把鞋子送给了老虎……最后，他光着身子，流着眼泪回到家。这个故事的结尾是很愉快的，因为父母宽恕了他。这从这本书的最后一幅画——他面前摆着丰盛的饭菜上可以看出来。"

　　这个母亲给其他人建议说，可以让孩子看看这本书，但这个小男孩却摇着脑袋，插嘴说道："不，Lola。"众人不解是什么意思，他们猜想这恐怕就是一个童年的谜吧！大家谁都没有在意，可是这个小男孩不断地重复说："不，Lola！"这的确让人感到很费解。他的母亲这时候解释道："是这样的，照顾孩子的一个保姆就叫Lola，他可能有点想她了。"小男孩莫名其妙地大哭起来，一边哭一边大叫着"Lola"，好像是遭受了严重的不公平待遇或误解。直到最后，有一个人把书给他看，小男孩指着封面的背面后的最后一幅图。这幅图画着那个可怜的小黑人正在哭泣。这时人们才恍然大悟，原来这个小家伙所说的"Lola"的含义是西班牙语"llora（他在哭）"的意思，只不过是发错了音。

小男孩显然是想重申这样一个事实：这本书的结局并非皆大欢喜，而是一个彻底的悲剧。因为封底的小黑人萨莫正在伤心地哭泣。这个小男孩显然是对的，不过我们成年人都没有注意到这一点。因此，当小男孩的母亲说出"这个故事的结尾是很愉快的"时，小男孩试图去纠正母亲所犯的错误。他清楚地记着，这本书的结尾是萨莫正在哭泣，显然小男孩比他的母亲看书看得更仔细。虽然他无法完全理解妇女之间的谈话，他甚至还不能准确地表达一句话，但却能够显示出他敏锐的观察力，这不能不让人感到震惊。

儿童的性格与成人恰恰相反。因为成人知道选择，儿童却不明白，反过来认为成人多少有点无知。一个长期专注于细节的儿童，在他的眼中也会多少流露出对成人的轻蔑。由于我们对细节不感兴趣，所以儿童往往认为我们有些迟钝和麻木。如果儿童能够表达自己的观点，他们肯定会将成人批评得无地自容。这段时期他们不信任我们，就像我们对他们不信任那样。成人和儿童的思维方式不尽相同，因而出现问题也就在所难免。

孩子如何看待外部秩序

儿童往往是先了解他所处的外在环境，之后才更深入地了解外面世界的秩序，进而思考自身和外面环境的关系。如果说到儿童最大的一个特点，那必然就是热爱秩序。他们有的只有 1 岁半或者 2 岁，却能够清楚地知道一些东西的名字。值得人们思考的是，孩子们也许在更早的时候就已经掌握了这种能力，可惜大人的引导不到位，致使他们对于外在环境的秩序需求不是那么强烈。

一个优秀的家庭妇女甚至都无法和一个热爱秩序的儿童相提并论。比如，人们常说："我爱我家，我爱一个整洁的家。"事实上，他们只不过是嘴上那么一说，依旧是那种老样子。但是孩子却对生活在混乱的环境里面没有足够的耐心，这会使他们感到心烦意乱。他们往往歇斯底里地呐喊或者绝望地尖叫，以此来抗议，最后急出病来。婴儿显然能比大人更直接地、更敏锐地感受到外在环境的混乱，他们的敏感性受到外在环境的影响，然而长得越大，敏感性就越差，直至消失。成长过程中生物的敏感性会以周期的方式出现，这种现象我们叫作"敏感时期"。这一时期很神秘，也非常重要。

令人难以想象的是，孩子们考虑到外面秩序的敏感期，常常被人们认为是混乱不堪的。出现这种状况的原因，我想是这个环境无法单独地被他们所拥有，所以小孩子在这个环境中的位置不太明确；而相同环境里面，比他们强大的还有学校的老师、大一点的同学或者家长，这些人不但不理解，甚至认为他们很任性。小孩子因此会毫不理会大人们的安慰，仍然无缘无故地大呼小叫。这种情况可以说是很常见，这里面就有很多大人无法知道的秘密藏在孩子们的心里。

我们在这里必须给大人们提一些建议了。否则，你们怎么能够及时察觉到孩子内心的小秘密呢？怎么觉察到孩子是怎样用心展现这些小秘密呢？

在学校里，我们如果有什么东西没有放回原处，一个刚满 2 岁的孩子看到了，他也一定会想办法放回原处的。学校里面要做好清洁工作，把一些不必要的东西及时清理掉，这样有助于孩子养成爱整洁的习惯。儿童只有在自由中，对于秩序的向往才会更加强烈。

我们学校的一些生活图片在旧金山博览会中心大厅展出。人们可以在图片上看到这样的情形：放学后，所有的桌椅都被一个 2 岁的小孩子整齐地放在墙壁的一侧。看起来，他是带着思考完成这项工作的。那天，他无法处理靠着的一把椅子，他就开动脑筋，把这个大椅子放在通常摆放的地方，离其他椅子不远的位置。

还有一个小故事，有一个只有 4 岁大的孩子从一个容器向另外一个容器里面倒水，他不知道自己不小心已经将水洒在地板上了。有趣的是，一个比他还小的小孩子坐在地板上，拿着一块抹布已经悄悄地将地板上的水擦干净了，这个倒水的小男孩还不知道呢！他停止倒水的时候，更小一点的男孩子问道："还有吗？"大一点的男孩子一脸不解："还有什么呀？"

但是，如果环境不是很适合自己，小孩子发现自己无法表达自己明确的想法，这个时候有趣的事情就会变得很糟糕，没有任何价值，让小孩子更加痛苦，也更容易发脾气。

满足孩子的需求，这样我们才能从中窥见孩子刚刚出现的这种敏感性，这后来被认定是快乐心情的一种释放和反应。孩子对于秩序的敏感期就出现在孩子降生后的几个月之内，所以作为家长应该有必要好好学一下幼儿心理学。一些保姆受过这些训练，她们就能够按照我们要求的那样去做事。

这方面我还有一个比较生动的例子：一个保姆整天推着一个坐着 5 个月大小的婴儿的童车，缓缓地从房子前面的花园里走过。这个小孩子看见什么东西非常兴致勃勃呢？原来是一块白色的大理石碑。这块石碑镶嵌在灰蒙蒙的旧墙上面，花园里到处鲜花盛开，可让小孩子最高兴的却是那个毫不起眼的大理石碑。善解人意的保姆这时候就在大理石碑下面停住了，她要让孩子仔细地看个够，好让孩子能够得到长时间的快乐。

我们都知道，小孩子的挫败感也常常发生在孩子的秩序敏感期。他们这时候大多暴躁而敏感，常常因为些小事而大发雷霆。

这样的例子不胜枚举，我总是能找到很多。这个故事发生在一个小家庭里。被我们提到的婴儿刚出生几个月，她总是躺在大床上，那是一张有些倾斜的床，对她俯视四周很有好处。

她的房间按照生理科学原理设计，有一间保育室用来盥洗，房间不像一般房间一样刷成白色。房间安装了彩色的窗玻璃，摆放着一些小家具，鲜花摆在一张铺着黄色桌布的桌子上。

那天，来她家里做客的一位女客人把自己的雨伞放在那张桌子上，随后，小女孩看到雨伞便开始哭闹，看来这把雨伞让她烦恼、难受了。大人不了解孩子的需要，还想一定是小女孩喜欢这把伞，但是客人把伞放到她面前时，她推开伞，拒绝接受它。大人把伞放回到桌子上。保姆抱起小女孩，放在桌子上，靠近那把伞，可小女孩仍然哭闹着，不停地挣扎。孩子的母亲对小孩子早期的心理预兆了解一些，这时候她走过来，从桌子上拿起伞，把它拿出了房间。小女孩立刻变得老老实实的，不哭也不闹了。看来，伞放错了地方让她烦恼，因为这严重地违反了小女孩房间平时的秩序，而她对东西摆放的位置记得可清楚了。

讲到这里，索性再讲一个例子给大家。有一天，我和一群游客一块儿走过那不勒斯的尼禄洞穴，有位年轻的母亲打算带着她的孩子走完地下洞穴，可是这个孩子太小，才1岁半左右，不能自己步行全程。才一小会儿，小孩子就累了，母亲只好抱着他走，但她却力不从心。她浑身热得不得了，于是，她把外衣脱下，搭放在她的胳膊上。她抱着的孩子却产生了心理障碍，哭起来了，哭声越来越响亮。他的母亲想尽办法，想让他安静，但毫无作用。这位母亲太年轻，也是因为疲劳的原因，感到十分苦恼。

人们都看到了这种情况，很想真诚地帮助她。她母亲把小孩从一只胳膊放到另一只胳膊，小孩仍然又哭又闹。别的大人和他说话，甚至训斥他，都无济于事。

这个小孩的母亲想，抱抱他大概问题就可以解决了。可是改变抱的姿势好像也没有用，因为小孩子正在"大发脾气"。我们一个旅伴站出来说："我来抱抱就好了。"他用自己强壮的胳膊紧紧地抱着小孩子，显得很严肃。但这个小孩却不领情，反而哭闹得更厉害了。

我想，这个小孩的反应肯定跟幼年期的秘密有关，我充满自信地走过去，对孩子的母亲说："我帮你穿上外衣，好吗？"孩子的母亲仍然热得喘不过气来，惊讶地看着我，虽然很糊涂，还是同意了我的话，她穿好她的外衣。太奇妙了，小孩马上安安静静的，不哭也不闹了。他说："妈妈，穿外衣。"他的意思好像是："妈妈，不管怎样都要穿上外衣。"或者是感觉到大家终于知道自己的存在了，紧急事件终于变得十分平静，小家伙的手伸向母亲，高兴地笑着。

原来，这位年轻母亲身上的混乱、失去秩序的现象不和谐，给孩子形成了障碍。一定要把外衣穿在身上，而不能像一块布片一样搁在胳膊上。

让我最受启示的是另外一个例子。如果不是我亲眼见到，很难相信这样的事情。有位母亲身体非常不舒服，于是就靠在沙发上休息。这个时候保姆从房间里拿来两个靠垫给她靠着，这样看上去她更舒服一些。就在这时，她21个月大的女儿跑了过来，想让妈妈给她讲故事。虽然自己身体不是很舒服，但是做母亲的仍然没有拒绝孩子的请求。她边靠着靠垫，边给小女孩讲故事。

后来，母亲实在支撑不住了，便让保姆扶她回房休息，只留下小女孩一个人在沙发边上。保姆顺带着就把那两个靠垫也拿回房间去了，她觉得太太等一下可能用得着。这时小女孩却大哭起来。按照我们成年人的思维，一定以为是母亲不给孩子讲故事，所以孩子哭起来。事实上孩子不是因为这个，而是尖叫道："不要拿走靠垫，不要拿走靠垫！"她好像在强调："不管怎么样，靠垫不能从它的位置上拿走！"保姆当然很耐心地劝她，妈妈也还是强打起精神给她讲故事，但是这些都无法让小女孩的哭泣停下来。她流着眼泪说："妈妈，看看沙发，看看沙发。"

这个小女孩此时已经不再对故事感兴趣，小女孩的妈妈和靠垫都发生了位移，完全换了一个房间去讲故事，这虽然看起来很平常，在这个小女孩内心却发生了戏剧性的冲突，让她无法接受。

孩子们对秩序的强烈渴望，在上面的例子中体现得淋漓尽致。但还远不止这些，他们的早熟程度更让人感到惊讶。我们甚至都不敢想象，一个2岁的孩子都懂得热爱秩序。如果我们细心观察，就能够在现实生活中发现，学校里的一些有趣的事情还是很多的。如果不小心有人把东西放错了位置，小孩子看到了一定会将它放回到原来的位置。有些细节成人根本注意不到，可是这些2岁的孩子却可以观察到。比如说，有人把肥皂放在脸盆架上面，却没有放到肥皂盒里面去，又或者是把椅子放得东倒西歪，没有把它们放在应该出现的位置，小孩子如果看到了，就会很自然地跑过来，把它们放好。把东西摆放得乱七八糟，似乎在刺激着孩子的神经，他们无法忍受，就是这么一个道理。我们从而可以得知，真正让孩子快乐的，就是把东西摆放得整整齐齐。我们学校一些三四岁的小孩子，会在完成练习后，把那些使用过的桌椅自觉地放回原处，这是毫无疑问的事情。

对于这些小孩子来说,把东西放在指定的位置,这就是他们头脑中"秩序"的概念。当小孩子认识到那些东西在自己日常生活环境中所处的位置之后,就会牢牢将它们的位置记住,这样秩序感便产生了。这样同样让他们更加熟悉和适应自己所处的环境。我们其实非常渴望这样的环境,当我们在这个环境中时,即使闭着眼睛走动,也会知道东西都在哪里,那些生活用品变得触手可及。这样的环境对于快乐安静的生活来说是不可或缺的。

儿童对于秩序有着超然的理解,小孩子认为秩序的混乱是极其痛苦的事情,秩序被破坏对于他们的心灵伤害很大。我耳边似乎听到孩子们的呼喊:"没有了秩序,我们便无法生活,请关心一下我们生活的秩序。"可见,对于孩子来说这个问题至关重要,但对于成年人来说就只是快乐不快乐、舒适不舒适的问题。小孩子们试图了解生活的各个组成部分,并按照自己明确的原则去行动。大自然似乎是没有感情的,他们总是亘古不变地以一种步调来走下去,那就是生老病死。

对于小孩子来说,秩序就像是野兽在大地上奔跑,就像是鱼儿在大海里游动,小孩子需要在一个环境中获得有关的规则,从而在这个环境中得到进一步发展,这是非常有必要的。

在小孩子的游戏中早就表现出对于秩序的热爱。瑞士有位心理学家按照克拉帕雷德教授的理论,对自己的孩子进行了一些实验,这些实验的确很有趣。

这位心理学家把一些小东西藏在椅子的坐垫下面,这时让孩子走出房间,然后他把这些东西转移到另一个椅子的坐垫下面,这位心理学家自然希望孩子可以在第一个坐垫下面找不到的时候,去翻看第二个坐垫。但是孩子进来之后,先去第一个坐垫下面仔细看了一遍,没有找到,就老老实实地说:"找不到。"孩子似乎根本不到其他地方去找。这位心理学家不甘心,又在孩子面前把刚才的实验演示了一遍,并且让孩子看到东西已经从第一个坐垫下面转移到另一个下面了。令人十分费解的是,孩子依然是只在第一个坐垫下面找了一下,便说:"找不到。"心理学家自然是非常失望,觉得这个孩子的智力是有问题的。于是质问孩子说:"我明明刚才已经把它们转移到这里了,你难道看不到吗?"孩子风趣地说:"我看到了啊,但是它们应该放在这里才对!"

显然这个孩子的智力是没有问题的,他的心思并不在找什么东西上面。即便是他找得到,他也觉得那与他自己没什么关系。他最关心的是这个东西应该放在原处,而不是像父亲那样违反游戏规则地去随意摆放。

　　心理学家认为这个游戏是从一个地方转移到另一个地方，这个中间有个"藏"的过程，孩子显然误以为这个东西从一个地方放回原处才是这个游戏本身。在孩子看来，这个东西不放回原处，是非常乏味的游戏。

　　就在我和这些孩子们一起玩捉迷藏游戏的时候，这些 2 ~ 3 岁的孩子们给了我无限的惊奇。他们在做游戏的时候通常都很激动，甚至表现出兴高采烈的样子。

　　游戏是这样进行的：有一个孩子在其他孩子的面前藏到铺着长桌布的桌子下面，随后，其他孩子走出房间，他们再次回到房间的时候，立刻掀起桌布。这时，他们看到同伴藏在桌子下面，就高兴得尖叫着。孩子们一遍一遍地做这个游戏。他们按照次序一个一个地说："该我藏起来了。"随后爬到桌子下面去。

　　还有一次，我看到几个大一点的孩子和一个很小的孩子一起玩捉迷藏游戏。大一点的孩子知道小孩藏在一件家具后面，他们进来时，却装作不知道的样子。他们装模作样地找遍了房间里的所有地方，就是不在这件家具后面寻找，他们认为这样就会让小孩子觉得更好玩。但是小孩子却大声叫着："我在这里呀！"并且表现出一副非常生气的样子大喊道："你难道看不见我吗？我就在这里！"

　　当我看到这一切的时候，觉得非常有趣，便忍不住和他们一起玩儿。一群天真烂漫的孩子欢呼雀跃，他们在门后面找到了那个藏身的小伙伴。他们还拥抱着我，对我说："请你藏起来，咱们一起做游戏吧！"我接受了他们的邀请，他们就一起跑到门外面，好像他们觉得看到我藏身的地方，是件很不好的事情。我没有藏在门后，而是藏在一个柜子的后面。孩子们回来后，一起跑到门后找我。我藏了一会儿，发现他们找不到我了，就从藏身的地方走出来。他们的表情又失望，又迷惑。他们用责备的口吻问道："你怎么不和我们玩呢？你干吗不藏起来？"

　　这个游戏本身是充满快乐的，最大的乐趣就在于孩子们愿意在他们指定的地方找到他们要找的东西。我们必须要了解孩子们这个年龄的特性。他们认为把一些东西藏起来就意味着必须认为是看不见这些东西。重新发现这些东西就会带来一种和谐的秩序感，不管是看到还是没有看到，东西总该放在它被放好的地方。他们就会自言自语道："你绝不会看到它，只有我知道它在哪儿，我闭上眼睛也能把它找到，因为我确信它放在那儿。"

　　小孩子对秩序的内在敏感性是自然界赋予的天赋，这是通过自我感觉而形成的天性。这种感觉不是物体本身，而是对各种物体之间的关系的区别和认识，所以小孩子有看到一个整体环境的能力，同时认识到在环境的各个部分是相互依存不可分割的。他们极为需要这样的一个整体环境，因为只有这样的环境孩子们才能适应，他们的行动才更具有目的性。以此为基础，儿童才能认识到组成环境的各个部分之间的关系。假如孩子们所见所闻的周围环境不能按照秩序组织起来，它们就没有存在的价值了。小孩子觉得这就像只有家具却没有建好放家具的房子一样。

如果人们仅仅知道区别一个一个的物体，却对它们的联系毫无了解，他会发现一个尴尬局面：他自己处于混乱状态之中，无法摆脱。明显地，儿童具有的工作本能是自然界馈赠的一件礼物，这使他在适应环境的同时在环境中找到适合自己的生活方式。自然界在孩子对秩序的敏感期里给他们上了第一堂课，就如一位教师给孩子提供一张学校的教室平面图，为识别地图做好了前期的准备工作。

我们可以得出这样的结论，大自然是给孩子们上得最生动的一堂课。它仿佛是指南针，确切地告诉孩子们应该找寻的方向。同时，它还教会了孩子们使用语言的技能，随着年龄的增长，孩子们的语言能力也将逐步提高。我们必须知道，人的心理变化是一步步实现的，因为有些基础是在敏感期就一点点发展起来的，绝非一蹴而就。

内部秩序

儿童的秩序感大体上可以分为两类，即内部秩序和外部秩序。我们都知道，儿童对于自身与周围环境关系的认知可以称为外部秩序。而自己身体与他们每一部分相应位置的认识，便是所谓的"内部秩序"。

很多实验心理学家热衷于对于人体内部秩序的长期研究。通过研究他们认为，这存在一种使人们能够意识到自己身体的不同部分所在的不同位置的肌觉。这种肌觉需要有一种特殊的记忆，可以叫它为"肌肉记忆功能"。这种机械的解释完全是基于意识活动的经验做出的。比如，假如我们伸手拿到了某样东西，这个动作能够被感知到，还可以保存于我们的记忆中，而且可以重现。由于人们具有运用自如的经验，因此我们能够随意活动自己的两只胳膊，向着不同方向转动。但实际上，儿童显然已经经历过了对于自己身体各种姿势的高度敏感期，这个时期远在他能自由地到处走动和具有任何经验前面。也就是说，儿童具有的与他的身体的各种姿势和位置有关的特殊敏感性早已经被自然赐予了。

那些理论是以神经系统的机制为基础，敏感期却是与心理活动息息相关的。敏锐的观察力和心理冲动为意识活动的发展打下了基础。它们是自发的产生一些基本原则的源泉，同时，这些基本原则构成为心理发展的基本条件，这样很自然地为心理发展所需的潜意识和经验提供了条件。相反地，正是由于周围环境对于孩子这种创造性的阻挠，才更加清晰地说明了这种敏感期的存在与他本身所具有的敏感性有关。儿童在这种情况发生时会变得非常不耐烦，就像预示着一种疾病的到来。假如这种不良的情况持续下去的话，就有可能给治愈这种疾病的尝试造成障碍。说来简单，将障碍排除掉，脾气没了，疾病也好了，这不是很明显地揭示了产生这种反常现象的根源吗？

记得有一位保姆曾经告诉我一个非常生动的例子，她是一个善良且贤惠的英国妇女。她找到了一位能干的替代者，因为她要暂时离开她为其工作的那一家人。这位替代者对这份工作掉以轻心了，于是她在照顾小孩洗澡时碰到了麻烦。只要她一给这个小孩洗澡，他就不安和绝望地哭起来，而且想离替代保姆远远的，还把她推开，想逃开。这位保姆为孩子做了她所能想到的一切，但是这个小孩仍然厌恶她。后来那位英国保姆回来了，这个孩子立刻就老老实实地高高兴兴地洗澡了。这位英国保姆以前在我们的一所学校里受过相关的训练，发现儿童厌恶的心理原因是她的兴趣所在，对已发生的这个现象她很容易得知谜底。对于如此年幼的儿童所说的那种不完整的语言，她具有很大的耐心试图去解读谜底。这个小孩把第二个保姆当成了坏人，这又是为什么呢？我们通过对比才发现，这两个人给孩子洗澡的方式截然不同。第一位保姆用右手洗孩子的头，用左手洗孩子的脚；第二位保姆的动作正好相反。

说到这里，又让我想起了一个比这件事更为严重的例子。这个小孩子的经历看起来似乎是一种无法确诊的疾病，我目睹这件事纯属偶然。案例中的这个小孩子只有 1 岁，他和家人进行了一次长途旅行。孩子的父母都以为小孩太年幼了，所以不能忍受这种路途的疲劳。然而一路上孩子的母亲发现路途中并没有发生意外事件，旅途相当地顺利。到晚上的时候他们都睡在高级旅馆里，那里有现成的围着栏杆的幼儿床，还为小孩子准备了美味的食品。回家以后，他们住在一个房间很大、家具很简单的公寓房间里。因为再没有围着栏杆的幼儿床，小孩和母亲一起睡在一张大床上。

接下来却出现了意外，小孩子像是病了一样，每天晚上都不停地哭，而且有失眠和反胃的症状出现。孩子的母亲于是不得不整夜抱着孩子，母亲和孩子都感到疲惫不堪。无奈之下，家人请来了专业的儿科医生来检查小孩的身体，并给小孩买来了很多好吃的，给他进行日光浴，散步，等等。但是这些行动无济于事，结果，夜晚成了全家很痛苦的时候，这个小孩竟然清醒起来，可怜地抽搐着，还在床上打着滚。每天要发生 2 ～ 3 次类似的情况。由于小孩年龄太小了，当然不能说出自己的烦恼，所以大家都不了解对他来说最大的难于解决的烦恼。于是，他的家人请来一位著名的儿童精神病专家为他诊治。

那一次我正好也在其中，这个小孩看上去并没什么严重的病症。父母也告诉我们在旅行的时候孩子的身体非常健康。为什么回到家里就病了呢？显然，他的变化可能是精神失调导致的。我看到这个小孩躺在床上忍受着病痛和苦恼，这时候我忽然来了灵感。我拿来两只枕头平行铺开，它们的边角垂直起来像一张围着栏杆的幼儿床的样子。我随后为他盖上床单和毯子，默默无语地把这张临时凑成的幼儿床紧靠在小孩的床角。小家伙看见它，立刻停止了哭泣，打着滚儿，滚到床沿边上，睡在里面，并说："咖亚，咖亚！""咖亚"是小家伙用来表示"摇篮"的词。孩子马上就睡着了。从此，他的病症再也没有发作过。这个小孩不满成人把他抱离睡惯的床而放到一张没有围栏的大床上，采用了他的独特办法表示对不招人喜欢的混乱的抗议。

很显然，睡在一个没有围栏的大床上让孩子感受不到那种安全感，所以他整夜不停地哭泣。由于没有了围栏，直接导致他内部秩序的混乱，内心非常挣扎，这不是生理上的病痛，儿科医生显得束手无策。这个例子说明了敏感期内精神的力量，在敏感期里他具有天然的创造力。我们有时候太过于相信所谓的经验，而正是这些经验让我们变得麻木和愚蠢。要知道，孩子的秩序感和我们并不相同。他们处在获得感知印象的贫乏期中，他一无所有的同时又感到创造的艰辛。在他们心目中我们就像他的继承人，但我们就像靠艰苦劳动发家的人的儿子，一点都不顾及他所承受的劳动的艰辛。我们已拥有的社会地位和拥有的一切都使我们冷淡而且迟钝。认识到这些我们便可以充分运用儿童给我们的启示了。儿童的优势是经过不断训练的意志，以及日渐发达起来的肌肉。今天我们能适应这个世界，这和儿童时期培养的敏感性是有着密切关系的。我们的生活会丰富多彩，那是因为我们是儿童的继承人的缘故。

儿童起初是一无所有的，但正是这样让他们变得更有创造力，也让我们可以创造未来的生活。从无到有，以至于绚烂至极，儿童的努力我们可以看得见。孩子们在一点点地接近生命的本源，并且勇于付出行动，而他们的创造方式我们始终无法感知，并且永远无法追回。

心灵的构建

假如我们试图更详尽地了解心灵和智慧的秘密，我们不妨对生产前的胎儿做进一步的研究。生物学研究往往都是这样，如果要研究动物或者植物，他们采集的标本大都是成熟的个体，对于人类的研究也是如此。但是现在，科学家们却要独辟蹊径，针对幼小的或初始生命进行取样研究，因此，胚胎学开始受到重视，它告诉我们受精卵是两个成人的细胞结合后的产物。孩子的生命初始于成人，也结束于成年，这就是生命的旅程。

孩子们都是在爱的氛围中降生到这个世界上的，这大概是造物主的一种恩赐。他们本来就是父母爱的结晶，一出生就被父母的爱所包围着。这种爱不是人工的，也不是出于理性的考虑，而是一种自然而然的感情，它与慈善家、传道士或社会活动家所倡导的爱不一样。只有孩子在成长中所经历的爱，才是人类之爱的理想境界，这是一种无私、无悔的奉献。父母为孩子所做出的牺牲来自于他们的天性，牺牲越多他们就越快乐。实际上，这种付出对做父母的来说恰恰是一种收获，生命的本性即是如此。这种生命的相互关系比"适者生存"的竞争关系要高尚得多，这是一种特殊的本能。因此，法国生物学家法布尔在解释物种延续的原因时指出：这不仅是由于它们有天赋的自卫能力，更由于它们有一种伟大的母性，低等动物在保护幼小的下一代时所显示出的智慧就证明了这一点。

由于认识的局限性，19世纪的科学家们普遍认为人的每一个胚胎细胞都是成人的一个微缩品，他们都在逐渐长大成人。有趣的是，他们还就这个"迷你小人"是男是女做了激烈的争论，这一争论的终止是在显微镜出现之后。最后，人们尽管不情愿，但是不得不接受这样一个事实：胚胎内并不先天存在人的雏形，而是由受精卵一分为二，再由二变四，这样不断地分裂繁殖，形成了人的胚胎。胚胎学的研究截至目前的结论是，如同建造一栋房屋必先积累许多砖块一样，当细胞分裂到一定数目时，就筑成了三道墙，然后在墙内开始构筑器官。这种构筑器官的方式十分特别。它开始于一个细胞，然后环绕这个细胞进行疯狂的、快速的分裂，当这种猛烈的活动停止时，身体器官就产生了。

科学家对于这一现象给予了充分的解释，每个细胞原来都是独立发展的，好像它们有着各自的目的。而当它们密集活动时，就围绕着一个中心，显得十分团结，又像充满着幻想。它们不断地变化着，与周围其他细胞的差异越来越大，慢慢呈现出将要形成的器官的样子。当不同的器官依次形成时，就出现一种力量使它们相互吸引并结合在一起，它们互相依存，一个也不可少。

一个幼小的生命就这样诞生了，看起来是那么神奇。首先是循环系统把全身的器官联系起来，然后是神经系统将它们更完美地联结，在这里所显示的构筑过程都起始于一个基本点，由这个点出发完成一个个器官的创造工作，一旦各个器官形成，它们必然紧密地结合在一起，呈现出一个独立的生命体。所有的高等动物都遵循着这一原则构筑器官，自然界中也只有这一种构筑规则。

那么人类的心灵是怎样构建的呢？人类的心灵似乎也是循着这样的路径发展的，它从虚无中开始，在新生儿的内部，也就是在他的心理层面，一开始并没有任何现成的东西，灵魂围绕着一个基本点产生，在此之前，新生儿的身体也是在不断地搜集材料，经过心智吸收，当这些材料积累到一定程度，就出现了许多基本点，其热烈的程度是人们无法想象的，语言功能的出现就是一例。由基本点所获得的可不是心灵的发展，而是心灵活动所需要的器官。

同样，心灵器官也是各自独立发展的，例如说话、四肢的动作、辨认方向以及其他协调运动的能力都是如此，它们都围绕着一种趣味发展，吸引着孩子对某类活动着迷。当所有的器官齐备，它们就结合起来成为心灵的组成部分。

可以想象，如果我们不了解这些过程以及先后发生的顺序，就无法很好地把握孩子心灵的构建。也许有人会说，以前的人不懂这些，不是一样可以养育出健康的后代吗？但是我要提醒大家，我们现在生活的时代，大自然所赋予母亲的本能大大地受到了压抑，甚至于消失。过去做母亲的可以依靠本能帮助孩子在婴幼时期发展，走到哪里都把孩子带到哪里，时刻为孩子的成长创造所需要的环境，并且用母爱保护着他。

如今的妈妈已经失去了这种本能，人性也趋向于退化。所以，研究母性的本能与研究孩子的自然发展是同样重要的，因为这两者是相辅相成的。

还是想想办法，让母爱回归自然吧！事实上，母爱本身就是一种伟大的自然力量，科学家们应该把这件事重视起来，应该协助这些母亲恢复她们失去已久的本能。我们还应该教母亲学会这种知识，让她们在孩子一出生就给予心灵的保护，没有必要把婴儿交给受过训练的护士，那种护理尽管十分合理和卫生，但那只能在表面上满足孩子的生理需要。事实上，过分依赖护士护理的孩子，很可能会受困于心灵的匮乏。

大家如果再一起来关注一下这个发生在荷兰的事情，相信这件事足以让大家感到大吃一惊。有一个机构试图教导一些低收入的母亲对孩子实施卫生保健，他们将一些失去父母的孩子安置在一个自诩很完善、管理很科学的地方。那里有着丰富的营养品，并且还有经受过专业训练的护士，她们用全新的理念去照顾这些孩子。不幸的是，这些孩子不久便得了疾病，波及的范围很广，直接导致了有些孩子的死亡。那些由低收入父母照顾的孩子反而没有患病，而且比那些被照顾得完善的孩子更健康。

后来，这些机构的医生恍然大悟，察觉到了这些孩子们大量死亡是因为缺乏某种条件，那就是最真诚的母爱。他们立即采取了补救措施，让护士们也开始学着就像母亲对待自己孩子的样子，经常亲亲孩子，与他们玩耍。这些对照顾婴儿一无所知的护士妈妈，被发自内心的爱所引导，并结合科学的养育方法，才使这些孩子重新获得了快乐和健康。

精神胚胎的发育

初生的婴儿虽然身体已经长成了人形，但是他们在精神层面上还是处于一种"成形期"。这项工作是他们必须做的，与胚胎期生理领域里所做的工作非常相似。在他面前存在着一个既不同于他在子宫里的生活，又不同于他成为真正的人的生活的时期。出生后婴儿进入了一个"精神胚胎期"。

从某种意义上说，人类要经历两个胚胎期：一个是在出生以前，与动物相同；另一个时期是在出生以后，只有人才有。漫长的人类童年使人与动物完全区别开来。这就形成了一个完整的屏障，因此人被看作是与所有的生命不同的生命。他的能力既不是动物能力的延续，也不是动物能力的派生。他在地球上的出现是生命的一个飞跃；是新的命运的起点。我们区别物种总是根据它们的不同点，而不是相似点。每一种新物种总是具有某些独特的新特征。它更多的不是旧的派生而是独特性的显现，它带有先前从未有过的特征。

正因为如此，哺乳动物与鸟类一出现，动物世界的状况就大为改观。它们不是早期动物的复制、自然的变异或继续。当恐龙绝迹时，鸟类就显露出其新的特征；它温情地保护着产下的蛋，建筑鸟窝，照顾到小鸟会飞并勇敢地保护它们；迟钝的爬行动物恰恰相反，总是丢弃所产的蛋；而哺乳动物在保护其种类方面甚至要超过鸟类，它们不筑巢穴而是让幼崽在其体内长大，并用自己的血喂养它们。

这些都是非常新奇的生物特征。然而人类另具新的特征。人类具有一种双重胚胎生活，这种生活是采用一种新的设计建筑而成，与其他动物相比具有一种新的命运。我们必须就此停止而重新开始对儿童的发展及对人的心理方面进行全面的研究。如果人在地球上的工作与其精神及创造智能有关，那么他的精神与智能必须是其存在的支撑点。围绕着这个支撑点，人的行为甚至包括其生理系统就被组织起来了。整个的人就在一种精神的光轮中发展起来。今天，这种在印度哲学中曾一度占支配地位的思想，甚至也为我们西方观念所接受。经验本身已迫使我们注意到生理障碍常常是由心理状态，即精神控制失灵引起的。

如果人的本质是由"环绕着他的精神光轮"所控制，如果人须依赖于此并且人的所有行为都由此派生出来，那么应给予儿童的最重要的关怀应该是精神生活的关怀，而不是像今天那样仅仅从生活上关怀肌体。

所谓儿童的发展，就是指他所构建的生命正在适应其周围世界的条件，不单是指获得人的官能、力量、智能和语言。儿童与他们周围环境的关系不同于我们与环境的关系。成人羡慕他们的环境，可以记住环境并对其进行思考，而儿童却是吸收环境。他对所看到的事物不仅能记住，而且使它们成为其心灵的一部分。他能将其眼睛看到的、耳朵听到的周围的整个世界具体化。相同的东西在使用时不会发生变化，但却能引起儿童的变化。沛西·能爵士给这种极为重要的不需要自觉地去记忆而是将影象吸收进个体的生命中的记忆力起了一个特别的名字，把它叫作"记忆基质"。

证实这种特殊记忆类型最好的例子，就是婴儿对语言的学习。儿童学习语言，并不"记住"声音，而是将其具体化然后使其达到完善。儿童能根据复杂的规则使用语言，这并非由于他曾经学习过，也不是通过正常地运用记忆。也许在其记忆中从未保持过什么语言，但这种语言最后却形成了他的精神生活和他本身的一部分。毫无疑问我们正在讨论着一种与纯粹的记忆过程不同的现象，即幼儿心理的一个最不可思议的方面。儿童有一种特殊的敏感性引导他去吸收其周围的一切，而且正是这种观察和吸收使他能够使自己适应生活。他做这项工作是凭着一种只存在于儿童身上的无意识力量。

我们说，生命的第一个阶段应该是一个适应的过程。这里就需要我们正确把握"适应"一词的真实内涵，而且要把这种"适应"同成人的那种适应区别开来。正是儿童的这种特殊的适应能力使其出生的那个国家成为他愿意永远生活的地方，就像他讲的最完美的语言是他的母语一样。一个生长在国外的成人永远不会以同样的方式适应生活并达到同样的程度。以传教士为例，他们是按照自己的意志到遥远的国家去履行其天职，但是如果你问他们，他们会说："我们生活在这里是在牺牲我们的生命。"这种表白显示了成人适应能力的局限性。

儿童显然不是这样，即便他们出生在一个完全陌生的地方，可总是能够与之建

57

立密切联系，不管生活多么艰难，不管他的家在芬兰的冰冻平原还是荷兰的沙滩，他们总会从中找到无穷的乐趣。每个人从儿童时代起就已适应这种生活，就已产生了对这个国家的爱。产生这种感情的是儿童，而成人不知不觉地拥有了它。然后他会感觉到他是属于这个国家，真诚地热爱她，觉得她是这样地富有魅力，没有任何其他的地方会使他感到如此安宁、幸福。

在意大利历史上某个时期，那些生长在农村的人们，从出生那一刻起直到去世，从来没有离开过故土半步。意大利统一之后，大批农民走出自己的家乡，到其他省份去谋生，这些人在外地找到了工作，在那里结了婚，定居下来。但是后来他们常常染上一种奇特的病：脸色苍白，心情抑郁，身体虚弱，贫血。他们多方治疗，最后医生总是建议患者返回家乡，呼吸一下故乡的空气。而且这一建议几乎总是取得最佳效果，病人的气色和健康得到了恢复。人们过去常说"家乡的空气可以治百病"，即使家乡的气候比我们离开的地方的气候恶劣得多。这些患者真正需要的是他们幼年所生活过的朴素而幽静的环境在他们的潜意识心理中形成的平静之感。

对我们来说没有什么比这种吸收的心理更为重要，这种心理塑造了成人并使其适应各种社会秩序、气候和区域。我们的整个研究必须以此为基础。任何声称"我爱我的家乡"的人并非是在哗众取宠或沽名钓誉，而是显示了其本人或其生活的基本部分。这是上述事实的恰当反应。由此我们懂得儿童由于其特殊的心灵是如何吸收他所生活的地方的风俗习惯，直到形成其当时当地的典型个体。地方习惯是成人在童年期建筑起的另一个神秘的形成物。习惯、特殊心理与其所住地区是密切联系的，这一点是再清楚不过了，因为这些都不可能是自然形成或遗传性的。因此我们已经开始对儿童活动有一个更加广泛的理解。儿童发展起来的行为不仅适合其时代和地区，而且适合于其地方心理。

我们都知道，印度人是非常尊重生命的。由于对于生命的敬重，他们甚至非常崇敬动物。这种对生命的热爱之情，是难以在成人身上培养的。尽管人们口头上说"要尊重生命"，但是做起来却远远不够。对于欧洲人来说，他们可能会想，印度人做得对，我们是应该尊重动物。但是欧洲人从未体验过的是，在土生土长的印度人心中，这种情感早已根深蒂固。这些心理特征好像是遗传性的，实际上这是从婴儿的环境中派生出来的婴儿期的形成物。有一次在一个附属于当地的蒙台梭利学校的一个园子里，我们看到一个2岁大小的印度孩子正在目不转睛地注视着地面，他好像正在用手在地上画一条线。旁边有一个已断了两条腿的蚂蚁在艰难地爬行。这个孩子注意到蚂蚁所处的困境，便用手指为它画了一条线，试图帮助它。也许人们会猜测说这个印度孩子一定具有一种"遗传性的"对动物的喜好。从文化的角度来看，这种感情有历史传承因素，但就个体发育而言，这种心理特征却不是来自遗传，而是婴儿时期从环境中学习的结果。如何对待一只受伤的蚂蚁，不同国家的小孩会有不同的态度。有的孩子可能会一脚把蚂蚁踩死，有的可能视而不见，漠不关心。大多数人可能会原谅这种行为，因为他们对动物没有感情，认为动物无法和人相提并论。

　　在这个世界上有着各种各样的宗教信仰，人们都生活在不同的国家和地区，但是彼此都非常尊重各自的信仰。但是当人们抛弃一个古老的信条，心里都会觉得有一种莫名的不安。这些信仰和情感便构成我们心理的一部分，正如我们欧洲人所说的："这些是与生俱来的。"社会和道德习惯形成一个人的个性以及各种各样的情感，并使一个人成为典型的印度人、典型的意大利人或典型的英国人。而所有的社会和道德习惯都是在幼儿期通过那种神秘的心理力量形成的。心理学家称这种心理力量为"记忆基质"。这同样非常适用于通过习惯姿势、行为举止、走路步法来辨别许许多多的种族类型。非洲土著人具有一种适用于捕捉野兽的特殊的体格。另一些人则本能地进行各种适应的练习以使其听力变得敏捷，因此听觉敏捷就成为他们部落的一个显著特点。每个人在儿童时期吸收的个性特征固若磐石，即使理性后来加以否定，某些特征也会保持在其潜意识中。幼儿期形成的一切都不可能全部根除掉。这种"记忆基质"（我们可以将其看作一种优势记忆）不仅创造了个体的特殊特征，并使其与个性共存。儿童所吸收的一切成为其个性中的决定性成分，而且这些同样作用于他的四肢及各个器官，由此每个成人都具有一种幼年时期所铭刻的不可磨灭的个性。

　　所以说，任何一种试图改变成人的想法都是不现实的，也没有任何意义。当我们说"这个人缺乏教养"，或者谈论另一个人邋里邋遢时我们可能很容易伤害他们的自尊心或使他们感到受到羞辱，也会使他们意识到自己的缺点。但是这些缺点依然存在，因为这已根深蒂固，无法改变了。以此同样可以解释人对各种时代的适应能力（我们称其为各种历史时代），因为虽然古人不能在今天的世界上生活，但儿童能够适应他进入这个世界时文明所已达到的水平。不管达到什么样的水平儿童都能够成功地形成与他所生活的时代的风俗相符合的人。这就表明在人的个体发育中幼儿的功能是具有适应性的；能够建筑一个行为模式并使他能够在其周围的世界中自由行动并影响其周围世界。因此，在今天我们必须把儿童看作是一个联合点，一个連接不同時代、不同文明水平的環節。幼兒期的確是一個非常重要的時期，因為當我們想注入新的思想以改善一個人的行為和習慣或者向其民族特徵注入新的生機時我們必須把兒童作為我們的工具，因為成人對此是無能為力的。如果我們真的渴望在大眾中更為廣泛地傳播文明之光，那麼要想達到這一目標我們必須求助於兒童。

20世紀，當英國即將結束對於印度殖民統治的時候，一個英國官員經常讓保姆帶著孩子到印度飯店吃手抓飯，這是為了讓孩子生活在沒有種族歧視的環境裡。當然，印度人這種獨特的飲食方式也吸引了歐洲人。不幸的是，不同民族之間的這種日常生活的差別，往往引發敵對的情緒，從而成為相互摩擦的根源。這個官員的做法給了我們一個啟示，要想影響社會我們必須將注意力轉向兒童。幼兒園的重要性就由此產生。教育對兒童所產生的巨大影響是依靠環境作為手段，因為兒童吸收環境，從環境中吸收一切並將其具體化。由於兒童發展的無限可能性，就像他是人類的創造者一樣也完全能夠成為人類的改造者。兒童給我們帶來了無限的希望和新的前景。

這就是說兒童從出生起就必須被看作一個具有重要心理生活的生命，而且我們必須給予相應的對待。今天新生兒的心理生活實際上已引起人們很大的注意。心理學家對此有很大興趣，很有可能建立一門新的學科——目前我們已經看到的事實就是為兒童的體能生活而建立了衛生學和兒科學。

但是如果心理生活也存在於新生兒，那麼必定是生來就有的，否則就不可能存在。實際上這也是必定存在於胚胎中，而當這一思想最初被人們接受時，自然會提出胚胎期的心理生活是什麼時候開始的這一問題。就我們所知，有的孩子是7個月出生而不是9個月，而且在7個月時他完全可以活下來。因此他的心靈，像9個月的兒童一樣，必定能夠起作用。這個例子無須贅述，它足以證明我的觀點：生命即精神。每一種生物都被賦予幾分精神能力和某種心理，不管這種生物是多麼低級。如果我們觀察一下單細胞生物，我們會看到它們好像具有直覺性；它們能夠逃離危險、尋找食物等。

然而直到不久以前，人們還認為嬰兒沒有心理生活，只是近來嬰兒的這種原先不被注意的心理特徵才被科學界所承認。某些事實已得到證明並在成人的意識中形成新的光點。它們使我們產生了某種責任感。出生這件事本身突然引起人們的想象，我們不僅可以在心理療法中，而且能夠在文學中看到結果。心理學家現在所說的"出生的冒險"，不是指母親而是指兒童，指那些忍受著難言之苦而且只有當痛苦與掙扎结束后才能哭出声来的儿童。

儿童突然被迫去适应一个与他一直生活的环境完全不同的环境，被迫承担从来没有执行过的责任，而且他发现自己是在一种无法形容的疲惫状态下这样做——这是一个人的整个生活中最艰难、最富有戏剧性的考验。现代心理学家就是这样说的，他们杜撰出"出生的恐怖"一词来比喻儿童心理生活中这一关键的决定性的时刻。

我们当然不会遇到这种恐惧，但是如果儿童的心理会讲话，他会用这样的话表达这种处境："你们为何将我置于这个可怕的世界上？我会做什么呢？我何以适应这种新的生活方式？我又如何忍受所有这些可怕的噪声，我从未听到过如此多的低语声？我如何能像您——我的母亲一直对我做的那样来承担这些困难的职责？我如何消化、呼吸？我总是一直在您体内温和不变的温度下欢乐地生活，现在又如何忍受这些变化多端的气候呢？"

儿童意识不到所发生的变化。不可能知道他正忍受着分娩时的痛苦，但一定会在他的心灵上留下某种印迹，即使是无意识的；他在其潜意识心理中感受到了我所试图表达的某种东西，并通过哭声来发泄情感。

因此，那些从事这个领域研究工作的人很自然地会认为一定存在着能够帮助儿童适应其最初环境的方法。我们不要忘记最幼小的婴儿也能够感受恐惧。在生命的最初时刻，当他被敏捷地浸到水里时常常会看到他乱抓的动作，仿佛他们感觉到自己正在下落。这就是典型的恐惧反应。大自然会怎样帮助新生儿呢？她当然会采取某种措施，例如她赋予母亲一种本能把婴儿紧紧地贴到胸部。这种保护措施是来自自然的灵光。母亲本身一时不知所措，仍然是出于自己的无意识反应，她传给婴儿一种必要的宁静。好像母亲不自觉地意识到对儿童造成的伤害，她把婴儿紧紧抱在怀里给他以温暖，使他免受过多的刺激。

在人类母亲身上，这些保护措施不像动物母亲所采取的措施那样行之有效。例如我们看到母猫是如何把小猫藏在黑暗的角落里，当有人走近时会感到局促不安。人类母亲的保护本能就没有如此强烈，因此就很容易消失。儿童一出生就被别人抱走，给他浸洗、穿衣，把他抱到亮处以便能看清楚他的眼睛的颜色，对待他总是像对待无生命的物体那样，而不是把他当作一个有生命的人那样。这不再是大自然的指导而是人的理性的指导，这种行为是荒谬的，因为这不是由于理解力的启示，而是由于我们习惯地认为儿童没有心理生活。

很显然，必须单独考虑这个时期，或者说甚至包括出生的那一时刻，这与儿童一般的心理生活无关。它是儿童与外部世界首次相遇的一个插曲。生物科学很清楚地说明自然是如何规定哺乳动物这一时期的生活的。在其幼崽没有见到光明之前，母兽将自己与兽群隔离，在其幼仔出生后它要继续与其孩子一起与兽群分开一段时间。这是群居动物如马、羊、象、狼、鼠、狗最为显著的特点。所有这些动物都是相同的，在隔离期间小动物就有时间与其外在环境相适应。它们单独与母兽在一起，母兽无微不至地爱护它们、看护它们、保护它们。就这样这些动物渐渐地能像其物种的其他动物那样行动了。在这短短的隔离期间，这些小动物产生了一种对环境刺激的连续的反应，这些反应伴随着一系列适合其物种的行为进程。因此当母兽重新加入到兽群中间时，幼兽已经能够为加入群体而做好生活准备，这不仅只就体力而言，从心理上说，幼兽的行为已经使其成为一匹小马、一只小狼、一头小牛等。

我们可以注意到即使是经过驯养的哺乳动物，在这方面也保持了其固有的本能。在我们家庭中我们看到狗和猫用身体把它们的幼崽藏起来。因此它们仍继续保持着野性本能，幼崽依恋其母兽的那种亲昵行为也保存下来。我们可以说即使幼兽已经离开母兽身边，也仍然保持着这种本能。任何其他的措施都不会使这种最初的生活方式逐渐地降到第二位。因此今天我们不得不把这一重要阶段理解为：动物的种族本能在其生命的最初几天就被唤醒了。

艰难的环境不仅仅引起或激发适应具体场合并受此场合限制的本能反应，而且我们还看到构成了真正创造过程本身的一部分动作。如果这发生在动物身上，类似的情况也会发生在人的身上。我们所面临的不仅仅是一个困难的时刻，而且是关系到整个未来的关键时刻。现在正在发生的是一种潜在能力的觉醒。这些能力担负着指导儿童（这个精神胚胎）所进行的巨大创造工作的任务。而且因为在体格发展过程中大自然为每一重要变化都打上明显的生理符号，因此我们看到连接婴儿与母亲的脐带在出生几天后就脱掉了。这第一个阶段是最为重要的，因为在这一阶段各种神奇的能力正在形成过程中。

因此我们必须记住的不仅是要预防出生时可能造成的外部损伤，而且包括安排那些必然要进行的活动的可能性和不可能性。因为虽然儿童没有预先建立固定的行为方式，然而他却一定具有创造这种行为的能力。动物出生时遗传起了很大作用，它自然地会具有各种正确的活动、需要的控制力、选择适合的食物的能力以及适合该物种的各种防卫形式。但是，人却不得不在他的社会生活全面展开期间为所有这一切做准备，因此儿童在出生以后不得不把社会群体的所有这些实践并入他的生活。

他出生时并不具有这些实践能力，他不得不从其外部世界中吸收进来。幼儿的首要任务就是完成这种适应工作，以代替动物胚胎中呈现的那种遗传行为模式。

弄清楚了儿童所起的这种特殊作用，我们现在就可以研究作为人类生活"一般机制"的儿童的发展问题，这是非常有趣的。婴儿甚至在生理上也远远没有成为一个人，他必须建筑自己直到变成像人一样的复合生物。他在同世界进行接触的第一阶段不具备新生动物所具有的那种"醒悟本能"。尽管他已经出生但仍然过着一种胚胎生活，这时他所建筑起来的好像只不过是一个"人的本能形式"。因为对他来讲，先前没有什么固定的东西，所以他必须为自己创造人所有的精神生活和作为表达手段的运动神经机制。

他是一个甚至不能够抬起自己的脑袋的惰性动物，但是他会很快像被基督复活的儿童那样行动自如。儿童先是坐起，然后站立，之后开始学步。以同样的方式不能活动的儿童最后会在其活动生活中完全成为一个人。儿童的肌肉惰性使我们想起科格希尔的发现——器官在神经中枢开始正常运转后才能形成。对儿童也是如此，必须在心理的行为模式建立以后他才能开始运动。因此，幼儿的运动性不是以肌肉而是以其心理为起点。

人的发展的最重要的方面是心理方面，因为人的运动必然受到心理生活的指导和支配。智力把人与动物区别开来，智力的建立是第一重要的，其他的一切都为其服务。当婴儿降生时，他的器官还不完善；骨骼尚未骨化；运动神经尚未被髓脂质覆盖，而髓脂质使神经互相隔开并能使它们传递大脑的指令。因此，身体保持着惰性仿佛只是为了身体而设计，而且只是粗略勾勒出的设计。因此，人首先是发展智力，其余的发展完全是从他的心理生活中形成其行动方式。没有什么可以证明比这第一年更为重要，智力的优先发展是儿童的特点。

儿童的成长包括许多方面，所有这些方面都遵循着一个固定的顺序，因此它们服从一个普遍的规律。对出生后的胚胎发展进行的一项详细研究表明了什么时候头盖骨长成；什么时候某些头盖骨缝诸如前头盖骨缝消失；然后整个的身体结构又怎样变化。同时表明了什么时候脊髓神经髓鞘化，什么时候小脑开始突然而迅速地生长直至与大脑形成正常比例。最后还表明了内分泌腺和与消化过程有关的腺体如何发生变化。

这些事实已经众所周知，它们表明了生理发展的不断成熟水平，同时伴随着神经系统心理的相应变化。因此，例如神经、小脑或后脑如果没有达到一定的成熟水平，儿童就不可能保持平衡，因此也就不可能坐起或站立。教育或练习绝不能对这种可能性有其他限制。运动器官在成熟后才能逐渐地接受大脑的指令，然后才能够使它们以不确定的方式进行运动以获得环境的经验。通过这些经验和这些练习，儿童的运动变得协调，最后才能够有目的地进行运动。"人不像动物，出生时不能够进行协调运动；他必须形成和协调自己的动作；他甚至没有预定的目的；他必须自己去发现目的。"绝大多数的哺乳动物与此有很大差别，根据其物种它们从出生起就能够行走、奔跑和跳跃。这些动物几乎立即就能够完成最困难的动作，例如攀缘跳越障碍物，或者迅速腾飞。

相反，人在进入这个世界时并不具有这些能力；然而在学会运动后他的天赋却是无与伦比的。他能够获得各种最富有想象力的技巧运动：工匠的、杂技演员的、舞蹈家的、音乐家的以及许多体育运动项目的冠军的技巧运动。

但所有这些技巧没有一个是仅仅来自运动器官的成熟，而总是一个在行动中，在实践中，也就是在教育中获得经验的问题。每一个人都是他自己的技巧的创造者，然而在开始时他们的体格都是一样的。是人本身使自己变得完善起来。现在我们言归正传，辨别儿童身体构造的几个部分是十分重要的。

为阐明这个问题，我们首先必须接受这样一个事实：尽管当身体提供给儿童运动的生理基础后他们才能够运动，尽管这取决于已经达到的足够的成熟水平，然而他们的心理状态并非由此而定，因为正如我们看到的，一个人首先发展的是心理方面。各个器官必须等待着心理方面的发展，然后心理通过器官而活动。但是当各个器官发生作用时更高级的心理发展又开始了，当然心理的发展总是借助于在环境经验的过程中进行的各种活动。因此，如果当儿童已有了运动能力但却被阻止运用这些能力时，儿童的心理发展就会受到阻碍。尽管心理的发展没有任何限制，但它在很大程度上依赖于能够对行动器官的利用，依赖于通过这种手段来克服心理发展本身软弱性的束缚，但心理一直是依靠自己而发展。

心理的发展与一种神秘的事物、与未来命运的无形秘密有关，每一个个体有着实现其愿望的不同能力，而且这些能力在儿童尚处于心理胚胎阶段时是无法证实的。我们只能观察到在这一时期世界上所有儿童具有惊人的一致性。完全可以这样说："所有的儿童在出生时是相近似的，他们以一种相同的方式，按照同样的规律发展。"在他们的心理中所发生的现象与他们在胚胎中所发生的现象非常相像。在这一点上细胞的分裂总是经过相同的阶段，这是千真万确的。一个人很难说出一个胚胎与另一个胚胎的区别。然而随着细胞的繁殖将产生像蜥蜴、鸟类或兔类那样完全不同的生物。每一生物起初以同样的方式建筑自己，后来出现了极大的差别。

因此，就是这种"精神胚胎"后来可能产生天才的艺术家、有声望的领导人、一个圣徒或者一个非常普通的人。而且这些普通的人可能有不同的喜好，这些喜好使他们将来在社会上取得不同的地位。因为很清楚他们不可能像低级动物那样注定要"做同样的事情""产生同样的举动"，低级动物的活动是受其遗传限制的。但是这种后来的发展，这些不同的目标我们是绝对无法预测的，而且在胚胎的形成时期以及在出生后的形成时期我们也是无法进行估计的。

在这个时期我们所能做的只有帮助扩展儿童的生活，虽然这种生活是以相同的方式进行的。尽管这一时期是适应期，尽管这在心理方面所进行的是生活的历险，但是如果能使这一时期与人类的生活需要相符合，每个人就将能够更好地发展他的个体能力。如果教育在一出生就开始，那么这时就只能有一种教育。讨论印度婴儿、中国婴儿或欧洲婴儿的不同礼节，讨论那些属于不同社会等级的儿童的礼节是没有意义的。我们只能谈论一种遵循人的自然发展的方法。所有婴儿在达到人的正常身高以前有着相同的心理需要，都遵循着事物发展的相同顺序，我们所有的人都要经历相同的成长阶段。

毫无疑问，哲学家、思想家、实验室的实验专家都能够提出各种建议，能够进行这样或那样的陈述，但由于这不是一个看法上的问题，所以只有建立起各种法则和决定人在发展过程中的各种需要的自然才能够支配所遵循的教育方法。这是由自然的目的决定的，即要满足各种需要和建立各种生活法则。这些法则和需要一定是儿童本身通过其自发现象以及所取得的进步而表现出来的。他的平静与欢乐、精力的集中以及其自由选择反应的坚定性都证明了这一点。我们的一个责任就是随时随地向儿童学习并竭诚为他们服务。

医学心理学目前从出生后的发展时期划分出一个短暂而又关键的阶段——出生阶段。虽然对这一阶段的释义目前只是基于弗洛伊德的学说，然而却提供了真实的价值并提出了区分这两个阶段的重要性。这个阶段处于同"出生创伤"有直接关联的"回归症状"和可能发生于随后的成长期的与环境有联系的"回归症状"之间。它们表示新生儿的一种无意识决定；一种在发展中不是向前而是后退的决定。

现在人们已经注意到"出生的创伤"导致某种比儿童的哭喊和抗议更加糟糕的状况。其结果是一种心理的改变或者是心理力量的偏差。导致儿童的发展不是沿着我们正常的路途，而是向着一个不幸的方向偏离。

那些遭受出生的惊吓的婴儿，不是在进步，而是给人一种仍然依恋于出生前那种状态的印象。儿童有几种回归症状，但所有这些症状都有一个普遍的特点：受害婴儿好像都对这一阶段进行判断，而且好像对自己说："我要回到我原来的地方去。"幼小婴儿长时间的睡眠被认为是正常的，但过长时间的睡眠即使是对于新生儿也是不正常的，弗洛伊德把这种现象看作是对儿童退却的一种庇护，是他对生活和世界的一种急剧反应的消极退缩。另外，这不是在睡眠中找到了那种潜意识王国吗？当我们受到严重干扰时，我们会求助于睡眠，因为在睡眠中有梦境而没有现实，睡眠中有一种无须竞争的生活。睡眠是逃避的场所，是一种对世界的退却。儿童在睡眠中的状况也要引起注意。新生儿的自然姿态应该是两只手靠近脸部，两条腿蜷曲。在有些情况下，这种姿态甚至在成人中也保持着，人们可以视其为婴儿在子宫中那种姿态的再现。儿童从睡梦中醒来时的哭泣可能是另一种回归症状。他好像受到了惊吓，仿佛他不得不再次经历把他带到这个不愉快的世界上来的那个可怕的时刻。婴幼儿常常遭受梦魇之苦，这些都增加了他们对生活的反感。

在以后的生活中，回归现象可能表现为儿童依恋他人的倾向，仿佛他害怕独自一人。这种依恋不是一种患病迹象，而是一种恐惧迹象。儿童是胆怯的，总是想和某个人，尤其是同母亲待在一起。他不喜欢出门，而是喜欢待在家里与外界隔绝。世界上应该使他欢乐的一切都使他充满恐惧，一想到新的试验他就觉得深恶痛绝。他的环境对于一个正在成长的人来说是富有吸引力的，对他却相反，好像总是引起他的反感，而且如果儿童对他所赖以发展的环境觉得厌恶和反感，这必然会阻碍他获得正常的成长。儿童绝不会希望克服这种感觉，他也不会对他的世界进行吸收以使其成为他自己的一部分。对他来说吸收总是困难重重且又无休无止。人们可以用一句生动的谚语来比喻他："人生来就是悲哀的。"一切都使他疲倦，甚至连呼吸好像也需要他花费很大气力。他所做的一切与其爱好相矛盾。这种人需要更多的休息和睡眠。他们的消化能力常常是糟糕的。人们可以轻易地想象出未来对于儿童会是怎样的，因为这些症状不是短暂的，它们会伴随终生。就是这种常常哭喊、不断地吵闹着要人帮助的儿童，他们看起来懒惰、悲哀和抑郁。长大之后，他们对于这个世界仍有一种厌恶感，遇到陌生人就踌躇不前而且非常胆怯，这些人在生存的斗争中处于劣势。在社会生活中他们总是缺乏快乐、勇气和幸福。

这是无意识心理的可怕报复。有意识记忆容易忘记，而无意识记忆尽管看起来无足轻重，不需要记住但危害性却更大，因为这样形成的印象传入"记忆基质"，它们在个性中将是无法磨灭的，这是人类的巨大危害。儿童的正常形成得不到保护，成为成人以后会向社会进行报复，我们的盲目性不会诱发成人中存在的那种反抗，但它形成的人比正常的人要脆弱得多。它会产生阻碍个体生活的内在变化，会产生阻碍世界进步的各种个性。

　　我在上文中强调的是心理专家所认为的出生阶段对人的心理生活的重要性。但至今我们仅仅提到早期观察，这些观察结果表明了回归现象的危险性。与其相关，我们现在必须回顾一下所有的哺乳动物为了它们的幼崽所采取的保护措施。博物学家早就推断母兽在出生后的几天所特有的无微不至的关怀与其物种的新生动物的一般觉醒是紧密联系的，由此我们可以引申出一些对加深幼小儿童的心理理解非常有用的启示。我们既必须重视儿童对于周围世界的适应，又必须记住儿童在出生时的惊吓，因为这告诉我们，儿童与母亲一样，同样需要特殊的照顾。母亲和儿童承受了不同的危险，但他们都经历了严重的困难。对儿童来讲他身体上承受的危险虽然很大，但比起他在心理上所遭受的危险要小得多。如果导致回归症状的唯一原因是由于出生时受到的外部损伤，那么所有的儿童都会出现这些症状。这就是我们为什么既根据人又根据动物提出一个范围更广的假设的原因。在生命的最初几天，很清楚某种最为至关重要的事情正在发生。根据哺乳动物的遗传行为的觉醒，某种相应的自然现象一定会在儿童身上出现，因为尽管他没有遗传行为模式可以遵循，然而他却有着能够使他发展的潜在能力，而且是通过对外部世界的吸收实现的。

　　据此我们提出了"星云"的概念，把引导儿童去吸收其环境的创造能力，比作作为天体起源的"星云"。天空中星云的粒子离我们如此遥远使星云没有真正的密度，但是同时它们形成了从遥远的距离看来好像是一个星群的可见物。就像这种星云随着时间的推移变成某种固定的东西，由此我们可以想象出某种非遗传性的，然而却是由遗传性本能倾向产生的事物的缓慢显现的东西。例如，儿童从"星云"中接受了能够形成自己母语的刺激的导引，他的母语不是与生俱来的而是从环境中发现并按照固定的规律吸收而来的。由于这种语言的星云能量，儿童能够逐渐从所听到的各种混杂的声音和噪声中区分出人的语言的声音。由于这一点，他能够将他所听到的语言体现出来，而且他体现得如此完美以至于好像这种语言是一种民族特点；同样他接受了社会的特征和风俗，这些特征和风俗使他成为一个属于世界上某个特定区域的人。

　　语言星云不包含儿童注定要发展的那种特殊语言，但是通过语言星云，可以形成他出生时在其周围感觉到的所有语言，而且每种语言都能在相同的时间内得到发展，世界上所有国家的所有儿童都是按照同样的程序形成和发展语言的。在此我们知道了人与动物的本质不同。就刚出生的动物来说，它们几乎立即就能够发出它所特有的声音，作为遗传的一部分，动物保持着这种模式；而儿童在相当长的时间里是哑的，后来他模仿其周围感觉到的那种语言而说话。一个在意大利长大的荷兰儿童讲的不是荷兰语而是意大利语，尽管他的父母都是荷兰血统。因此很清楚，儿童没有继承一种预先建立的语言模式，但他继承了通过无意识吸收活动建立的一种语言能力。可以将这种潜能比喻成生殖细胞的遗传基因的潜能，这种潜能在出生组织的控制下形成一个精确而又复杂的器官——我们称之为"语言星云"。同样，与儿童对环境的适应能力有关的星云，以及儿童出生时环绕着他的社会行为在他身上的出现，并不能由遗传产生早期的行为模式，但是却赋予出生后的儿童吸收在他环境中获得的特殊行为模式的能力，而且他的其他所有能力都是这样获得的。像卡雷尔说的那样："科学家的儿子并不能通过遗传得到他父亲的任何知识要素，如果把他留在一个荒岛上，他的境况并不会比我们的原始人祖先好多少。"

　　我们在这里要说明一点，当我们谈及星云时读者可能会产生这样一种印象，我们的心理具有各种各样的本能，并且每种本能都是各自独立存在的，而且有人可能会反对，认为这会使心理的基本统一性变得模糊。但是这里所用的这种星云的类似性仅仅作为一种描写工具，并不包含对心理的原子论概念的任何偏好。对我们来说心理组织是一个有机的整体，它通过从环境中得到的积极经验改变其结构；另外它是受星云不同的、特殊的种类或阶段的能量"策动"引导的。

　　让我们想象一下，如果语言的星云由于某种莫名其妙的原因不能起作用或处于潜伏状态，那么语言就不会发展。这种并非不常见的反常现象会使语言和听力器官以及大脑完全正常的儿童不会说话。我曾经遇到过这样几个病例，在此之前仿佛是一种自然之谜使耳科和神经科专家对此迷惑不解。如果对这些病例进行观察和对在生命的最初几天里发生的这些不幸进行调查将是非常有趣的。这些研究将能解释许多在其他领域至今仍然模糊不清的事实，如那些涉及社会适应性等问题。这些甚至比推测出生损伤的后果具有更实用的科学价值。我坚持认为许多回归倾向是由于缺乏引导儿童适应社会环境的紧迫感。在这些情况下儿童由于缺乏适应的敏感性而不能从环境中吸收任何事物或只是进行一些不完美的吸收。由于环境对儿童不仅没有吸引力，反而使他反感，他就不能够从环境中通过一系列的对反感情绪的克服而获得独立，并以此来发展所谓的"对环境的热爱"。

那么种族类型的本质特征、风俗习惯、宗教等就必然不能够用一般的方式被幼儿吸收；其结果就导致真正的道德变态，形成一个多余的人，一个表现出许多上述回归症状的被遗弃的人。人具有"创造感受性"而不具有遗传行为模式，如果儿童对环境的吸收是由于这些创造感受性，那么很清楚，个体的整个心理活动依赖于儿童在婴儿期所打下的基础。那么我们应该把对这些创造感受性的延误或错误以及唤醒归于什么原因呢？对于这个问题尚无法做出回答。每个人都必须从这些不幸者的生活中去寻找答案，对于这些情况科学本身仍然感到迷惑不解，认为这些还是难解之谜。

我们不妨一起来看这样一个例子，或许可以对此研究提供一些帮助。有这样的一个年轻人，他长得很帅气，聪明健康，不怎么喜欢学习，同时沉默寡言，不善与人交流。时间一长，自然也就没人喜欢和他来往。我觉得很奇怪，就对这个孩子的身世做了一个调查，发现他出生后的半个月，因缺乏营养，致使体重急剧下降，瘦得皮包骨头，以至于护士们嘲笑他"皮包骨"。除了这半个月，这个男孩的发育都很正常，所以身体强壮，可小时候留下的阴影却一直难以抹去，这样下去恐怕对他以后的发展极为不利。

在这里需要说明一下，"星云"理论到目前为止还只是个假设，有许多问题有待探索。但是有一点是非常肯定的，儿童心理发展所感知的"星云"指导，正如生殖细胞受基因的控制是一个道理。鉴于此，我们人类更应该像其他动物那样，多给新生儿以特殊的照顾，尤其是在刚出生的阶段，这是非常必要的。当然时间不是问题，重要的是应该有这种意识，促使父母意识到幼儿出生教育的必要性，这才是关键所在。

心理胚胎的发育

新生儿显然是不会说话的，但他是个小生命，他有组织器官，严格意义上说他的精神世界也不会是完全的一片空白。我们应该把新生儿当作"心理胚胎"来看待，它甚至是一种为了降临到这个世界上而孕育在肉体里面的精神。遗憾的是，即使借助目前最精密的仪器，我们都无法考量婴儿的精神状况，这也许是一个待解之谜。

如果说人生是一个漫长的旅程的话，那么婴儿的出生就是人生中最重要的一个起点。此后，他们将在很长一段时间内不能自由活动，因为没这个能力。他们也不得不像一个虚弱的或瘫痪在床的病人一样需要别人的照料。除了大哭，新生儿很长一段时间都会沉默不语。而当他一哭，我们就会直冲到他的床边，好像有人需要我们帮助一样。经过很长一段时间，一般是几个月，甚至一年以后，新生儿才不那么脆弱，也渐渐地像个"小人"了。

也就是说，这是孩子从一个人的"雏形"到最后完全长成人的过程。这种成长当然是包含生理上和心理上的成长。从某种意义上说，婴儿长大成人是一个神奇的过程。在他的成长过程中，有一种内在的力量在启动新生儿身体的能量。这个能量一旦被启动，新生儿的手脚便开始动作，大脑也开始运转起来。从此以后，新生儿不但可以活动了，而且有了表达思想的能力，这便是人的"内化"过程。

人自然是和动物无法相比的，有些动物生下来就能够自己行走。比如一些食草的动物，是求生的本能促使他们掌握这一技能，以求躲避肉食动物的残酷捕杀。婴儿刚刚来到这个世界上的时候是脆弱的，他们需要人的悉心照料，这对于新生儿来说意义重大，非比寻常。你看其他动物不管出生时多么脆弱，几乎都得在非常短的时间内靠自己的力量活下去，它们必须马上学会走路。它们很快学会了与同类动物的沟通方式，比如，小猫学会了"喵喵"叫，小羊也懂得了"咩咩"叫，即使发出的声音很微弱，仍旧可以听见它们不断的叫唤声。它们在很短时间内掌握了自己的语言，这是与我们人类不同的地方。动物成长所需要的时间极短，而且十分简单，可以说有时候是生命的本能促使它们迅速成长的。不然，我们就很难看到小老虎在出生之后，立刻可以站起来，短短的一天时间，它们已经能够在妈妈肚子下面追逐嬉戏。

任何一种动物来到这个世界上，都是形神兼具的，它们不但有着适合的躯体和外形，还有那种强烈的求生的本能。这些本能往往在它的动作之中体现得淋漓尽致。因此，动物身上具有的那些植物所没有的特性，便可以统称为"精神特质"。连动物的精神特质在出生时都很明显，怎么可以说人类的新生儿没有同样的天赋呢？科学理论认为，动物现在的行为特征是一连串物种繁衍的经验累积而来的，人类的特征不也是如此吗？人类先是直立行走，再不断开发出语言和智慧，并将这一切传递给后代。

关于动物和人类的问题，我想打个比喻或许能更清楚地说明问题。我们都知道，随着现代工业的日益发达，很多产品是可以依靠机器大量炮制的。它们被制造出来的时候，完全是一模一样，属于批量生产，流水线作业。但是，还有些产品是必须靠手工慢慢雕琢才可以出品的，它们每一个都是独一无二的。手工制造的价值，也许就在于它有着独特的艺术魅力。动物就像是大量制造出来的产品，它们一生下来，就已经具有与同种动物一样的特性。相比之下，人算得上是"手工制造"出来的，每一个人都有所不同，是大自然造就出来的"艺术品"。另外，人的制造过程非常缓慢，在他的外貌特征还未显现出来之前，其"内在特质"就已经开始形成，这可不是在复制一模一样的人，而是要制造出一个全新的人。至于人的内在特质是怎样形成的，到现在为止仍然是一个谜。我们所要说明的是，人的制造一直都在经历一个漫长的内在形成过程，就像一件艺术品在呈现给大家之前，它的创造者必须先在幽静的工作室里进行一番精雕细琢。

我想，每个婴儿肯定都有着非常好的潜能，但是谁也无法准确定论他们成为什么样的人，将来会有何成就。每个婴儿对我们来说都像是谜一样，我们无法窥得其中的奥秘。在婴儿柔弱的身体里，有着比其他动物更为复杂的构成和机制，每一个婴儿都是一个独立的个体，他所具有的特殊意志使他能顺利完成自身的转化工作，无论是音乐家、歌手、艺术家、运动员，还是英雄、罪犯、圣人都是以同样的方式出生，他们每个人都带着各自的形成之谜来到世界上。也许是性格决定命运吧，不同性格就决定了他们将来要做的是不同的事情。

　　婴儿的出生问题，看起来更像是一个哲学命题，值得众多的哲学家们深刻地讨论。令人沮丧的是，哲学家、医学家、心理学家甚至是教育家都对这一问题没有任何兴趣。他们也许司空见惯了，觉得这不是个问题，至少不值得他们倾注太多精力。虽然大多数孩子都能够顺利度过这段无助的婴儿期，但这个时期的影响会深深地埋在孩子们的潜意识里，对他们今后的生活会产生严重的心理后果。那些认为婴儿不仅仅在行动上是被动的，其心智也空洞的想法，实在是大错特错了。还有人这样想，孩子在婴儿期过后之所以会神奇般地成长，完全是因为大人的精心照料和认真养育，这样的想法同样也是错误的。这些想法使父母产生了一种责任感，以为自己就是启发孩子内在特质的力量。因此，他们把教导孩子当作是在完成一件艺术品，为了发展孩子的智能、灵敏度和意志力，他们会不停地提出愿望，发出指令，成人赋予了自己近乎神圣的职责，并深信自己在孩子生命活动中的地位，就像《圣经》里所讲的上帝一样："上帝按照他的形象创造了人类。"

　　大人们无意识地神化自己，糟糕的便只有孩子。这种自以为是的骄傲让人们嗤之以鼻，甚至是让孩子将来蒙受巨大的苦难。事实上，只有孩子自己才能够通向自己的内心，那把通往心灵的钥匙始终牢牢掌握在自己的手中。

　　孩子心灵的成长过程，便是一个破蛹成蝶的过程。那懵懂的心智也在逐渐被打开，他们变得活跃起来了，并且有着强烈的自我意识。然而，在现实环境中，却有另一股强大的力量向他袭来，最终操纵了他的心灵。在这样的环境中，没有人能感受到，也没有人肯接受"人类可发生内在转变"的事实，娇弱的婴儿其实没有受到丝毫的保护，也没有人帮助他度过艰难的发育期，这个环境中所发生的每一件事对婴儿来说都是一种阻碍。

　　处在这样的环境中，作为心理胚胎的孩子，除了靠自己的力量，还有谁可以真正值得依靠呢？心理胚胎和生理胚胎其实都差不多，它也需要一个能够完全容纳它并且永远也不会阻碍它发展的环境。

　　可以想见，人类在其内在的转化和蜕变过程中，自然有着这样那样的阻力，有着许多内在的挑战，这是一个必须经历的过程。试图理解尚不存在的思想和意志，这简直是天方夜谭。但这种思想和意志却始终控制和激励着我们的身体，我们一直很被动。此时此刻，婴儿幼小娇弱的生命焕发出了活力，他们开始有了自己的意识，他开始对周围的环境感兴趣，在实现自我的目标下，他们的肌肉也开始一点点地发挥作用。其实我们这时重任在肩，因为这段时间是孩子人格发展和定型的关键时期，应该给予他们更多的理解和支持。

儿童的综合能力及培养

人们想到花，就会想到那斑斓的颜色和美丽的形状。显而易见的是，儿童出生时，既没有听力，也没有语言。那有什么呢？什么也没有，但一切都将出现。

婴儿的语言天赋及语言的形成

在此，我们一起来讨论一些有关婴儿语言的话题——语言机制。大家都知道，中枢神经系统为生物提供了适应外部世界的器官，各种感觉器官、神经和神经中枢以及运动肌肉器官都在中枢神经系统中起作用。在某种意义上，语言机制不单纯是物质因素。19世纪末期的研究表明，语言同大脑皮质的神经细胞有关，其中主要有两个区域：一个是感觉中枢，负责接受语言；另一个是运动中枢，负责语言的产生。很明显，语言机制包含许多器官，而且同样可以进行支解。听觉器官中枢接受言语的声音，嘴、喉、鼻等的器官中枢发出言语的声音。两种中枢在生理和心理方面都独立发展。从某种意义上讲，听觉器官同神秘的内心世界是相联系的。儿童的语言在其内心世界中不知不觉地发展。而运动器官的活动又同异常复杂和准确的说话的动作相联系。

显然，运动器官比听觉器官发展得缓慢，表现得晚。对此只有一个解释——儿童发出声音所不可缺少的微妙运动是由儿童听到的声音所激起的。这种设想有其逻辑上的合理性。因为如果儿童不是幸好有已经形成的语言，那么，他们在学习别人发声之前定然已经听到过这种声音。因此，复述别人的话的动作必须以记在心里的声音为基础。因为，将要做出的动作取决于听到的，而且是记在心里的声音，这很容易理解。但我们还得记住，语言是通过自然机制产生的，而不是通过逻辑推理。只有真正的自然才是合乎逻辑的。在研究自然时，我们首先注意到的是一些事实。当我们理解了这些事实之后，就会认为它们是合乎逻辑的。我们自然会认为，"肯定有某种导引它们的智慧力量"，这一智力导引创造性的活动，它对心理现象的影响比对纯粹的生理现象更加明显。不过，即使是对生理现象，它的影响也足以引人注目。人们想到花，就会想到那斑斓的颜色和美丽的形状。显而易见的是，儿童出生时，既没有听力，也没有语言。那有什么呢？什么也没有，但一切都将出现。

就某一特定的语言来讲，运动中枢和感觉中枢与声音和遗传影响关系不大。但是，它们具有利用语言、激起说话运动的能力。它们是自然用来发展语言的机制的一部分。做更深入的探讨就会发现，除了这两种神经中枢外，肯定还存在着特殊的敏感性和动作的预备期。因此，儿童的活动服从于他的听觉。一切都安排得天衣无缝，儿童一生下来，就能开始适应环境和为说话做准备。

只要细心观察，我们就会发现一些有趣的事情，语言器官的形成也很神奇。耳朵结构其实非常精密，简直是一部无与伦比的作品。耳朵的中心部分就像一个竖琴。竖琴上的弦能够根据各种声音的长度发出振动，从而重新发出这些声音。我们耳朵的竖琴有 64 根弦，由于空间狭窄，它们按不同的长度被置放成类似贝壳的形状。尽管只有这个有限的空间，自然还是巧妙地提供了接收音乐旋律所需的一切。但什么使这些弦发生振动呢？因为，如果没有什么振动琴弦，它们就犹如一架不用的钢琴，长期沉默。竖琴的前面有一层像鼓面似的振膜，声音一旦振动鼓膜，竖琴的弦就发生振动。由此，我们的听觉就捕捉到了那悦耳的音乐。由于耳朵里只有 64 根弦，不能将宇宙间所有的声音都接收进去，但却可以在上面弹奏出相当复杂的音乐。语言虽然有各种音调和重音的细致变化，但还是可以由它来传送。还在神秘的胎儿期，耳朵就产生了。如果婴儿在第七个月降生，他的耳朵就已经完全形成，只等发挥作用。耳朵是怎样沿着细微的神经纤维把它得到的声音传送给大脑的呢？我们又一次面对自然的一大奥秘。

那么，语言是如何在婴儿大脑中形成的呢？不少儿童心理学家认为，听觉的发展是最迟的。由于听觉在这时还很麻木，因而很多人认为婴儿生来是聋子。婴儿对于不理解的各种嘈杂的声音没有反应。在我看来，这可能含有某种神秘的意义。我并不怀疑感觉迟钝，但我认为，儿童的语言中枢反应敏感，尤其是对带有词汇的语言。听觉机制也许只对某类声音做出反应。结果，儿童听到的词开动了复杂的机制，产生了运动机能，从而重演出接收到的声音。假如这些中枢的特殊机能没有建立，由它们随意接收任何声音，儿童就会发出怪异的嘈杂声音。他每到一地，就会模仿那个地方特有的声音，甚至还会模仿非人类的声音。正是由于自然为人类语言建造了感觉和运动中枢，并且分离了二者，儿童才能学会说话。由于某种原因被抛弃在丛林中的"狼孩"经过某种方式保留了生命，这样的儿童的周围尽管有鸟兽的怪叫，淙淙的流水声和树叶的瑟瑟声，但他们仍然是哑巴。他们什么声音也发不出来，因为他们从来没有听到过唯一能刺激语言机制的人类语言。

我想跟大家一起分享的是，语言机制的确是一定时期才存在的，这点毋庸置疑。人类不是天生就有了语言，而是具有创造语言的机制。由于儿童的器官任凭他开动，因而语言是儿童创造的。在刚刚出生后的神秘时期，儿童是一个具有特殊感觉形式的心理统一体，处于自我睡眠状态。但他突然间醒来，听到了优美的音乐，所有神经纤维都开始振动。婴儿可能认为，他没有听到其他的声音，但事实上是因为他对其他的声音不做出反应，只有人类的语言才能刺激他。

如果想到创造和保存生命的巨大强制力量，我们就能理解这一音乐引起的神经纤维的振动必须永存的道理，就会理解为什么不断降生于世的新生命就是保持语言的延续性的手段。在儿童的记忆中，无论形成了什么都能成为永恒。富有节奏的歌曲和舞蹈也是这样。每个民族都有自己的音乐，并通过身体的运动对其音乐做出反应，还赋予相应的词。人的声音就是一种音乐，词就是它的音符。它们本身没有什么意义，但每一民族都赋予了它们某种特殊的意义。在印度，成百种语言把它分成众多民族，但音乐却把它们都联系起来。我们试着想想这意味着什么。没有哪种动物有音乐和舞蹈，而整个人类都知道并创作了歌曲和舞蹈。语言的声音在无意识中固定下来。我们不知道生物内部所发生的事情，但其外部表现给我们提供了引导。首先固定于婴儿无意识中的是单音，这是母语的基础部分，我们可以称它为字母，接着是音节，然后是词。但婴儿并不理解它们的意思，正如有时儿童大声朗读识字课本一样。然而，一切都进行得多么巧妙啊！在儿童内部有一个小老师，她像古时候的老师那样，经常先让儿童背诵字母，然后拼音节，再朗读单词。然而古时候的教师不能适时施教，他们是在儿童自己已经能够说话并完全掌握了语言之后才施教。儿童内部的老师却不同，她是在恰当的时候教儿童学习语言的。

儿童首先掌握单音，然后是音节，循序渐进，正如语言本身一样合乎逻辑。在儿童学习语言的过程中，最先掌握的是事物的名称。自然的教育方式与我们预期的相同，自然就是最好的老师。在它的指导之下，即便是再枯燥乏味的语言，儿童也会表现出浓厚的兴趣，这种兴趣可以持续到儿童发展的下一个阶段——3～5岁。她有条不紊地教儿童名词和形容词、连词和副词。正像在学校里，学期结束时我们要对儿童进行考试，儿童以实践表明他能运用每一种词类。只有在这时，我们才意识到他有一个多么好的老师，他是一个多么勤奋的学生，他是多么聪明能干，完全掌握了所有词类。然而，没有人羡慕这一优异的工作，而且只有当儿童开始上学读书时，我们才真正对他所学的产生兴趣；对他的成绩感到自豪。如果我们年长的人对儿童有着真诚的爱的话，就应该看重他们的成功，而不是所谓的缺陷。

儿童确实是非凡的，教育工作者应该深刻认识到这一点。只在两年时间内，儿童什么都学会了。在这两年中，儿童内心的意识逐渐觉醒，节奏逐渐加快。直到突然间，它好像被一股顺风冲击，从此意识便开始支配一切。

婴儿大约在 4 个月时，就察觉到在他周围并深深触动他的这一神秘的音乐是出自人的口，是由嘴唇的动作产生的。人们很少注意到婴儿在观察说话人的嘴唇时是多么仔细。他全神贯注地盯着说话人的嘴唇，还试着模仿嘴唇的动作。

然后，儿童的意识在活动中起积极作用。当然，婴儿已在无意识中准备好了运动的机能，但产生口语所需要的全部细微肌肉纤维并没有完全协调起来。不过，有意识兴趣被激发起来了，从而加强了他的注意，他便开始有意识地做一些生动而机智的尝试。

婴儿通过两个月的细致观察，说出了一些简单的音节。这时他才 6 个月。在这以前，他一个字也不会说。一天早晨，婴儿醒来时，他说："爸……爸……妈……妈……"他已经会说"爸爸"和"妈妈"这两个词了。以后的一段时间，他仍然只说这两个词。这时我们就会说："婴儿只会说'爸爸'和'妈妈'。"但我们必须记住，他是在付出了极大的努力之后才达到这个水平的，它是婴儿自我发现的结果，婴儿已意识到他自己的能力，可以随意学习语言技能了。

婴儿 10 个月左右的时候，开始意识到声音的意义。当父母对他们说话时，他们知道这些话所表达的含义，并且努力去理解其中的意思。到1岁时，儿童发生了两件事：他在无意识中理解了语言，并进而达到了有意识阶段；儿童创造了语言——虽然只是咿咿呀呀、简单地重复和声音的组合。

当儿童到 1 周岁左右时，就可以说出第一个代表一定意义的单词。虽然跟以前一样咿咿呀呀，但他的咿咿呀呀有了一定的意思。这就是有意识智力的证明。儿童内部又是如何呢？细致的研究表明，婴儿内部的能力远远大于外部所表现出来的能力。儿童进一步意识到语言的产生依赖于他所处的环境，儿童有意识掌握语言的愿望也变得更加强烈。这时，婴儿内部也出现了重大冲突，即意识反抗生理器官的斗争。这是在人的内部出现的第一次冲突，是人的各部位之间的第一次交战。让我以我自己的经验来说明这个问题。假如我有很多想法要说出来，为了打动听众，我想用另外一种语言来表达我的思想。但我用外语说话无异于无用的咿呀学语。我知道我的听众是很聪明的，希望同他们互相交流，但由于缺乏表达的手段而失去了这个机会。

婴儿的大脑里其实充满了各种各样的想法，却像是茶壶煮饺子一般尴尬，有口说不出来。这时，儿童正处于一个戏剧性变化的时期，有生以来，他第一次感到失望。于是，他下意识地努力学习，独立探索，很快便能取得惊人的成功。

一个试图表达自己思想的人，迫切需要一个发音非常清晰的教师。为什么家庭不能做到这一点呢？因为我们通常不是帮助儿童，而只是模仿他们的咿呀学语。如果儿童没有他自己的内部教师，他就不可能学会说话。正是其内部教师让他听成年人的相互交谈，即使没有谈论他时，儿童也要听他们的谈话。这促使儿童准确地掌握其语言，我们对此并没起什么作用。

有时我们看到有些人跟1岁的小孩子咿咿呀呀地对话，总觉得这个人童心未泯，非常好玩儿。但我们并没有充分认识到儿童的困难，没有意识到给儿童提供良好的学习机会的重要性。我们必须明白，儿童是通过自己掌握语法知识的，但决不因为这样，我们就放弃对儿童讲规范的语言，或者根本不帮助他遣词造句。

1～2岁的儿童处于语言发展的关键时期，这一阶段的儿童监护人需要具备语言发展的科学知识。通过对儿童的帮助，我们成了儿童的服务员和创造儿童的自然的协同者。而且，我们还发现儿童的整个学习计划都已制订妥当。

再回到原来的问题上。如果我想用外语谈一件相当重要的事情，但说起外语来又只是咿咿呀呀的，那我该怎么办呢？我很可能会发脾气、生气，甚至会大声嚷嚷。1～2岁的儿童也是如此。当他尽力用一个词语告诉我们某件事的时候，我们听不懂，他就会大发雷霆，沉溺在对我们好像是毫无意义的狂怒之中。事实上，我们常说："瞧！现在你可以亲自看一看与生俱来的人类天性的堕落。"

然而，他是一个被人误解而又正在争取独立的幼儿。由于还不会说话，他唯一能做到的就是发怒。但是，他有创造语言的能力。他的恼怒在于，尽管他尽了最大努力，还是没有找到恰当的词汇。不管怎样，无论是失望还是误解，都不会终止儿童的探索，他使用的相类似的词汇也逐渐增多。

大约在1岁半的时候，儿童就开始意识到，原来很多东西都有它特定的称谓。这表明，儿童已经能够从他听到的所有词语中挑选名词，特别是具体名词。到此为止，他已迈出了多么惊人而又崭新的一步啊！

刚开始的时候，儿童只是说一些个别的单词，心理学家称这是"一个单词的句子"。这时孩子如果看到晚饭准备好了,就说:"muppet。"意思就是说,"妈妈,我要吃晚饭。"这种简缩化语言的一个明显特征就是这些词语本身发生了变化。它们常常和一些拟声词联在一起,如狗的"汪——汪"声,或者这个词纯属生造。我们把它们统称为儿语。

迄今为止,我们对儿语的研究还远远不够,只是局限于儿童照管人员的研究范围。儿童在这个年龄所形成的远远不只是语言,其中还形成了秩序感。这绝不是我们经常主观臆断的那种表面的或暂时的现象,它产生于实际需要。在其心理的积极形成阶段,儿童常常感到一种强有力的冲动力量,催促他按照自己的逻辑,把混乱的语言变得条理清楚。儿童的孤立无助是多么容易使他陷入精神上的痛苦。而我们对儿童语言的理解,这对于把他们从精神的痛苦中解救出来,使其内心趋于平静起着多么重大的作用啊!

事实上,这样的例子比比皆是。我们再来看一个例子,因为这个实例有助于说明这一点。这是一个西班牙儿童的故事。这个儿童想说"abrigo"(大衣),但他却经常说"go"(去),而不说"abrigo"(大衣)。他想说"espalda"(肩膀),却经常说"palda",而不说"espalda"。儿童说的这两个词"go"和"palda"产生于一种心理冲突,这一冲突使他尖叫和对抗。儿童的母亲脱掉了大衣,放在手臂上,儿童立即就尖叫起来,无论如何也不能安静下来。最后我建议他母亲穿好大衣,儿童果然立即停止哭叫了,还高兴地说"Go palda",意思是说"现在对了,大衣应该披在肩上"。

我为什么要举这个例子呢?它主要表明了儿童对于秩序的那种强烈渴望,并且他们对混乱表现出强烈的反感。所以,我多次呼吁为1岁到1岁半的儿童建立特殊"学校"。我认为,所有的母亲乃至整个社会都不要把儿童孤立起来,要让他们有更多的机会去和成年人接触,让他们能够经常性地听到符合人们发音标准的最纯正的语言。

儿童的性格如何形成

前两章我们大多数讨论的是关于儿童心理、生理及行为等方面的问题，接下来我们不妨讨论一下有关儿童性格及其形成的一些事实。

大多时候，西方的教育都非常注重儿童性格的培养，虽然它没有说明性格的确切含义或指出应该如何训练性格。它认为，仅有智慧教育和实用教育是不够的，还必须有性格这个未知因素。这些足以表明，西方教育对于人格发展给予了足够的重视，他们很看重人性中的一些美德，诸如勇敢无畏、坚韧不拔、责任感强、与别人的良好道德关系等。道德教育一直被放在一个很崇高的地位。但是，尽管如此，在世界各地，人们对性格实为何物的观点仍然模糊不清。从古希腊到现在，从西奥弗拉斯塔斯到弗洛伊德和荣格，人们一致都在探讨这个问题，正如心理学家罗姆克所说的那样，"我们在这个问题上始终处于尝试性阶段"。尽管到现在还没有一个能为大多数人接受的概念，但每一个人都感觉到了性格的重要性。

最近的性格研究发现，它包括身体因素、道德因素、智力因素、意志力、个性和遗传等。自从邦森1867年首次使用"性格分析学"一词起，近乎性格研究科学中一门新分支学科的性格分析学就一直在茁壮成长和蓬勃发展。对性格的研究一直是实验性的，缺乏精确的理论研究。专于性格研究工作的包括许多优秀心理学家和科学家，他们对性格做了多方面的研究，但有一点令人感到不解，那就是大家研究的对象一直都是成年人，儿童却无人问津。尽管他们大谈特谈什么遗传即先天影响。结果，从遗传一下就跳到了成年期，留下了一个无人问津的空白，几乎没有人曾试图填补这一空白。

相反，我们的研究就从这里开始，从儿童的出生开始，并一直延续到儿童的发育。

因为，只有充分了解到儿童的自然行为，才能够得到新的研究方向。它使我们把儿童的性格发展看作儿童自我努力的一系列结果，它与外部因素无关，它取决于儿童那旺盛的创造力和他在日常生活中遇到的各种障碍。因而，我们就转为观察和解释本性对人的心理建设的作用。我们的研究必须从性格和个性皆为零的诞生之时开始，直到它们开始发展之时结束。因为，扎根于潜意识心理中的自然规律无疑是存在的，它们决定心理的发展，它们是人所共有的。相反，差别则主要是由生活的变化造成的，比如事故、挫折及个体在其发展道路上遇到的障碍所导致的心理退化。毫无疑问，像这样一种理论一定能够解释从幼年期到成熟的每一个阶段中儿童性格的情况，但是，此时此刻，我们暂且把儿童的生活作为一个基本的因素，并把它作为我们探讨个体之间各种差异的指南，这些差异是由他们适应环境的不同努力造成的。

当然，假如我们对于这一理论已经完全掌握，就可以按照人生的不同阶段对性格进行解释。不过，我们只需将儿童的生活作为研究的重点，并在此基础上对个性发展的不同形式进行研究，这样就能在生活环境的影响下进一步发展。很明显，我们只有认识到人的行为，才能更进一步地分析人的性格。正如前面我所提到的，个体从 0 ~ 18 岁的生活可以划分成三个时期：0 ~ 6 岁、6 ~ 12 岁和 12 ~ 18 岁；每个时期还可以再划分成两个更小的阶段。如果单独考虑这些时期，那么每个时期儿童的典型心理大不相同，以至于它们几乎像是别人的特征。

前面的章节我们已经讲过，第一阶段是个极富创造性的阶段，尽管刚出生的婴儿没什么性格可言，但是性格在此时已然形成，这个阶段对性格的发展极其重要，也是人生中最重要的时期。众所周知，尚在怀抱中的婴儿不可能受到榜样或外部压力的影响。因此，奠定性格基础的因素必定是本性本身。

年幼儿童尚没有是非感，他还生活在道德观念之外。事实上，我们并不认为他很坏或邪恶，而只是认为他挺调皮，即他的行为很幼稚。因此，我们不能简单地用好或坏来评价他们的行为。只有在第二个时期，即 6 ~ 12 岁，儿童才开始具有是非正误意识，不仅是关于自己行为的是非正误意识，而且也是关于他人行为的是非正误意识。是非正误问题是该年龄阶段的特征，道德意识正在形成，此种意识以后会促进社会意识的形成。在第三个时期，即 12 ~ 18 岁，产生了热爱祖国的情感，它是一种归属某一民族群体并关心该群体荣辱的情感。

上面几个发展阶段还是有很大区别的，但是每一个阶段都不是独立的，上一个阶段都在为下一个阶段作铺垫。要保证第二阶段正常发展，就不能在第一阶段发生任何的偏差。这就好比是一只蛹和一只蝴蝶，虽然外表和行为方式大不相同，但是，蝴蝶的美丽却是来自它幼虫形态的生命，而不是来自它模仿另一只蝴蝶的努力。我们是通过现在而走向未来的。一个时期的需要满足得越充分，下一个时期的成功的概率就越大。

父母双方都是生命的创造者，因此他们都不应该酗酒。同时还不能有其他不良嗜好，要有一个健康的身体，否则婴儿便有可能在健康上有这样那样的缺陷。因此，胚胎发育的方式取决于怀孕时起作用的各种条件。以后，胎儿可能会受到一些影响，但是，只受其环境的影响，即只受妊娠期母亲周围环境的影响。如果胚胎的条件极为有利，那么婴儿出生时就会身体健康强壮。因此，怀孕和妊娠对婴儿期生活都有影响。

我们曾在前面提到过出生创伤，婴儿在出生时受到的创伤将造成衰退，导致严重的后果。但是，不良嗜好和遗传疾病的危险更大，比如酗酒和癫痫。出生以后，我们一直在研究的关键期开始了。在最初 2 ～ 3 年里，儿童可能受到一些将改变其整个未来的影响。在这个时期，如果他受了伤害，或受过暴行，或遇到严重的障碍，那么就可能出现人格偏差。如果儿童能够在条件允许的情况下自由发展，性格肯定会正常的。假如在我们在受孕、妊娠、出生和婴儿养育各个环节采取科学方法，那么 3 年之后，这就是一个非常健康的孩子。不过，这是一种最理想的状态，实际上这种理想从没达到过。因为除了其他一些原因之外，还有许多障碍的干扰。到 3 岁的时候，儿童彼此之间就有差别了，这些差别的大小会随着经验的严重性而变化，而且尤其是随出现的年龄的变化而变化。因为出生后遇到的各种困难所产生的变化没有妊娠期所产生的变化那么严重，也没有怀孕时起作用的各种有害影响所产生的变化那么严重。

假如一个儿童在 0 ～ 3 岁的时候遇到了一些发展障碍，那么他完全可以在 3 ～ 6 岁期间得到治愈。因为在这个时间段内，大自然正在全面培养和完善儿童的各种能力。在我们对于 3 ～ 6 岁儿童的研究中，学校的教育实践做出了杰出的贡献。据这些研究成果，我们就能够为儿童提供必要的帮助。也就是说，我们找到了更为科学的教育方法。但是，如果 0 ～ 3 岁期间所产生的缺陷没有得到及时的纠正，那么它们不仅会继续存在，而且还会进一步恶化。因此，6 岁的时候，一个儿童可能还带有 3 岁以前产生的偏差和 3 岁以后获得的其他缺陷。6 岁以后，它们将影响人生主要的第二个时期的发展及正在发展的是非正误意识的发展。所有的缺陷都会在人的心理和智力上留下阴影，这是毫无疑问的。如果前期一旦形成了缺陷，6岁儿童的潜能在第一阶段没有得到发展，在第二阶段发展起来就十分困难。在这样的孩子身上，就不会有这个年龄孩子应有的道德特征，而且智力发育水平也与同龄人有差距，甚至无法形成自己的性格，难以适应学习的需求。在最后一个时期，除了这些缺陷以外，他的低劣还会导致其他一些失败，这样他将成为一个无用的废品，而这并非他自己的过错。

我们为每一个儿童准备了一份档案，这一点上许多重视儿童发展的学校也是这样做的。这样可以完全记录孩子的身体和心理发展的情况，这些档案有助于教师熟悉儿童在每一个阶段的发展状况，了解他们面临的心理问题，并采取适当的救治措施。这份档案中，我们记录着父母所患的遗传疾病，儿童出生时父母各自的年龄，及有关母亲妊娠期间生活的信息——她是否出过事故，是否跌过跤，等等。还有母亲的分娩是否正常，即婴儿是否健康，或者母亲是否晕厥过。其他问题是关于儿童在家庭里的生活情况，父母是否过度焦虑或过分严厉？儿童是否受过任何恐怖或其他什么惊吓？如果他是一个困难儿童或任性儿童，那么我们就可以到他迄今所过的生活中去寻找导致这种结果的原因。我们学校接收的3岁儿童几乎全都有某种病态，不过这种病态是可以纠正的。现在，我们来简短地回顾一下我们常见的几种偏差类型。

儿童的性格缺陷有许多类型，需要以不同方式进行治疗。为此，我们把这些缺陷分成两类：即强型儿童（他们反抗和克服所遇到的各种障碍）表现出来的缺陷和弱型儿童（他们屈服于不利条件）表现出来的缺陷。

强型儿童的缺陷有任性、暴力倾向、暴怒、不服从和进攻性。不服从表现得很明显，是一种所谓的破坏性本能。占有欲很强，它会导致自私和忌妒；目的不稳定（年幼儿童中极为常见）；不能集中注意；双手动作的协调比较困难，因此他们很容易掉落或打碎东西；心理混乱；非分的想象。这些儿童可能大声喊叫、尖叫；一般都爱喧闹。他们干扰和揶揄别人；常常冷酷无情地对待弱小儿童和动物。在餐桌上他们一般都很贪婪。

弱型儿童的缺陷是非常消极、懒惰和无聊，想要什么就要什么；试图让别人服侍他。他们总是希望别人使其快乐，但又很容易厌倦。他们发现一切都很可怕，因而他们依附成人。他们经常撒谎或偷拿东西，等等。

这些心理上的毛病通常都会引发生理上的一些问题。比如，孩子往往不爱吃饭，有的完全没有胃口，有的永远感到没有吃饱，最终导致消化不良；这种孩子还经常做噩梦，害怕黑暗和独处，睡眠非常不好，甚至会患肝脏或者贫血等疾病。此为，这类儿童还往往有神经方面的问题。以上这些生理疾病，主要是心理问题所致，药物很难见效。

这是因为某些障碍影响了儿童的正常发展，导致身体疾病和性格缺陷。不论是哪种缺陷类型的儿童，都不受成人的喜欢，尤其是那些强型儿童，更令他们的父母大伤脑筋，这些父母总是想办法摆脱孩子，都乐意把他们托给保姆喂养，或把他们送到学校里。他们成了父母双全的孤儿。他们心理有疾病，但他们的躯体却很健康，这不可避免地会导致他们的恶劣行为。父母们对他们感到毫无办法。有的父母寻求他人的建议，而有的父母则试图独自解决这些问题。有时候他们决心给儿童一点颜色看看，以为这样会解决一切问题。他们使用了所有的手段：拍打，呵斥，让他们饿着肚子上床睡觉……但是，这只能使儿童的缺陷更加恶化，使他们变得更加顽皮，或者使他们采取同种缺陷的消极形式。于是，他们又尝试使用机智的说服教育，晓之以理，动之以情："你为什么要让妈妈感到这么不愉快呢？"最后，父母们失败了，因而停止了忧虑。

弱型儿童的情况可能与此大相径庭，他们往往引不起别人的关注。这些儿童的行为大概不会存在什么问题，父母觉得他们都很听话，认为他们是好孩子；尽管这些孩子过分依赖父母，总是赖在他们身边，但他们安静无比，从没有找过什么麻烦，所以母亲就觉得这是件好事。她们会说，他非常爱她，没有她，他就不能上床睡觉。但是，后来她发现，他的动作和言语都很迟钝缓慢，他站立不稳。她说："他很健康，但他非常敏感。一切都会使他感到惊恐。他甚至对食物也不感兴趣。为了让他吃饭，我老是得给他讲一个故事。他肯定会成为一个圣徒或诗人。"但是，最后，她确信他有病，因此就去请大夫。这些心理疾患让儿科医生们发了大财。

如果以上这种孩子的父母学习过一些幼教知识，或者参加过我们的一些培训，定然不会出现上述这种情况。因为我们都知道，儿童的性格缺陷来自父母的错误做法。如果父母在这一时期忽略了儿童，孩子就得不到足够的机会去充实自己的大脑，而饥饿的大脑会产生许多问题。另一个原因是缺乏受创造性冲动驱使的自发活动。这些儿童几乎都没有全面发展的条件。他们经常被孤零零地丢在一边，无所事事，只有睡觉。或者就是，成人越俎代庖，替他们把一切都做好，从而阻碍他们完成其活动周期。结果就使他们产生了被动性和惰性。虽然他们看到过和渴求过许多东西，但是仍然没有什么东西可供他们玩耍，因为只有在他们手中的东西，他们才会观看。但是，最后，当他们终于成功地拥有一朵鲜花或一只昆虫的时候，他们却不知所措，因此他们往往把它弄得粉碎。

许多儿童会在这时候表现得手足无措，也会毫无缘由地产生一种恐惧感，这种情况能够在早期的生活中找到原因。我们的学校得以广为普及的一个主要原因是，在学校里，儿童的这些缺陷显著地消失了。在这里，他们可以积极探索环境，可以自由发挥自己的能力，促进心理的发展。因为有许多有趣的事情做，所以他们能够随心所欲地重复这些练习，并且能够不断地集中注意力。一旦儿童达到这个阶段，并且能够工作和专心致志于有趣的事情，那么他们的缺陷就会立即消失。这一结果使我们懂得，他们以前的那些缺陷是习得的，而不是天生的。他们之间也不存在明显的差别，因为，只不过一个儿童撒谎而另一个儿童不听话而已。但是，所有这些缺陷都是由一个简单的原因造成的，这个原因是：精神上的营养不足。

究竟应该给孩子的父母提什么建议呢？孩子需要生活在能够引起兴趣的环境中，他们实际上不需要母亲给予太多的帮助，母亲的一些帮助有时甚至不利于孩子的成长。过分的关爱、过度的严厉都会使孩子的精神处于极度饥饿的状态。这就好比对待一个挨饿受冻的人，我们对他又打又骂或者劝他们心情好起来，这些都是不切实际的做法，因为此刻他们需要的是食物，其他任何东西都没用。同样，无论是严厉还是慈祥，都不能解决该问题。人是一种有智慧的动物，因而对心理食粮的需求几乎大于对物质食料的需求。不像动物，他必须建立自己的行为。

假如儿童能够解决自己应该做的事情，以此来完善自己的个性，那么一切都会正常，不会出现任何问题。即使他们曾有什么问题，现在也会消失。厌食或者噩梦都将永远成为过去式，他们现在已经完全走上了正确的轨道。

事实上，很多问题不是单纯依靠道德教育能够奏效的，因为性格形成过程中总会存在着形形色色的问题。千万不要以道德的名义对儿童威逼利诱，不要奢望那样能够给儿童带来什么，如果要说会带来什么，那一定是伤害。我们仅仅需要给孩子提供一个正常发展的生活环境，这就已经足够。

性格需要儿童自己培养

就像我们前几章所说，儿童构建自己的品格，培养其令我们所爱慕的那种品质。这些显然都不是由于我们榜样的作用而形成的，我们也无法教导他如何形成。这些都是儿童3～6岁时通过自己的行为逐渐形成的。性格的形成也不是完全随意的，儿童的性格更是如此。我们要做的就是将教育建筑于科学的基础之上，以便于儿童能够高效地工作，不受干扰和阻碍。成人对儿童的性格发展无能为力，最多只能在他们的性格形成之后，能够理会成人的教育时，通过说理和劝告对他们的思想施加影响。只有儿童到了6岁，成人才可以对他进行说教，6～12岁，儿童才具备分辨善恶的能力，也只有这时儿童的良知才起作用。到12～18岁，儿童已经有各种各样的想法，此时我们才能够像对待成人那样向他们传授一些东西，类似于宗教的布道。令人感到遗憾的是，这些只能在儿童6岁以后进行，此时他们的性格和个性已经形成，无法通过自然的方式进行塑造了。这时我们会发现，孩子们已经难以接受我们的思想了，尽管我们渴望对他们施加更多的影响，我们的作用也只能是间接的，无法直接对他们施加影响了。

许多年轻的老师喜欢抱怨，尽管他们非常敬业，耐心地给孩子们讲解科学、文学等科目，但是孩子们却无法听进去，这不是孩子的智商不够，而是由于他们缺乏品格。没有品格就没有驱动力。只有那些成功地保持了某些或全部天赋的人，才能够拥有个性并真正学到东西，遗憾的是这样的人是极少数。大多数刚进学校的孩子都不具备这样的性格，到了这个时候，要求他们集中注意力已经晚了，因为他们难以做到这一点。如果他们在此之前没有形成认真的品质，提出这样的要求又有什么用呢？打个比方，我们这样要求孩子，就好比对没有腿的人说："要好好走路！"这种能力是在早期发展中逐渐形成的，我们无法要求他们具备这种能力。

既然如此，父母到底应该怎么办呢？通常我们会得到这样的回答："对待年轻人要充满耐心，我们要努力给他们施加影响，为他们树立榜样。"我们把希望寄托在时间和我们的耐心上面，认为总会有所收获。但实际上，我们什么都没有得到。随着岁月的流逝，我们的容颜逐渐苍老，但仍不会有什么收获。时间与耐心并不能独自发挥作用。我们只有利用创造期所提供的机会才能取得成效。

我们应该把人类看成是一个有机的整体，平等地对待儿童、老人和自己，这样才能够在内心深处感受到人类的一些共通的东西，就是人人都有一种自我发展的倾向，虽然许多人对此有明确的意识，这种倾向却在潜意识里支配着他的生活。个人及社会都是如此，都有一种不断进步的倾向。无论如何，人类总是朝着好的方向发展。换句话说，人类的行为不是一成不变的，它总是处于发展之中，因为，无论自然界、生命，还是人类都有一种向前发展的倾向。

下面这个图，中心圆圈表示的是一种完美的状态。环绕这个圆圈的第二个圆圈，代表着那些比较顽强和注重平衡的人，也就是那种接近完美或者属于"正常"类型的人。第三个圆圈区域表示各种不同程度的尚未达到正常的大多数人。最外面有一个较小的区域，表示超出正常范围的人，他们是一些超社会和反社会的人，这些人都无法适应社会生活，他们要么缺乏生存能力，要么成为犯罪分子。除了这一小部分人之外，其他所有人都适应了生活，虽然存在很大程度上的差异。我们所说的教育，就是针对所有这些人而言的。

向美好社会类型和向低级社会类型人趋向图

　　人对于周遭世界的这种适应能力出现在生命初期，尤其是在 6 岁之前。那么在这里我们可以找到品质的渊源，要想适应这个环境是非常困难的一件事。中间的圆圈代表的是一些接近完美的人，这些人强壮无比，不仅因为他们天赋充分，拥有更多的精力，还由于他们有一个好的生活环境。外面那个圆圈代表那些次于他们的人，这些人的精力相对较弱，而且生活中会遇到更多的障碍。

　　在整个社会生活中，那些有大成就的人都具有最坚强的性格，那些性格较弱的人则倾向于滑向外圈，沦落为反社会或者社会多余的一类人中。这些人自制力较差，经不起诱惑。他们需要道德力量的支持，以便摆脱堕落的诱惑。这种诱惑能够带来快感，也会产生很大的心理压力，因为谁也不想成为罪人。但是，对这些软弱的人来说，堕落的诱惑如同地球引力一样无法抗拒，他们要保护自身，就需要道德力量的支持，进行不断的斗争和反抗。这些人想方设法约束自己，防止自己沦落下去。他们努力向那些受人称道的人看齐，把他们当作自己的楷模，或者虔信宗教，乞求上帝给他们以力量，克服这种可怕的诱惑。就这样，这些人逐渐在自己身上披上了一件道德外衣。这需要极大的自我克制力，因为这种努力是对本性的伪装，不是轻松愉快的事情。这些人如同登山者一样，必须用力攀住一块石头，才能支撑身体的平衡。年轻人会感受到这种可怕的空虚，而教育者则试图通过树立榜样来帮助他们。教育者总是把自己当成是榜样，尽管他们有时也会感受到欲望和空虚的恐怖。他们总是说："我必须树立一个好榜样，否则我的学生将来会是什么样子？"这种沉重的包袱压在他们身上喘不过气。正如图中第三个圆圈所示，教师和学生都属于这种有道德的人。这就是我们现在的教育，我们的性格和道德教育就是在这样的环境里进行的，我们已经接受了这种教育方式，因为绝大部分人都受到了同样的限制。一句话，道德被认为是人的本能要求，人自然要防止堕落。

　　第二个圆圈代表的是强烈地趋向完美的一类人。这里没什么吸引力，但是他们更想变得完美，这是一种真诚的愿望。这些强健的人不会偷别人的东西并非因为害怕惩罚，他们就是那么高贵，连随手拿别人一个瓶子的想法都不会有；他们远离强暴和武力，也不是因为受到道德的束缚。简单地说，他们不需要别人的东西，他们憎恶暴力，渴望完美，因为这符合他们的天性。他们对于完美的寻求不是一种牺牲，而是一种追求，仿佛这样能够满足他们最强烈的渴望。生活就是这样，很多人愿意遵守前人的规矩或者习俗的戒律，或是寻求精神导师的指导。但是，图中中间区域代表的人不是这样，他们都是一些不受诱惑的圣人。这些人不需要任何人的说教，因为天性使他们自觉遵守这些戒律。

健康状况的不同，可以区分出强健者和软弱者精神上的差别。比如，患有慢性气管炎的人不得不靠温暖的毛衣来保护胸部，不得不经常洗热水澡和为促进血液循环而按摩。尽管这个人表面上看不出什么问题，但是他却时时小心谨慎，注意很多问题。另外，这种人的消化功能可能也不好，要想维持体力就必须吃补品和药物。

这些人与其他人并没有什么不同，只是在生活上过得小心翼翼，生怕进医院或者死亡。他们的生活完全受制于医生的叮嘱，需要护士的看护或者家庭的帮助。请再来看看那些身体健康的人们吧，他们生活上不会受任何限制，想吃什么就吃什么，在任何天气都可以进行户外活动，甚至可以凿开冰块游泳。然而其他人却只能躲在家里不敢出门。对于第三个圆圈之中的病弱者来说，精神上的良师益友是十分必要的。以阻止滑向诱惑或者堕落的深渊。但是第二个圆圈里的人就不需要这些帮助，生活给他们带来的只有快乐。

现在我们再来考虑一下完美圈的一些情况。我们必须努力把品格建立于事实的基础上。什么是完美？是拥有各种美德，还是达到了某种精神境界？如果是某种高超的精神境界，这种境界又是怎样的呢？我们必须把这个问题弄个水落石出才行。上面已经讲过，性格总是约束人的行为，而且不断朝着某个方向发展，这对于所有的人似乎都一样。这就好比人类社会也在不断进步一样，这是一种自然规律。所以，我们现在有必要讨论一下最核心的问题，因为人的完善就是人类发展的目标所在。在科学领域，只要有人做出新的发展，社会就会被推进一步。精神领域也是这个样子，只要人的精神发展到另一个阶段，便是人类对整个社会的一种推动。因为生命本身就有一种前驱的力量，促使人们不断前进，不停地追求自身完美。

中心圆圈的人就是一种很好的代表，他们充满自信，斗志昂扬，也没有不必要的欲望，从不努力去抗拒什么诱惑。总之，从品格角度而言，第三个圆圈里的人太多了，他们需要用拐杖来支撑自己。如果教育仍旧一如既往，人类的水平甚至还会降低。假如一个第三个圆圈的传教士向一个属于第二个圆圈的孩子讲道，他可能会说："不要吃肉，这可以导致罪恶。"孩子们听了也会说："那好吧，我不喜欢吃肉。"或者他对另外一些人说："穿这些衣服会着凉的，要穿得暖和一些。"回答也许是："不要紧的，我们已经很暖和了。"显然，来自第三个圆圈的教师只能降低儿童的水平而不会将他们带到完美的中心。

假如我们认真观察过学校的教育，就会发现其中存在着非常多的问题，特别是贫乏和单调性。今天的教育是令人感到屈辱的，它培养了人的自卑感，人为地降低了人的各种能力。每一个部门都限制了学生对知识的掌握，使其大大低于自然的水平。它给能够快步如飞的人提供拐杖。这是一种建立于人的较低能力而不是较高能力基础上的教育。如果人类的大多数是低能的，这也是人为的过失，因为他们的品格的形成在构成时期受到了阻碍。我们不得不努力重新达到人的真正标准，让我们的儿童能够运用他们的创造力。到那时不属于完美圈的第二个圆圈里的人也会趋向完美；不是为了准备自卫，而是去占领，去征服第三个圆圈。如果在人的整个生活中心理的建构只能有一次，如果那时心理构成不能出现，或由于不良的环境而使心理构成情况糟糕，那么就不必惊奇大多数人发育不全。但是如果品格能按自然的形成方式发展，如果我们不是进行道德说教而是给他们以积极行动的机会，那么世界就会需要一种完全不同的教育。

传统教育的最大功劳就是将人培养成一个个谦谦君子，他们知识底蕴深厚并且富有道德感，可是这些人的能力却往往遭到人们的质疑。一旦我们能够唤起人类的激情，情况就大不相同了。既然人的性格是在一个特定阶段里形成的，如果错过这个发展阶段，它就永远无法完成，任何说教都无济于事。

这里再谈谈新旧教育的区别。我们需要在适当的时间帮助人们建立起这些品质，充分发挥出人性的力量。社会已经建立起高高的城墙和厚厚的壁垒，这一目标的实现并非轻而易举。新教育要做的事情，就是拆除这些屏障，这样人们才能将目光放得更远。这种变革是悄然发生的，不需要流血和牺牲，是一场没有硝烟的战争。如果这项革命成功的话，暴力此后也就没有了生存的土壤。

孩子的意志教育

当小孩子们在众多的物品中挑选出他所喜爱的东西时；当他从餐柜中取出东西，然后又放回原位时；当他梦寐以求的某些器械正被他人玩耍而一直要等别人放到一边时；当他长时间聚精会神地做练习并纠正教材里他认为有错误的地方时；当他在安静训练中屏息凝神，一动不动，直到听到他的名字时才站起来，小心翼翼唯恐脚碰到桌椅并发出声响时，这些举动已经体现了他的意志。在影响孩子发挥才能的因素中，一直在起作用的也正是意志。

我们不妨来分析一下意志的一些协同因素。

每个人的意志都能够从他们的行动中体现出来。比如说话、办事、走路或者睁眼闭眼，他都被"动机"所左右。意志也可以抑制行动的发生，抑制出于愤怒的冲动，阻止自己想从别人的手里攫取自己所好的欲望，这些都是自愿的行动。因此，意志不是导致行为的简单冲动，而是对行为理智的引导。

如果我们没有采取任何行动，当然也就无法体现出来。设想一下，一个人想做好事但又举棋不定；一个人想着将功赎罪却无心去立功；一个人想外出采访却始终没有跨出脚步，他显然没有服从意志的安排，而是始终处于想象的阶段。一切归诸于行动，关键在于行动。"通往地狱的路是由良好的愿望铺成的。"意志的生命就是行动的生命。我们所有的行动代表了冲动和抑制因素的合力。经过行为的不断反复，这种合力几乎可以成为习惯性的或无意识的。事实就是如此，当我们在评论一个人是否有教养时，他的所有习惯性动作就属于此种情况。我们也许会因为一时冲动而去拜访某位朋友，但当我们忽然想起来今天他没时间时，这种念头就会打消；当你正在房间某个角落优雅舒适地喝着咖啡的时候，一位德高望重的女士向你走来，你就会下意识地站起来，向她鞠躬或者握手。我们邻居吃的蜜饯正是我们想吃的那种，但我们却很小心不让人看出来。我们的行为并不仅仅是由冲动和厌烦所支配的，也是我们认为有礼貌、有教养的绝好表现。如果没有冲动，我们就不可能参加社交活动；另一方面，如果没有抑制，我们就不能修正、引导、利用我们的冲动。

正是在这两种截然相反的力量之间，我们找到了相互的平衡作用，进而用心来培养我们的习惯。我们做这些不会意识到需要什么努力，也不需要用推理或知识去完成他们。它们几乎成为一种习惯性动作。但是，产生这种习惯性动作的并不是本能，而是习惯。我们知道一个人在成长中没受过遵守一定的规则的教育，而只是匆匆忙忙接受了一些纪律方面的知识，他会经常犯大错或过失，因为他是被迫在某时某地"执行"自发行为所需的所有协调动作，并在警觉和意识的控制之下指导这些动作，这种长期不断的努力根本无法与具有高雅风度的人的"习惯"相比。对于后一种人来讲，意志会在意识之外或其边缘进行不断的调整，以使自己拥有新的发现和做出更大的努力。和成人相比，儿童是一个发展还不太平衡的小生命，他们往往容易冲动，并得自己吞下由此带来的苦果，他们有时还会屈服于抑制力。在儿童身上，意志的两种截然相反的力量还没有融为一体，还没有为他塑造出一种新的个性。直到心理萌芽时期，这两种力量仍然处于分离状态。不过我们不应放弃努力，因为这种融合以及相互适应是一定会发生的，并将在他的潜意识中起到支持作用。

所以，我们应当尽早诱发孩子们的积极行为，因为从人的发展上来说这是最根本的。需要提醒大家的是，我们的目的不是将孩子培养成一个早熟的小绅士，而是要促进他锻炼自己的意志，更早地建立抑制和冲动之间的相互联系，为此，我们应该让孩子和小朋友们一起活动，从日常生活中锻炼他们的意志。让他专心致志于某项工作，并抛弃一切与完成此项工作无关的活动。让他选择力所能及的有益于肌肉协调的运动，并坚持下去，直到使这种肌肉协调的动作成为习惯。当他开始懂得尊重别人的工作时；当他耐心地等待想要的东西而不是从别人手里抢东西时；当他四处走动时，应该既不会撞倒同伴，也不会踩到他们的脚，或者把桌子弄翻，这些都表明他正在锻炼自己的意志，正在努力使冲动和抑制趋于平衡。这种态度的形成便是孩子在为融入社会生活做准备。

如果不是这样，我们只是让孩子们整天像机器人一样呆坐在那边，彼此之间不准互相说话或者交流，没有任何发生联系的可能性，那孩子们的社会活动能力自然得不到有效提高。只有通过自由交往，让孩子们彼此之间进行相互适应的训练，他们才能建立起社会的概念。仅仅对他们进行应当怎么做的说教，是无法达到培养意志的目的的。要让孩子们的举止优雅得体，只向他们讲一些耳熟的老套的"礼貌""权利与义务"等观念是不行的，也会增长他们的逆反心理。就像我们不可能只对一位专心致志的学生讲述弹钢琴的指法就能让他弹奏出贝多芬的奏鸣曲一样。在所有类似的事情上，要使孩子发展定型，最根本的一点就是锻炼他的意志力。

善于调动孩子所有有用的机制，非常有益于孩子早期性格的教育。就好比运动一样，让孩子们做体操是非常有用的，因为没有得到锻炼的肌肉是不可能完成需要肌肉力量的运动的。甚至为了保持心理活动的能动性，类似体操的运动也很有必要。没有得到锻炼的机体是不完整的，一个肌肉无力的人一定不愿意从事各种活动。当需要采取行动脱离危险时，他就只有死路一条了。因此，一个意志薄弱"意志低下"或者"丧失意志"的孩子，会很快适应一所让所有的孩子都呆呆地坐着听或假装在听的学校。但是，许多这类孩子的结局是在医院里治疗神经错乱，他们的学校通知单上往往有如下评语："表现优秀，学习进步。"对于这样的孩子，一些教师总这样说："他们真乖。"这样，这些孩子们便可免受任何干扰，从而可不受打扰地沉浸在虚弱之中，就像流沙一样吞没他们。而那些生性好动的孩子，却被当作是制造混乱的人，被斥之为"调皮精"。 他们的好动还被进一步指责成侵犯其他同学的利益，而他们的"侵犯"往往是这样的，千方百计使处于静止状态的同学激动起来，以便融入他们的队伍。另一个极端是受到抑制力支配的孩子，他们常常害羞到了极点，在回答问题的时候也犹豫不决，即使给他们施加一些外部刺激，勉强回答了问题，但声音很小，有的在答完问题后居然会哭起来。

对于以上三个类型的孩子，有必要让他们参与自由活动的锻炼。当一个意志薄弱的孩子看到其他孩子在进行有趣的运动时，这会给他带来最有益的刺激。当孩子们从被监视的状态解放出来，并按照自己的意愿自由行动时，这种有规律的训练会使他们在过于好动与过于抑制之间找到一种平衡。这也是使全人类获得解放的重要途径，它使弱者获得力量，使强者更加完善。缺乏冲动和抑制之间的平衡不仅是病理学中一个常见的事情，而且在正常人当中也不新鲜，虽然这种程度没有那么严重，但其常见性则与我们在社会外部领域中所遇到的教育的种种不足和缺陷有关。

冲动是魔鬼，它常常给人造成危害，同样也会让正常人因为轻率的行为而痛苦不堪！大多数情况下，容易冲动会给人们带来莫大的伤害，使他们的事业遭遇挫折，而且自己的才能也得不到施展。他像遭受一种本来可以避免的不幸一样，受到一种清醒的劳役的折磨。一个从病理学上讲是他自己抑制力的牺牲品的人肯定是更不幸的受难者。他虽然只是静止不动保持着安静，内心却渴望能够活动。无数次得不到满足的冲动折磨着一个想从事艺术和工作的灵魂。为求得医生的帮助，或求得高尚灵魂的安抚，他多么希望倾诉自己的不幸，他感到了一种被活埋的可怕的压抑。有多少正常的人经受过同样的痛苦啊！他们一生中有许多恰当的时机，让他们表现自己的价值，而他们却没有这样做，多少次想表达自己的真实感情，扭转困难的局面，但是心扉已经关闭，嘴里也就保持了沉默。他们多么热切地盼望向某个能够理解他们，启发他们，安慰他们的高贵的灵魂倾诉啊！但是，当他们面对这样的人时，却一句话也说不出，他们唯一的回答是内心的苦恼。"说吧！说吧！"他们意识深处的冲动说道，但抑制却像不可抵抗的自然力量一样无情地塞住了他的嘴巴。如果想治愈这种病症，没有什么其他办法，只能通过自由运动的教育，让他们的冲动抑制达到相互平衡。

需要说明一下，那种潜意识里能够采取正确行动的人，并非我们所讲的那种有意志的人。上面已经提到，意识不干预其他自发的需要。一位很有修养、出身非常高贵的女士也许是一个"毫无意志""毫无个性"的人，尽管她或许已经获得产生外部事物的机械意志的最严格的机制。有一种自发的基本品质，人与人之间的表面关系和社会大厦都建立在此之上，这个品质就是"连续性"。社会结构是建立在人能够不断地工作，能在一定的范围内生产这样的事实基础之上的。一个民族的经济平衡也是建立在这种基础之上的。作为人类繁衍基础的社会关系是建立在依靠婚姻关系而存在的父母不断结合之上的。家庭和生产，这是社会的两大支柱。它们立足于最伟大的意志品质：坚定性或持久性。

这种品质是一个人内在个性和谐的象征。没有它，人的生命就像是一个分离成单个细胞的身体，而不是一个互相联系的有机整体，就像许多不连贯的插曲处于一种混杂的状态。这种基本的品质体现了个人的情感和思想的脉络，即他的整个个性时，它就是我们所说的"性格"。一个有性格的人就是一个坚定不移的人，一个忠实于自己的言行、信念和感情的人。恒久性的这些不同表现的总和代表了巨大的社会价值：坚持不懈地工作。

比如一个堕落的人，他在萌生最初念头之前，在失足之前甚至在放弃高尚的信仰之前，往往表现出懒惰或不能持久工作的迹象。一位忠厚老实、举止得体、开始蒙受大脑疾病折磨的人，在表现出暴力动机，或行为上的失常，或任何神志不清现象之前，总有一种先兆：他不可能再致力于工作。人们都认为勤劳的姑娘会成为贤惠的妻子，一个好工人是一个忠厚老实的人，能给妻子带来好运。这个"好"指的并不是能力，而是坚持不懈、不屈不挠。例如，一个在制作小工艺品方面有高超技艺，但缺乏工作意志的冒牌艺术家，不会被认为有什么了不起。大家都知道他不仅不能兴家立业，反而还是一个可疑的危险分子。他可能会成为一个不称职的丈夫、父亲、危害社会的公民。相反，一个最谦卑的虔诚工作的手工业者，他的内心却充满了创造幸福和宁静生活的要素，就像人们议论的，他是有个性的人，能够征服世界的人。

一个在精神生活中建立起内在秩序与平衡，使个性得到发展，并在这一过程中坚持不懈的孩子，他将能够和成人一样造福于集体。这位专心致志地对自己进行训练的孩子，正在全力将自己打造成一个坚定执着的人，一个个性十足的人，一个优秀全面的人。他正在努力追求那个基本的特征：坚韧不拔地工作。只要孩子能坚持不懈，那么，他选择什么工作都一样。因为具有价值的东西并不是工作本身，工作只是培养和丰富人的内心世界的一种途径。

不要轻易去打扰孩子，哪怕你认为有更重要的事情需要孩子去做，也不要随意改变孩子的学习兴趣，哪怕你认为地理比数学更有助于提高孩子的修养。这样做只会混淆了目的与手段的关系，这些人为了虚荣而毁了孩子的前途。需要指导的不是一个人的修养，而是人本身。

如果说有韧性能够坚持是意志在起作用的话，我们所做的决定就可以视为通过意志所采取的行动，为了完成有意识的行动我们就必须做出决定，而决定总是选择的结果。我们如果有几顶帽子，那么，我们出门时就必须决定戴哪一顶，褐色的还是灰色的都无关紧要，重要的是我们必须选择一顶。因为在做这样一个选择时，我们得有自己的动机，不论这种动机是偏爱灰色的，还是褐色的。最后，某一动机占了上风，就做出了选择。显然，戴帽子出门的习惯使我们的选择更加容易。我们几乎觉察不出哪一种动机在我们头脑里起作用，这是一个微不足道的问题，丝毫没有任何努力的迹象。我们的有关哪一顶帽子适合于上午戴、下午戴、到剧院戴或是去运动场戴的知识，使我们不会有什么内心冲突。但是，如果我们要花钱买件礼物，情况就大不一样了。从可供选择的琳琅满目的东西中我们到底选择什么呢？我们如果对这些东西知之甚少，便会担心。我们想选择一件艺术品，但对艺术不大懂行，就怕被骗或出丑。我们不知道是选择一条彩带呢，还是一只银碗更合适。于是我们感到需要有人对这些我们不了解的事情加以指点，我们便去求教。

当然，别人的意见只是一个参考，它只是为我们选择的时候多了一些帮助，与我们意志上的努力是分不开的。意志是我唯恐失去的东西，它与做决定所必需的知识不同。我们在听了一个或几个人的建议后做出的选择带着我们自己的印记，是我们自己的决定。一位家庭主妇为客人准备晚餐所做的选择也是同样的道理。她对这种事情经验丰富、鉴赏力高，因此做这种决定时很愉快，并不需要外来的帮助。但是，并非每个人都是那么有决断力。我们大部分做出的决定，都需要开动一下脑筋。所以意志薄弱的人就会像避免一件令人厌烦的事一样，竭力避免去做出选择。如果可能，这位主妇将决定留给厨师来做。而对于一个服装师来说，选择某种礼服需要从众多动机中选择适当的动机，必须三思而行。服装师知道这种决定只有经过长期的犹豫之后才能做出，便说选这件吧，这件您穿太合适了，这位夫人点头同意。与其说是服装使她感到满意，倒不如说她想不动脑筋就做决定。我们的一生就是不断做出选择的一生。我们锁好房门出去时，清楚地知道锁门这个动作，确信房间已安然无恙，才决定出去。

我们只有加强这方面的训练，才会让自己变得更加强势，从而摆脱对他人的依赖。清晰的思维和做出决定的习惯的机体结构，给我们以自由感。将我们束缚于屈辱的奴隶状态的最沉重的锁链，莫过于无力做出自己的决定，以及由此必须依赖别人。怕犯"错误"，怕在黑暗中摸索，怕承担我们不一定认识得到的错误后果，使我们像一条拴着链子的狗似的跟在别人后面。最后就会完全陷入依赖的泥潭。如果没有人出主意，我们甚至连一封信也不会发，一块手帕也不能买了。

在这样的状态下，一旦有什么突发事件发生，需要我们当机立断时，性格懦弱的人就会显得犹豫不决，因为他们已经习惯了尾随于意志坚强的人的后面。我们看到，他已经不知不觉地被梦魇般的屈服所缠绕，他已经向将给意志薄弱者带来灭顶之灾的深渊迈出了第一步。因此，青年人越居于服从的地位，越无能力锻炼自己的意志，就越容易成为这危机四伏的世界的牺牲品。

最好的办法就是勇于抗争，而不是逆来顺受，这种锻炼其实就存在于我们的现实生活之中。举个例子，一位家务缠身，任何事情都习惯于自己做主的家庭妇女，就比一位还没有孩子，整天无所事事，懒洋洋地打发时光，习惯于服从丈夫意志的女人更能适应社会。擅长做家务的那个妇女如果不幸成了寡妇，由于日常的锻炼，她依然可以接手丈夫曾经的事业；而后者那位类似于寄生虫一样的贵妇人，可能要另寻保护了。如果不幸这时她已经是徐娘半老，那么很有可能晚景凄凉。"老大嫁作商人妇"的日子已经一去不复返了，现在的成功商人都要求年轻漂亮的，中年妇女显然没有什么市场竞争力。因此，一个意识到要靠自己拼搏的人，就会像一个职业拳击手那样，拼命地进行拳击或者决斗的训练，以增强自己的力量和技巧。他不可能整天把双手抱在胸前，祈祷上苍的垂青。这是再明显不过的道理，如果那样整天无所事事，他只会成为一个失败者，要么就在别人的保护下苟活，这在现实生活中的可能性微乎其微。

必须坚持锻炼儿童的意志

持久地努力工作，不断对造成冲突的动机进行筛选，在烦琐的日常生活中对微不足道的事情做出决定，对别人的行为逐渐施加影响力，并能够不断加强自我指导的能力，这些都为个性的形成打下了扎实的基础。在这里，道德就会像一位久居城堡中的公主一样，深深地刻在我们的内心深处。

当然，要"建造"一间让道德居住的"房屋"，对身体加以适当的控制是必要的。例如不酗酒，在户外活动，能够恢复体力，但是，作为一种使心理疲劳得以恢复的方法，对意志进行不懈的训练又是多么必要啊？

这样长期的自我训练，并且把那些复杂的、始终挣扎于内心的想法付诸行动的时候，他们一方面用这种方式获得了有条理的、明晰的智力；另一方面也培养了他们的意志力，这是一门能够帮助孩子们不依赖别人意见就做出自己决定的学问。然后，他们就能够决定自己的一切日常生活；他们能够决定拿还是不拿；他们能够决定是否要伴随旋律翩翩起舞；他们想安静时就抑制所有想运动的动机。

这种坚持不懈地培养他们个性的工作，都是通过决定付诸行动的。这就代替了初期紊乱的状态。从另一方面来说，行动是冲动的结果。一个自发的生命在它们中逐渐发展起来，而怀疑和胆小则同初期的心理混乱一起消失了。

此后，他的条理更加清晰有秩序，与原来的思维混乱截然不同，人的生命也进入了一种自发的状态，伴随心理混乱的消失，怀疑和胆怯也彻底消解了。如果不让条理性和清晰性在头脑里成熟，而用混乱的思维，或背诵一堆课文去阻碍它的发展，阻止孩子们自己做出决定，那么，这样的意志的发展是无论如何不可能的。

采用这种方式的教师为自己辩解道："孩子不应该有自己的意志。"他们教育孩子"从来就没有'我想要'这样的事"。他们实际上是在阻碍初期意志的发展。在这种情形下，孩子们感受到了一种控制他们行为的力量，他们变得胆小，在没有他们依赖的人的帮助和同意之下毫无勇气承担任何事情。

"樱桃是什么颜色？"一位女士有一次故意问一个本来知道樱桃是红色的孩子，但是，这个孩子表现得非常紧张，那种不自信的神情自然就流露出来了。他在手足无措之时，竟然战战兢兢地说："我也说不好，先让我去问问老师吧！"

可见，如果一个人要能够做出果断的决定，能够在需要你做出判断或决定的时候毫不犹疑，必须有足够的意志，并且不断强化。病理学揭示，这项功能与意志的其他因素有很大不同，它是撑起人格的支柱。在心理疾病中有一种所谓的"怀疑癖"，是心理病态的堕落中最常见的一种。这种怀疑癖仅仅是不能做决定，并伴有一种严重的苦恼状态，尽管它并不导致心理上的错误，而且还很有可能是从心理顾忌中产生的。

由于工作的缘故，我曾在一家精神病医院偶遇一位"怀疑癖"患者。他是一位清洁工，每天的主要工作就是清理垃圾，但他唯恐别人有用的东西不小心掉进垃圾桶里，他每天的心理负担很沉重。每当他准备带着垃圾离开的时候，就会忍不住重新爬上楼梯，挨家挨户地敲门，问垃圾桶里是否有值钱的东西。他确信没有时便离开了。后来他又回来了，再一次挨家挨户敲门，就这样来回不停地折腾。这样来回反复，的确很让人崩溃。

无奈之下，他只好求助于医生，希望接受精神治疗。他常说的一句话就是："我可以放心了吗？"他反复地唠叨着："我真的可以放心了？"

这真的是一个悲剧，让人感到匪夷所思的悲剧，但这种病症的例子的确存在。例如，一个人准备出门时，他锁上门之后，还会摇几下锁，而且他在走了几步之后又回过头来，担心门没有锁好。尽管他清楚门已经锁上了，还是有一种无法抑制的冲动让他回去检查门是否锁好。还有一些孩子，在上床睡觉以前，总要朝床底下看看是否有猫什么的动物。他们什么也没看见，心里也明白什么也没有。但是过了一会儿，他们又起床"看看有什么东西"。这种危害像苍白的脸色可以用胭脂掩盖一段时间，不为人所发现，也没有带来任何忧虑。

假如想要让意志在身体里面有效地完成工作并体现出它的价值，我们有必要对意识进行训练，这对培训行为的准确性是十分有价值的。我们都清楚，脚还没有进行过基本的训练，就不能够手舞足蹈；手没有接受过训练，便无法弹钢琴。但在此之前，基本的动作协调运动和理解力必须从婴儿期就开始培养。在纯粹的生理活动中，我们的肌肉并不是用相同的方式来进行运动，而是采取了两种不同的方式。例如，手臂的伸展和收缩主要得依靠肌肉发挥作用，你蹲下或者站起来也得依靠肌肉的"帮忙"，它们的行动中具有对抗性。身体的每一个动作都是具有对抗性的肌肉之间联合的结果。在这样的肌肉运动中，一会儿是这种肌肉，一会儿又是另一种肌肉在一种合作中起作用。通过这种合作，我们能够完成各种各样最了不起的动作：刚劲有力、优美大方、雅致舒展的动作。我们因此才能够不仅使身体具有高雅的姿态，而且能够建立与音乐旋律相配合的动作。

训练可以增强对抗性动作的默契性，训练是必不可少的。值得注意的是，当我们进行动作练习时，一定要在具备动作的自然协调下，在这之后才能进行运动和舞蹈等方面的特殊训练。若动作的执行者想使自己产生的动作协调，这些动作就必须由他自己不断地进行训练。不论是优雅大方、身轻如燕的动作，还是富有生命力的动作，执行者自己都必须不断地进行训练。理所当然，意志的作用不可忽视。比如，你想自己致力于运动、舞蹈、散打或者参加比赛等。

运动总是随意的，无论是最初的肌肉协调运动，还是后来的更高级的协调技巧。总之，意志就像是一个"司令部"，它在很严密地组织着身体各个器官。

必须要学会培养孩子的主观能动性，不要让他处于完全静止的状态，更不要用胶粘住他的四肢直到肌肉萎缩濒于瘫痪。但我们也不能认为只是向孩子讲些有关小丑、杂技演员、拳击冠军和摔跤运动员的精彩故事来刺激他，在他的心中激起模仿他们的强烈愿望就够了。显然，这样的做法是一种不可思议的荒诞行为。

上述这些虽然有些不可思议，但是人们往往做出更让人惊讶的事情。为了培养孩子的意志力，我们做出的结果往往都起了反作用。我们总是用自己的意志来代替孩子们的意志。

我们按照自己的意志，或让孩子静止不动，或让他行动；为他选择，为他做主的是我们。然后，我们就心满意足地教导他说："意志就是行动。"我们又习惯于给孩子灌输一些英雄人物或者意志坚强的伟人的故事，天真地认为孩子只要学习这些人的行为，就会产生强烈的冲动意识，创造出了不起的成就。

我记得在上小学一年级的时候，就遇到了一位对我们都非常好的"好"教师。她要求我们谁都要一动不动地坐在自己座位上，她自己虽然累得脸色惨白，还是喋喋不休地讲课。她有一个顽固不变的观点，为了激励我们去尽力模仿那些杰出的女性，特别是女英雄，她要我们牢记她们的生平。为了告诉我们如何出人头地，让我们坚信当女英雄不是办不到的事，因为女英雄是如此之多，她让我们大量阅读名人传记。这一件件故事所告诫的无非是："你也应该努力出名；难道你不想出名吗？"当有人这样问我时，我会冷冰冰地说："我绝不这样去做。我关心孩子们的将来胜于一切，不会再把其他的传记列入课程表。"

很多世界各地的心理学教育家都会一致地发出感慨，年轻人已经逐渐地丧失他们的个性，这是对人类的一个极大威胁。但在我看来，并非人类现在缺少个性，而是学校摧残了身体、削弱了意志，现在需要的是解放的行动。这样潜在的人的力量就会得到发展。还有一个更高层次的问题，就是应该如何利用我们坚强的意志。这只能依赖一个基础，意志存在，即意志已得到发展，已变得坚强。

有一个经常用来教育孩子们崇尚意志力量的例子：维托里奥·阿尔费里在晚年自学，用极大的毅力克服了基础阶段的单调乏味。这位在当时就成为世界名流的人，着手学习拉丁语，一直坚持到成为一个文学家，而且靠他的热忱和天赋，成为我们最伟大的诗人之一。他那句关于他转变的话，在意大利常常被教师引用："我坚持，不断地坚持，全力以赴地坚持。"

这是个很生动的例子，维托里奥·阿尔费里如果没有做出改变的决定，他可能始终只能是社交贵妇人们的玩物，一个感情的奴隶，不会有任何的成就。一种内在的冲动促使他想提高自己。他感到自己本可成为伟大的人，浑身充满了无限的潜在的力量，他很想利用这些力量，听从它们的召唤，将自己的一生交付给它们。但是，那香气四溢的贵妇人的请柬让他对诱惑的抵制力下降为零。他又重新回到了戏院的包厢里，和她厮混在一起，白白地浪费掉了整个晚上。这位夫人的吸引力战胜了他抵御诱惑的意志力。但是，他在戏院里看着那些无聊透顶的戏时，忍受了极大的愤怒和苦恼，使他产生了强烈的痛苦。他最后感到自己憎恨那位迷人的夫人。

怎么办？难道就这样一直鬼混下去吗？他果断地采取行动，决定在他们之间设立一道不可逾越的障碍。他毅然决然地剪掉了那代表高贵出生的粗发辫，没有了发辫，他就不好意思再出门。然后他用绳子把自己捆在椅子上，在那里度过了心神不定的日子。他几乎一行字都看不下去。不管他多么想到心上人那里去，但他身体不能动弹，头上又没有了发辫，只好静静地待在屋里。正是这种近乎自虐的坚持，使他从悬崖边上爬了回来，最终成了一个名垂千古的人。

我们对孩子进行意志教育的初衷，便是渴望带给他们同样的东西。我们希望孩子能够从虚荣的怪圈里面跳出来，专心致志地为工作、为事业奋斗，使自己成为一个伟大的人物。

需要特别强调的是，这种充满爱的热切希望，往往容易将孩子置于庇护之下，不利于他们的成长。但是，孩子们难道没有拯救自己的能力吗？孩子们用整个心灵爱我们，用他那小小的心灵能够包容地热情顺从我们。

但是，孩子自身却有一种能控制自己内心生活的东西，这就是他自我发展的能力。正是这种能力，引导他去触摸某种东西，去熟悉它。而我们却对他说："别碰。"他到处跑动是为了能够走得稳当，我们却叫道："别跑。"他问我们问题为了获得知识，但我们却回答："别烦人。"像那位可爱的夫人在戏院的包厢里对待阿尔费里一样，我们只是把孩子放在身边看着，让他听话，给他几件他并不感兴趣的玩物。他也许会想到，为什么我深爱的她想毁了我，她为什么想用任性来使我痛苦？正是这种任性，使她阻碍我内在能力的发展，而将我置于无聊的事情之中。难道仅仅是因为我爱她？

所以，孩子如果想要拯救自己，必须有维托里奥·阿尔费里一样坚强的心灵，但是，孩子却常常不能。我们甚至看不到孩子做出的牺牲是多么巨大，看不出我们在毁他。我们用命令，用我们的无限权力，要求他这样做、那样做。我们虽然想要他成人，却又不让孩子成长。

恐怕很多人在读维托里奥·阿尔费里的故事时，都会觉得他们的儿子也许会更有出息。他们希望儿子不借助任何外在的障碍设置就可以抵制诱惑。他们希望一种精神上的力量就能够抵制这种诱惑。可是父母却不去想一下，为了使孩子的意志变得更加坚定，他们到底应该做些什么事情？他们有可能就是摧残孩子意志的刽子手，但却浑然不知，因为他们总是希望孩子对他们唯命是从。

可怜天下父母心，但他们却没有找到正确的方式。我真诚地恳求，所有的父母或者教育工作者要清楚自己的职责所在。你们需要做的就是保护和提高孩子们的能力，不要试图去阻碍他们的发展。

让儿童的注意力更稳定

我们有时候非常固执，一旦把儿童置于一个有利于他精神发育的环境时，总是热切地期望孩子们马上将注意力集中于某个事物之上，并一丝不苟地按照我们所规划的那样去使用它，并无限制地重复这一行为。一个儿童可能重复这种活动 20 次，另一个儿童是 40 次，再一个儿童则可能是 200 次。这就是我们所期望看到的第一个现象，它就是与精神发育密切相关的那些行为的先导。

儿童之所以会有这种表现，源自于其原始的内在冲动，这就好比饥饿时候所产生的模糊意识一样。要解决饥饿所产生的冲动，就必须将儿童引向正确的目标，让它成为一种基本的、同时又复杂的智力活动。如果儿童忙于把一些立体插板，或把 10 个小圆筒放在和移植到它们各自的位置，在连续 30 次或 40 次这样做时犯了一个错误，或给自己提出一个问题，接着又着手解决了这个问题之后，他就会变得越来越有兴趣，并试图反复进行这种试验。这样便使他延长了促其内部发育的复杂的心理活动练习。

由于这种内在意识起了至关重要的作用，儿童在使用这类物件的时候往往显得非常愉悦，并且还会不断地去重复使用它。比如解渴，不能只满足于看或轻轻喝一小口水，口渴的人必须要喝个饱，也就是说必须喝够他身体所需要的水量，因此，要满足于这类心理饥渴，走马观花式地看一下是不够的，更不用说"听别人描述怎样使用"，要满足内部生活的需要，拥有并充分地使用它们是必要的。我们应该将这一切作为心理构筑的基础，这是对儿童施行行为教育的唯一秘诀。我们向儿童所提供的环境应该是他们得以自由活动的场所，而这种"精神"活动就其本身来说是行为的终极目的。因此，在游戏中，立体插板不仅提供给儿童关于物体大小的知识，平面插板也不单是为使他有关于形状的概念而设计的，这些东西的目的就像所有其他的物体一样，是为了锻炼儿童的能动性。实际上，通过这些练习使儿童真正获得明确的知识，并使这种知识回忆的清晰度与他的注意力的专注程度成正比。事实上，正是由于像这样获得的感觉知识的范围、形状和颜色等是精确的，所以，才使这样的精神活动在各个领域里不断变得更为广泛，并有可能取得更大的成就。

　　注意力的不稳定是 3 ~ 4 岁儿童所共有的特征，这是现阶段心理学家所达成的一个共识。他们会被自己所看到的每一样东西所吸引，其注意力是飘忽不定的。一般来说，集中儿童的注意力是困难的，而这正是教育的障碍。威廉·詹姆士谈道："我们都熟悉儿童注意力的极端变动性，这种变动性使我给他们上的第一堂课乱七八糟。这种反应与被动注意的特点使儿童似乎更多地属于偶然引起他注意的每件东西，而更少属于自己，这是教师必须克服的第一个困难……而且，自动地从恍惚注意中恢复的能力是判断、性格和意志的基础。改进这种能力的教育是最优化的教育。"可以看出，一个人如果任由自己的天性行事，就永远不可能把注意力高度集中。他只能凭借自己的好奇心使注意力频繁地转移。

　　实际上我们会发现，幼儿的注意力要想集中不能完全靠教师，还要靠一个固定的引起注意的物体来保持，它好像符合某种内部冲动，一种明显的唯一引导其发育所需的东西的冲动。在同样的情境中，一个新生儿在吮吸活动中完成的那些复杂的协调运动，也是受第一位的、无意识的营养需要所控制的，并不是有意识地追求的结果。事实上，这时的婴儿还不可能有明确的意识。所以，最先呈现出来的是一种基本的外在刺激，它是真正的精神乳汁，然后，我们将看到孩子的小脸所表现出来的令人惊奇的现象——注意力的高度集中。

　　如果细心观察，你就会发现，一个 3 岁的儿童可以连续 50 次不断地重复同样的练习，许多人在他旁边四处走动，有人正在弹钢琴，儿童们正在齐声歌唱，这些都不能分散这个小孩的高度集中的注意力。同样，一个衔住母亲乳头不放的正在吃奶的孩子，也不会因外界发生的事而停止，除非他已经吃饱了。

　　也许这些都是自然创造的奇迹吧！心理行为大多数根植于自然，我们需要探寻大自然的奥秘。因为那些最简单的，也是唯一能够揭示真理的最初阶段可以作为解释以后更复杂的现象的指南。事实上，心理学家为了获得有关生命的知识，都是先从观察生物开始的。如果法布尔没有让昆虫自由地实现其表现形式，并在不因他的出现而对昆虫的功能有任何干涉的情况下观察它们；如果仅仅捕捉到昆虫，并把它们列入他的研究之中，只能根据这些昆虫来做实验，他是不能揭示出昆虫生活的奇迹的。

如果细菌学家没有在营养物质和温度条件下创造出一种与细菌自然生长相似的环境，从而使这种细菌能够自然地生长，如果他们只是将自己限制在利用显微镜固定一种疾病的细菌的话，今天，挽救无数人们的生命和保护整个民族不染上传染病的科学将不会存在。

如果想要生命具有自由的生命力，最基础的工作就是去认真观察生物，运用各种方法去观察它们。自由也是研究儿童注意力的一个实验条件。另外，对于儿童的注意力刺激需要强而有力，还要注意其感官方面的生理适应性。由于幼儿生理发育还不完全，因此就要求遵循自然来发展这种适应性。在发展过程中，一个物体如果不适于成为一种对适应力的有用的刺激物，它就不能在心理上保持注意，而且在生理上它将造成疲乏甚至伤害诸如眼、耳这样的感觉器官。儿童选择物体并在使用中保持由肌肉的收缩表现出的那种最强烈的注意力，这时儿童能明显地体验到一种愉快，这是一种健康的官能活动的表现，它总是伴随着有益于身体各个器官的练习。

需要注意的是，与刺激有关的神经中枢也要做好促进想象形成的准备工作。换言之，就是要做好内部的心理适应活动。当外在刺激起作用的时候，大脑神经中枢就会通过内部程序一次兴奋起来，两种力量的作用就好似一扇门半开半合，外部的感觉力量来敲门，内部的力量则可以将门打开，如果内部力量不出力，外部力量的刺激再强烈也是徒劳。一个人走神的时候，很有可能坠入深不见底的山谷之中，而一个注意力集中的人，聒噪的摇滚乐他可能也充耳不闻。

我们都知道，注意力在心理学的研究上是非常有价值的，在教育方面也总是体现了最大的实用价值。教师的整个艺术，实际上就在于把握儿童的注意，使之期待他们的教学，并保证当他们"敲门"时，那些"开门"的内部力量予以合作。但是，如果这一工作是完全陌生甚至是难以理解的，就不能引起孩子们浓厚的兴趣。教学的艺术在于逐渐地引导学生从已知到未知，从易到难。由于引起期望和打开通往新奇的"未知"领域的大门的"已知"已先存在，因此，在目前，进一步深入学习和将注意力引入期望状态已是一项"容易的工作"了。所以，按照教育学的理论，"为自己准备适当的位置"，即准备注意的心理附属物是不可能的。在已知、未知以及熟悉的事物之间，每件事都依靠巧妙的操纵，聪明的教师就像战略家一样，在办公桌上准备战斗计划，并能够指挥孩子走向预定的方向。

　　这种观念的根源是长期统治心理学的唯物主义。根据赫伯特·斯宾塞的理论，思想最初只是一堆无足轻重的"泥块"，后来由于外部映象的作用，使其留下了深浅不一、形象各异的痕迹。他认为，正是经验成就了一个人，只要在教育体系中配备一套合适的"经验结构"，就可能成就一个人。以上的观念与从分析化学到合成化学，直到有机化学奇迹般地进步这一过程产生的那种观念具有共同的特点。甚至有人相信，蛋白的外形可以由人工制造，因为蛋白是细胞的有机基础，并且根据人的卵细胞也是一类细胞，便相信某一天，人自己可能会在化学家的工作台上被制造出来。然而在物质领域里，没有任何化学合成物质能够将缺乏物质外在的活力、潜在的生命力以及导致细胞发展成人的神秘因素放进细胞内。

　　儿童的注意力很难集中，这一事实告诉我们，心灵敏锐的人更容易受到自然法则的制约。现代心理学家威廉·詹姆士承认在随意注意中与自然的人有密切关系的一个事实，即"精神力量"是"生命的神秘因素"之一。但丁也曾说："……所以人类不知道他的最高智慧从何而来，也不知道他对于最高的物质欲望从何而生，只像蜜蜂一样，凭自己的本能酿蜜……"人对外部事物的特殊态度构成了他天性的一部分，并决定了他的性格特征。我们的注意力不会被那些微不足道的东西所吸引，而是被那些充满趣味的东西所吸引。对我们内部生活有用的东西，就是能引起我们兴趣的东西。我们的内部世界是建造在对外部世界的选择上的，与我们内部活动的要求协调一致。

　　譬如，画家善于发现这个世界上最丰富多彩的颜色；音乐家则沉醉于各种美妙的声音。我们的注意的质量能表明我们自己，我们通过我们的态度从外部表现我们，创造我们的只是注意。个性特征、内部形式、一个人与另一个人之间的差异，在某些人中间也很明显，他们生活在同一环境中，但他们从这个环境中只获取各自所需的东西。那些形成自我的来自外部世界的经验在人与人之间是不能够混淆的，而且还受个人能力的制约。

　　就儿童的状况而言，还没有一个老师可以神奇地使儿童对某一物品保持持久的专注。很明显，它们是一种内部因素的作用。我们从历史记载的天才之中发现，他们性格都不尽相同，但是有一个共同的特点，非常专注。这些小孩似乎再现了人类的婴儿期所拥有的超常的注意能力，具有这种非凡注意力的人比如有阿基米德，他在伏案研究他的几何图形时被杀，他是如此专心，传闻叙拉古城被攻破之时，都未能使他从研究之中分心；牛顿也是这样的天才，他常常因为研究而忘记吃饭；维托瑞屋·阿尔费尔瑞在写一首诗时，没有听见路过他窗前的一支结婚队伍的喧闹声。

遗憾的是，这些天才们的注意力是无法靠老师的风趣、幽默给唤起的。无论他的授课技巧多么精彩绝伦，任何被动经验的积累也不能使其成为这样的心理能力的积聚者。如果说儿童的内心里有一种精神力量在起作用的话，通过它就可以打开他的注意力之门。如果以上观点是正确的，那么由此引起的问题就是有关自由在儿童心智构建中的作用，这不是一个简单的教育问题。通过外部物体所达到的、适合于心理需要的营养物质和用尽可能完美的方式尊重自由发展的态度，从逻辑的观点看来，这两者是建立一种新的教学法的基础。

有必要通过科学实验来建立起儿童心理发展所需要的东西，在此我们能观察到众多复杂的生命现象的发展。在这个过程中，理性、意志和性格将一并发展起来，就如同营养合理时，儿童的脑、胃与肌肉会同时发育成长一样。最初的协调的认识能力同最早的心理活动一样都是在儿童心理中固定下来的。认知由此而生，并提供第一棵智力兴趣的胚芽，以增补其本能的兴趣。当这种情况发生时，认知便开始建立自己的一些类似注意的心理机制。今天的教育学专家把它作为教学艺术的基础。从某种角度上讲，从已知到未知，从简单到复杂，从易到难的演变又一次产生了，只不过是带有不同的特征。

由已知通向未知，并非有的老师想象的那样，从一个物体转移到另一个物体，它是儿童内心所建立的一种复杂的观念系统，这一系统是儿童通过一系列心理活动而积极构建起来的，它代表了一种内心的发育过程。要产生上述进步，我们必须给儿童提供一些系统的、复杂的、与他的本能相一致的材料。例如，通过我们的感觉器官，我们提供给儿童一系列能够引起他对颜色、形状、声音、触觉和气压的质的本能注意，儿童依靠特有的、持续的同各种物体的活动，开始组织他的心理个性，同时获得一种关于事物的清晰、有序的知识。

完成这些步骤之后，这些具有形状、尺寸、颜色、光滑度，重量、硬度的物体，就都与儿童的心理产生了联系。儿童的意识中开始存在某种东西，这使他时刻期望着这些东西，并很乐意接受它们。儿童对外部世界的认知和注意，是建立在原始冲动基础上的。他们因此也与这个世界上的许多东西都建立了联系，并产生了更为广泛的兴趣。也就是说，他们不再仅仅局限于那种与原始本能有关的原始兴趣，他们的兴趣是建立在获得知识基础上的，并且已成为有洞察力的兴趣。的确，所有这些新的习得基本上是以个性的心理需要为基础的，但如今智力因素增加了，从而把冲动转化为一种意识和自觉的探求。

陈旧的教育学观点认为，要是儿童的注意力不分散，集中在某个未知的事物上，就必须将已知和未知联系起来。因为他的兴趣可以从新知识的给予中获得。但我们通过实验观察到，这种观点只捕捉到了复杂现象的细枝末节。实际上，已知的知识会把兴趣引向更复杂和具有崇高意义的事物上，并使文化连续不断地演变下去，而且这一过程本身就在头脑中维持着秩序。教师会在上课时简单明了地说"这是长的，这是短的，这是红的，这是黄的"等。他固定用一个简单的字，清楚地表明了感觉的顺序，并把它们分类、编目。每一个映象完全区别于另一个映象，并在头脑中有其自己明确的位置，这种映象可以用一个字回忆起来。因此，新的知识将不会被虚掷在一边或与旧的相混淆，而是将适当地储存在合适的地方，与原先同类的知识归在一起，就像图书馆排列有致的图书一样。

就这样，在人的内心深处不仅有一种需求来增加获得知识的动力，而且还会形成秩序，这种秩序不断接收新的信息而得到维持。因此，内部的协调性就变得尤为重要，这就好比是生理上的适应能力，它本身就是在自发活动的基础上建立起来的，个性的自由发展，其成长与自身组织是由一种内部条件所决定。犹如人的心脏的胚胎，在发展过程中为自己创造出一个位置，在两肺之间的纵膈空间中，由于肺部的扩张膈膜呈现出弓形。教师完全可以对这一现象加以控制，但一定要慎之又慎，以防止把儿童的注意力引向自己。因为儿童的全部精神决定着他的未来，教师的艺术就在于理解和避免干预自然现象。

好吧，我们来接着谈谈有关儿童营养的一些事情。在这方面我们应该考虑到，孩子不再像以往那样了，他在有了牙齿之后就不断地产生胃液，因此可以适当给他调配一些更复杂的膳食，借助所有现代烹调以及一切复杂形式而获得营养，直到他长大成人。为了保证自己的健康，他必须只吃与他自身机体的最直接需要相符的食物。如果他采用过于丰富的或不寻常的、不适宜的或有毒的食物，其结果必然导致营养不良、自我毒害，成为一种疾病。营养卫生学正是研究儿童在哺乳期和婴儿期营养的学问，它不仅为儿童，也为成人指出在婴儿卫生学鲜为人知的那个时代大家都会面临的危险。

那么，现在我们再回头谈一下关于注意力的问题。对于年龄稍大的孩子，我们不妨让他们关注一下那些作为生命基础的本性和作为生活基础的刺激之间相对应的基本事实，无论它怎样变化，这些始终是教育的基础。我的这一观点很快就遭到了专家们的反对，不过幸好我有所准备。他们认为儿童必须习惯注意任何东西，甚至包括那些他们不喜欢的东西，因为实际生活要求他们做出这种努力。这种观点事实上有点以偏概全，与家庭中的父亲曾说的"孩子们应该习惯吃任何东西"惊人地相似。在这里道德又被无情地搁置一边，这多少有点让人感到悲哀。假如这种命令式的教育还在大行其道，父亲们将允许他们的孩子整天都禁食，如果孩子在吃午饭时拒绝吃一道他不喜欢的菜，那么除了他们拒绝的那道菜外，禁止他们吃任何东西，即使这道菜已变凉和令人作呕，直到最后饥饿削弱了儿童的意志，消灭了他的幻想，一盘冷食被吞了下去。这样的父亲争辩道，在任何情况下他都完全可以安排孩子的生活，我的孩子将准备吃任何可得到的东西，他不贪吃也不任性。那时候，家长为了使孩子克服厌食的毛病，采取的办法往往简单而粗暴："在他们还没有吃晚饭的时候送他们上床睡觉。"

截至目前为止，那些认为孩子应该对所有事情都感兴趣的人，大多是采用的这种办法。然而，孩子即便没有偏食的习惯，那些令人作呕的冰冷的饭菜已然无法让他们满意。这种食物不但难以消化，而且会毒害孩子的身体。这样做，我们不能拥有强健的精神以应付生活中的困难和可能发生的事。吞咽了冷汤、不易消化的食物之后很快就上床的孩子，他们的身体往往发育不良，当碰到传染病时，就会很容易失去抵抗力而立刻病倒。且从道德上讲，他有许多没有满足的欲望，并把这些欲望的满足视为自由的最大快乐。当他成长为成年人时，他就会在吃和喝上毫无节制。与他不同的是，今天的孩子，通过合理的喂养，通常身体健康，成为有节制的人，追求一种健康的生活，不酗酒，也不会毫无节制地进食，因为他们知道这样做是对身体有害的。一个现代人能从多方面抵抗疾病的侵害。他会在没有任何强迫的情况下完成各种防御工作；勇于尝试各种挑战人类身体极限的运动；能够试图完成一些伟大的事业；能够面对严峻的道德冲突，并使自己的精神净化。只有这样的人才能够成为一个意志坚强的人，一个能及时做出决断的人。

一个人的内在活动发展得比较正常，他自己也就能够成为一个个性鲜明的人，心智也会更加健全，意志更加坚强。要为斗争做好准备，不必从诞生那天就开始，但他必须是一个坚强的人。他的强壮是预备的，没有哪个英雄在他完成他的英雄业绩以前就是英雄。我们未来的艰苦生活是不能预见的，也是无法预料的。没有人能为我们准备直接迎接它的方法，只有一个朝气蓬勃的人才能够对付任何事情。

当一个生物还处于进化阶段时，生物学家应该做的就是保证它的正常发育。

同理，胎儿的生长必须靠母体里的血液提供营养，婴儿需要母乳的喂养。如果胎儿在子宫内生活时，血液里的蛋白质和氧气缺乏，或者因为有毒物质进入了母亲的身体，这个生命将不能正常发育。这些先天性的东西是无法靠后天的营养弥补的，一旦你先天不足，后面便无法强壮起来。婴儿缺乏足够的奶，生命最初阶段的营养不良将宣告他永远处于劣等状态。躺着吃奶，长时间安静地睡觉是"为了准备行走"。吃奶的同时，也是婴儿长牙的开始。鸟巢里面开始试飞的小鸟，它们刚开始也只是躲在温暖的窝里保持不动。也就是说，它们在为生活做着间接的准备。所有的生命其实都一样，鸟儿的飞翔、野兽的凶猛、夜莺的歌声、蝴蝶翅膀上斑驳的美丽，这些有趣的自然现象都是在秘密的巢里、洞穴里或不动的孤独的茧内做准备的。无所不能的自然在生物形成的过程中需要一个安静的环境，所有其他的东西都得由它提供。

儿童的精神发育也是如此，它需要一个安静祥和的巢穴，这里面有足够的食物和营养，为他今后的发展奠定基础。因此，给儿童提供与其精神形成倾向一致的物体是必要的，这是为了进一步地开发其发展的潜能，这也是教育的终极目标。

儿童想象力的培养

设想一下，如果想象是建立在现实的基础之上，并且一个人的感知能力与其观察的精确程度息息相关的话，那么培养儿童想象力使其准确地感知周围食物所需的材料就非常重要。从另一个角度讲，让他们在界定严格的范围内进行推论，让他们进行区别事物的智力训练，就能够建立起与想象力有关的基础。这一基础打得越牢固，他的想象与具体形式的联系就越紧密，也就越能与独立的意象建立起合乎逻辑的联系。任何夸张或粗糙的幻想都不能使儿童走上正轨，必须做好充分的准备，才有可能挖掘出一条奔腾的江河，使智慧的泉水流淌其中。只有这样，它所涌出的泉水才不至于泛滥成灾，也不会损害内在的秩序美。

培养儿童的想象力是个艰巨的工程，期间绝不可阻挠他们一些自发性的活动，哪怕是一些极其细微的活动。我们的任务是等待，千万不要欺骗自己，自认为能够创造智能。我们除了观察和等待孩子想象力的萌芽，做什么都是多余。我们必须记住，创造性的想象只要不是一种虚无缥缈的幻想，不是幻觉或错误，就会在坚实的岩石上建立起一座金碧辉煌的宫殿，智力的开发也就有了坚实的基础。

人们常常以为儿童最为显著的特征是想象力丰富，因此大家都想采用特殊的方法来挖掘这种潜能。还有人认为，儿童喜欢在虚无的、令人痴迷的世界里遨游，就像原始人，他们总是被迷人的、超自然的和虚无缥缈的东西所吸引，对此我们需要指出，实际上，在任何情况下这种原始状态都只是暂时的，会被其他状态所取代。对儿童的教育应当帮助他们克服这种状态，而不是延伸或发展这种状态，甚或让他们停留在这种状态。

没错，人们的确可以在孩子身上找到一些与原始人相似的特征。比如他们在语言表达方面能力十分有限，只有一些表明具体意思的词汇。他们用词也非常笼统，一个词往往被用于表达几个目的或表示几种东西。但是，我们却不能人为地对他们加以限制，或者有意给他们提速以便尽快度过这个时期。

与那些思想还暂停在虚幻之中的人们相比，孩子属于完全不同的类型。他们对伟大的艺术作品十分感兴趣，对科技文明也十分关心，沉浸在需要丰富想象力的作品里，我们应该为孩子聪明才智的形成提供这样的环境。在智力发展的萌芽时期，儿童被一些奇思妙想所吸引是再正常不过的事，不能以此否定孩子是我们的未来，他们应该远胜于自己的前辈。鉴于此，我们千万不要对孩子想象力的发展过分抑制。婴儿大脑的创造性活动现在已经被认为是人类孩提时代的重要活动，甚至被普遍认同为是一种创造性的想象。通过这些活动，孩子赋予了他们所感兴趣的东西以赏心悦目的特征。

我们应该都见过，孩子骑在父亲的手杖上那种得意扬扬的样子吧！这其实就是孩子想象力丰富的一个显著特征。孩子们在嬉戏于那些桌椅板凳之间，并努力建造自己的四轮马车的时候，他们的快乐是我们难以想象的。建造成功后，一些孩子在马车里仰靠着，兴高采烈地欣赏着他们所虚构的车窗外的景色，还十分形象地朝着外面的人群鞠躬致意；另一些孩子则坐在椅背上，抽打着想象中的烈马，鞭子在空中挥舞着。这些都是孩子们具备想象力的又一个铁证。可是，当他们已经拥有了小马驹，并且习惯于在马车或轿车里进进出出的富家子弟看到这种情景时，脸上常常会表现出鄙夷的神情，他们觉得这些孩子似乎是疯子。他们甚至会尖刻地挖苦道："他们穷得什么也没有，之所以这样做就是因为没有马，也没有马车。"

显然我们不能为了教育这些纨绔子弟就将他们手中的马驹牵走，也不能剥夺这些穷孩子手中的手杖，那是他们对于马车的幻想。一个穷人或者乞丐，当他进入富人家的厨房，闻到了扑鼻的香味，从而想象自己正在就着他的面包吃着丰盛的菜肴，谁又忍心阻止一个人对美餐的渴望呢？我们甚至可以想象，一个十分贫穷的母亲将手中仅有的一块面包分两次喂自己孩子并安慰他说"这是牛肉"时的那种心酸。孩子当然不介意自己贫穷，他们会心满意足地认为自己在吃牛肉。有人曾十分认真地问我："当孩子不停地在桌子上模拟弹钢琴的时候，我们是否真的应该给他一架真钢琴呢？"我觉得这个问题让人十分困惑，给了的话可能让孩子彻底学会弹钢琴，但是却会抹杀孩子的想象力。这样的担心应该不无道理。

费洛培尔的一些游戏便是建立在相似的信条基础之上的。将一块积木给孩子说：

"这是一匹马。"然后又将积木按一定的次序摆好，对孩子说道："这是马厩。现在让我们把马放进去。"再把积木重新排列，说道："这是一座塔，这是一座乡村教堂，等等。"在这样的练习里，实物不像被当作马匹的手杖易引起幻想。孩子在向前移动时至少可以骑手杖，抽打手杖。用马建塔和教堂使孩子们的头脑混乱到了极点。更有甚者，在这种情况下，"创造性地想象"、用自己的头脑工作的已不是孩子，因为这时他必须按教师提示的去做。孩子是否真的认为马厩变成了教堂，他是否在开小差，谁也无法知道。当然，孩子好动，却不能动，因为他不得不潜心思考教师提示的一连串电影式的意象，尽管这些意象只存在于同样大小的积木之中。

在这些尚未成熟的头脑里培养起来的到底是些什么呢？我们在成人世界里发现与这非常相似的又是什么呢？它使我们明白，通过这种教育方式，我们在用什么样特定的形式训练我们的思维。的确，有人将树当作王位，发号施令；有人相信自己即是上帝。"错误的知觉"是错误判断的开端，神经错乱的并发症。精神病人什么也干不了，同样，那些受着旨在将他们未得到满足的欲望的幼稚表现发展为狂躁的这种固定不变的教育的孩子，不能为别人，也不为自己做任何事。

我们假定用一种使孩子把虚幻当作现实来接受的方法来发展其想象力。例如，在说拉丁语的国家，圣诞节被说成是一个名叫比法娜的丑女人越过墙垣，从烟囱里钻下去，把玩具送给那些听话的孩子，却把煤块留给那些调皮鬼；而在盎格鲁撒克逊国家，圣诞节则是一位浑身白雪的老人挎着一大篮子给孩子们的玩具，在夜里进到孩子们的房间。然而，我们的想象成果怎么能培养孩子们的想象力呢？是我们，而不是孩子们的想象，他们只是相信而已，而没有想象。轻信，确实是尚未成熟的头脑的特征。这些是头脑缺乏经验及现实知识，缺乏辨别真理与谬误、美丽与丑恶、可能与不可能的人。

难道这种毛病仅仅因为孩子们在无知、未成熟的年龄表现出轻信，我们就希望在他们身上培养轻信吗？当然，成人也轻信，但他们的轻信是与智慧相对立而存在的。它既不是智慧的基础，也不是智慧的结果。只有在愚昧的时代，轻信才会萌芽和增长。我们为已度过了这样的时期而感到自豪。我们把愚昧看作是轻信的标志。

有一个很有讽刺意味的故事，大概流行于 17 世纪。故事是这样的：巴黎的新桥是行人的要道，也是闲散者集聚的地方。许多江湖骗子和庸医也混杂在人群里。其中有一个大发横财的名叫马里奥罗的江湖医生出售一种诡称来自中国的药膏。这种药膏能使眼睛增大，嘴角变小，使短鼻子变长，长鼻子缩短。德·萨丁警长传讯了这个江湖医生，把他关进了监狱。警长问他："马里奥罗，你是怎样招来这么多人，赚了这么多钱的？"

"先生"，马里奥罗回答道，"你知道一天之内有多少人过这座桥吗？"

"1万多人吧。"德·萨丁回答。

"对了，先生，你想他们中有多少聪明人？"

"100个吧。"警长答道。

"这是最乐观的估计，"骗子说道，"不过就这样计算，我还有那其余的9900人过日子。"

那时的情况与现在大不相同。现在聪明人多了，轻信者少了。因此，教育不应面向轻信，而应面向智慧。谁将教育基于轻信之上，谁就是在沙漠上建筑高楼大厦。

还是让我们再说说那个被人们重复了成百上千次的故事吧！有两位出身高贵的公主，她们为了抵御命运的安排和诱惑，决心去一所修道院潜心修道。修女这时候坦白地跟她们说，这个世界时常是虚伪的，不信你就认真观察一下。当有人称赞你们时，你们试着躲起来，听听他背着你们时会说些什么，也许他会诅咒你们。他们终于到了社交的年龄，在一次参加晚会的时候，所有的来宾都对她们赞不绝口。她们为了验证修女所说，便躲在客厅里一间用大帘子遮掩着的凹处，想听听人们在背后议论些什么。结果，她们走后这些人对她们的赞赏反而更加厉害了。她们想起修女曾经说过的话，非常地不满，从此不再相信宗教，投身于现实的生活了。

轻信，随着经验的增加、头脑的成熟而逐渐消失；指导，有利于达到这个目的。在一个国家里，就如在一个人的身上，文明和灵魂的逐渐发展势必让人变得不再轻易相信什么。这就是人们常说的，知识驱走了无知的黑暗，幻想最容易游荡在无知的地方，因为那里缺乏上升到更高层次文明的支柱。我们不能在轻信的基础上培养孩子的幻想，这是毫无疑问的。

事实上，当我们得知孩子不再相信一些子虚乌有的神话时，内心是充满喜悦的。我们会欣慰地说："他终于长大了。"情形应该是这样的，这也是我们期待已久的。孩子不再相信神话的那一天一定会到来。

孩子长大成人时，我们应问问自己："我们为孩子的成熟做了些什么呢？对这脆弱的灵魂我们提供了什么帮助，使它变得正直坚强呢？"无论我们怎样想方设法使孩子幼稚、天真和充满幻想，他仍然战胜了困难。他战胜了自己，也战胜了我们。他内在发展、成熟的动力指向哪里，他便跟到那里。但是，他也许会对我们说：

"你们把我们害得好苦啊！我们自我完善的活动已经够艰巨的了，而你们仍压制我们！"诸如我们紧咬牙关，不让牙齿长出来，或者不让小孩站直身子的行为，难道还少吗？

事实上，我们在有意延长孩子贫乏的、不确切的语言时，便犯下了同样的错误。我们不是注意凝听词的清晰发音，观察嘴唇的变化，我们却学着孩子幼稚的语言，重复他们笨拙的发音，用人们第一次竭力将单词发清楚时所惯用的方式，大着舌头发辅音，或把辅音发错。我们就这样延缓孩子艰难的形成期，将其扔回到疲惫的婴儿状态。

这样还不够，我们在儿童想象力教育的问题上扮演了同样角色。我们总是对那些幼稚的大脑处于幻想、无知和错误状态感兴趣，就像我们看到婴儿被抛上抛下时就非常高兴，甚至我们对孩子轻信我们向他们讲述的圣诞故事感到欣慰。我们有点像那些无知、虚伪的贵妇人，尽管她们表面上对收容所里那些贫穷的孩子充满同情，而内心里却有另外一种想法："如果没有这些贫穷的孩子，我们的生活将会多么乏味。"我们也会说这样的话："如果孩子们不再轻信，我们的生活将失去许多乐趣！"

我们现在所犯的一个粗心的错误就是我们为了自己取乐，而人为地阻止了儿童的一个发展阶段。这就像野蛮的王国时代人为地限制一些人身体成长，使其成为供国王消遣的侏儒。这样说也许耸人听闻，但事实确实如此。我们没有意识到，但却是事实。我们用高傲的藐视小孩的口吻说"真的，我们不是孩子"时，却不断提到这个事实。

如果为了观察儿童静止的低下状态，我们克制自己，不再拖延儿童的幼稚期，让他自由地成长并赞叹他在更高追求道路上所取得的奇迹般的进步，我们就会附和耶稣，这样评价儿童："谁要想完美，谁就必须像一个小孩。"

如果试图培养儿童的想象力，不妨直接让他们在物质的环境中生活，也可以用建立在事实上的知识和经验来丰富他们的大脑，这样就可以使他们自由地成长。也只有自由地发展，孩子们才可能展示更加丰富的想象力。我们试着从最穷的孩子开始，因为他们贫穷，所以梦寐以求的东西一时难以得到，正如穷困潦倒的人梦想能够腰缠万贯，受压迫者梦想着得到王位一样。所以，这种处境的孩子一旦有了自己的房子、扫帚、橡皮、陶器、肥皂、梳妆台以及家具，他们会非常高兴地料理这些家什。而且在得到这些梦寐以求的东西后，他们的欲望就会减弱，从而过上一种内心丰富的平静生活。

正是生活在真正的财富之中，孩子们才变得更加镇静，减少无益的幻想所消耗的宝贵精力。这样的结果不是通过想象生活在自己所拥有的财富中来取得的。一些管理模范孤儿院的教师曾对我说："我们照你所说的方法，让孩子练习实际生活，你来瞧瞧吧。"我去了，同去的还有一些权威人士，某大学的教育学教授也去了。当我们到达现场时，看到一些孩子拿着玩具，坐在小桌子旁，正在给一个玩具娃娃摆桌子准备吃饭。孩子们毫无生机。我吃惊地望着邀请我来的教师，他们似乎还有些得意。很明显，他们一定认为游戏中摆桌子吃饭与实际生活相差无几。但实际上，虚拟的东西和现实生活却有着千差万别。这种在孩提时代慢慢灌输的微妙的错误形式，以后难道就不会发展为一种精神态度吗？也许正是这个错误使意大利一位著名的教育学家问我："难道自由是件新鲜事？请读一读夸美纽斯的著作吧。你会发现，在他那个时代就讨论过这个问题了。"我回答道："是的，很多人都这么说，但我所说的自由是一种真正意识到的自由。"这位教育学家似乎并未明白两者的区别。我应这样说："你难道不相信谈论百万财富与百万财富的拥有者之间完全是两码事吗？"一个整天沉溺于幻想之中的人，似乎把假想的东西当作真实存在而生活着，追求幻想，不敢面对现实。这种现象太普遍了，几乎不为人们所意识到。

不可否认，想象力总是存在着的，不论它是否建立在一个坚实的基础之上，是否有着构筑的材料。但是，当它不是建立在现实和真理基础之上时，不是建造伟大的建筑时，它只不过是建造了压抑智力和阻止真知之光射入的一种外壳而已。

正是由于这个错误的认识，人们失去了多少时间和精力啊！想象没有事实的支撑，就如同毫无目的地做无用功直到体力耗尽，或者消耗智力直到着魔一样。多数情况下，学校是一个呆板的、阴沉沉的地方。灰白色的棉布窗帘都会妨碍学生感官的松弛。学校之所以营造这样的环境，其目的就是使学生能够专心致志地听教师讲课，避免外界的干扰而分散了注意力。孩子们就像痴呆儿一样一小时、一整天地待在教室里，一动不动地听教师讲课。他们在画画时只能够照葫芦画瓢，他们所从事的活动必须遵从教师的指令，对他们个性品质的评价完全取决于他们在校期间的服从程度。

就好比克拉帕雷德所说的那样："我们的教育就是给孩子灌输一大堆毫无意义的知识，来约束他们的行为，来压抑他们的个性。他们无心听讲的时候，我们还是要强迫他们；他们没什么话说的时候，我们硬要他写一篇文章来表达自己的看法；他们本来对这个事物不感兴趣，我们却还要他认真观察；他们对于发现什么定理毫无兴趣，我们还要喋喋不休地劝他们去推导、证明，我们从来就是这么野蛮粗暴，毫无商量的余地。"

而孩子所接受的教育是如此的痛苦，他们用手写字、记笔记如同是在受刑一样苦不堪言。他们坐在那里甚至不能动一动，但是他们的脑子也没有经过任何的思考，只是被动地跟着教师的思维转，尽管教师所依据的只不过是随意设计的、没有考虑儿童爱好的大纲。

因此，那些虚无缥缈的意象对孩子们来说犹如梦境一般呈现在面前。教师在黑板上画一个三角形，然后将其擦掉，这个三角形只代表一个抽象概念暂时的视觉形象。那些从未用手拿过实体三角形的孩子必须用力记住这个三角形，许多抽象的几何计算题便接踵而至。类似于这种虚构的图形只能使孩子感到困惑，它显然不能与其他事物互相融合而被感知，灵感因此也逐步丧失。其他的事物都差不多，目的本身就是疲劳，这种疲劳几乎包括了实验中的许多努力。

必须先有内心生活的创造，否则儿童无法将其表达出来。孩子们实现创作的前提就是从自然界吸取外在的材料，这样才能够在创造的时候游刃有余。在他们能够发现事物的逻辑关系之前，我们必须对其思维加以锻炼。我们有义务为孩子提供他们需要的任何东西，主要是内心生活所需要的东西，然后可以任由他们自由自在地进行创造。唯其如此，我们才能看到孩子善于发现、善于思考的一面。

我们必须细心照料孩子们，因为他们是这样的努力。孩子们的创造力尚未到来，就表明孩子的智力还没有完全发育。这时我们一旦对孩子的想象力和创造力强行干预，就好比给他们安上了一副假胡须，而男孩子长出胡须来是在十几岁以后。

儿童运动神经的培养

自从孩子出生的那天起，他们就开始运动了，只是这种最初的运动是毫无规则的。孩子从抓取东西直到慢慢学会走路，这个过程中，运动的目的性才逐渐明确起来。之后，孩子还参与日常生活的练习，这一切都无疑训练了孩子的身体协调性。显然，我们并不认为这些活动是为了增强孩子的肌肉，而是扩展孩子的肌肉能力，锻炼孩子肌肉的协调性。增强肌肉和协调肌肉是迥然不同的两个概念。

对于动物来说，自然赋予了它们的动作协调性，它们具有爬、跑或是游泳的天赋，人却没有。不过人具有学习能力，而且能比动物做得更好。人的动作不像动物那样固定和有限，他能够决定和选择他将学习哪些动作。对人来说，出生时所有肌肉是不协调的，所有运动的神经调节靠心理支配来形成和完善。也就是说，孩子有创造协调的潜在能力，而且协调一旦形成，便能通过练习加以完善。

这种协调性是在意志的支配下经过练习发展而成的。无论是谁，也不管他想要做什么，都有广泛选择肌肉的能力，而且为自己确定了一个发展方向。儿童的心理对他的发展能够起到引导的作用。一个人的工作性质通过运动表现出来。因为人的工作就是精神生活的表现，而且牵涉到各种运动，运动的发展服务于人的内心世界这一核心部分。如果一个人没有发展其整个肌肉，或者他只发展繁重的体力劳动所需要的那部分肌肉，那么他的心理也同样只停留在其运动所维持的低水平上。因此，人的精神生活可能要受他所面临的或者他选择的那种工作的限制。这就是为什么体育和游戏成为学校的必修课程的原因。开设体育和游戏课程以避免过多的肌肉被闲置，对孩子来说，则是促进心理发育和身体协调性的一项重要内容。

有人认为，孩子认真学习书写，是为了将来成为秘书；学习钢琴，是为了将来成为钢琴家。这种职业训练同运动的真正目的是大相径庭的。因为运动是孩子协调其精神生活中必需的一项内容,运动可以丰富孩子的精神生活,帮助孩子潜能的开发。

如果不知道儿童身体运动的重要性,成人就很可能在这方面加以阻挠,从而导致儿童发展失衡。所有人都承认感觉器官对智力发展的重要性。尽管如此,要让人们接受身体活动与人的道德、智力发展具有重要作用这一思想,仍不是一件容易的事。如果一个正在发育中的儿童,不运用他的运动器官,他的发展就会受阻,与那些丧失了视力或听力的人比起来,他更加举步维艰。

一个"失去肉体自由"的人将比盲人和聋哑人遭受更多、更深的痛苦。虽然盲聋人被剥夺了与环境沟通的手段,但经过一个适应的过程,他们其他感官的敏锐,至少可以弥补一些不足。另一方面,身体的活动与一个人的个性是密切相关的,没有一样东西可以代替它。运动或身体的活动对心理的发展,要比视觉和听觉更重要,但我们的眼睛和耳朵,也是根据物理的甚至是机械的规律来发挥作用。眼睛一直被描绘成"充满活力的照相机",当然,它的结构奇妙无比。耳朵则像一支乐队,拥有能振动的鼓和弦。

有趣的是,当我们提到这些伟大的器官在心理发展中所起到的作用时,我们并不把它们看作是机械的装置,而是看作获得知识的工具。一个人通过这些奇妙和有活力的工具与世界接触,并用这些工具来满足自己的心理需要。心灵需要不断地得到滋养,需要看到冉冉升起的红日或令人喜悦的艺术品,需要聆听悦耳的嗓音和乐器。每个人也将对各种不同感官印象进行判断。

如果没有人去欣赏这些各种各样的景色和声音,那么这些复杂的感觉器官还有什么用呢?看和听更高的目的是通过儿童运用视觉和听觉器官,使其心智得到塑造和发展。运动,即身体的活动也能产生同样的效果。这需要各种各样的器官,即使它们不像耳鼓膜或眼睛的晶体那样高度的专门化。教育和生活本身的目的就是一个理性的人能够支配自己的行动,使他的行动不仅仅因为感官的刺激而本能地应用,而是受理性的控制。

在心理发展过程中,身体运动的重要性也是不可或缺的一个重要方面。运动绝不只是机体呼吸、消化和血液循环方面正常发挥作用的辅助物,也不能只从身体的角度来考虑!我们知道,从事体育运动能使人受益。这类运动不仅仅有益于身体健康,而且还能激发勇气和自信。运动是有着一种精神影响力的,它能提高人的理想,激发人的生活热情。这种心理上的影响要比纯粹身体方面的影响深远得多。

儿童是通过个人的努力和从事各种活动成长起来的，因此，他的发展既依靠心理的因素，也依靠身体的因素。对于儿童来说，能够回忆起他获得的印象，并把它保持得清晰、明确，是极为重要的。因为一个人是通过他所获得的感官印象来形成智力的。正是通过这种秘密的心灵工作，儿童的理性才得到了发展。

然而成人采取的态度是，等待儿童的理性随着时间的发展而发展。他们不但没有试图去帮助儿童，反而用他们自己的思维方法反对儿童正在发展的理性。这种情况特别容易发生在儿童所从事的活动打扰了他们的时候。但是，正如我们所知道的，运动对儿童极为重要。运动是一种创造性能量的外在体现，它能使人类更加完善。通过运动，人类对外界环境起作用，进而完成自己在这个世界上的使命。运动不仅仅是一种自我表现，更是意识发展不可或缺的因素，因为运动是自我与客观环境建立一种明确关系的唯一真正途径。因此，运动或身体活动，是智力发展的一个基本因素，因为智力的发展有赖于从外界获得感官材料。通过活动，我们接触了客观现实，并借助于这些接触，获得了抽象概念。每个人都应该进行足够的锻炼，使他的肌肉处于健康状态。不同的活动能发展不同的肌肉，如果一个人几乎所有的肌肉都没得到过运用，那么他的生命力将很脆弱。

如果应该正常发挥功能的肌肉处于休眠状态，那么不仅是身体的能力而且心理的能力也会降低。这就是为什么活动也会影响一个人的精神活力的原因。只有将体育锻炼与孩子身体的具体发育状况相结合，才能真正实现促进孩子身心成长的目的。平时除了让孩子进行动手能力的训练之外，当孩子显示出发育迟缓或异常时，还应该鼓励他们去做有助于基本生活技能的运动。3～6岁这一年龄段，需要采用体育锻炼来保护和增强儿童的体质，促进其心智发展。这一阶段特别需要的是保健体操，主要是行走。

在最初阶段，儿童体形发育的特征是，躯干比下肢发达。一般情况下，新生儿的躯干，从头顶到腹股沟的长度是身长的68%，下肢仅为32%；在身体发育过程中，这些相关的比例会发生显著变化，例如，成年人为50%，个别达51%或52%。新生儿和成年人这种在体形上的差别会随着年龄的增长而缩小。但在成长的初期，躯干仍然保持着比下肢发育快的倾向，躯干与下肢的比例变化为：1岁儿童为65%，2岁为63%，3岁则为62%；当儿童达到入园年龄时，其下肢仍短于躯干，仅为身高的38%。6～7岁时，躯干占身高的57%～58%，在这一阶段，儿童不仅明显地长高，而且，躯干与下肢的比例也发生了很大变化。这时长骨两端软骨层更快发育，也与未完全骨化的骨骼有关，儿童的下肢会明显增长，但此时还没有发育成熟的下肢骨骼必须承受比它大的躯干。因而就不能以成年人行走的标准来要求孩子。如果强迫他们同成年人一起走路，要求他们跟上成年人的步伐，不想让他们想干什么就干什么，通常容易造成罗圈腿。因此父母应特别注意这些幼儿保健常识。

我们应该为孩子的一些基本运动，如行走、投掷、爬楼梯、跪下、起立、跳跃等提供一个相对应的锻炼方式。因此有必要为孩子提供相应的器械，这些器械的制作大多都很简单。我们应该采取怎样的方法来帮助和引导孩子呢？那就是，为儿童的活动需求提供一种适宜的器械，让孩子在行走、投掷、爬楼梯、跳跃等活动中锻炼平衡性和协调性。下面介绍6种锻炼方法。

1. 篮椅

"篮椅"是一种专门用以锻炼下肢，特别是用来增强体弱儿童的膝关节的器械。这是一种坐式秋千，它有一个很宽的座椅，小孩坐在上面双腿向前伸出也可以完全放在座椅上。座椅的四角用绳子吊起来，可以来回晃动。座椅前面的墙上加上一块结实的木板，小孩用脚蹬木板，椅子就可以来回晃动，这样就可以使小孩的下肢得到锻炼。木板与墙要稍隔一些距离，并低一点，使孩子可以看到顶端。当孩子随椅子一起晃动时，通过这种器械使其下肢得到训练，而又避免了承受身体的重量。

2. 摆球

从保健的角度来看，"摆球"并不十分重要，但能吸引孩子们的兴趣。它是用一根绳子挂着一个橡皮球，可以由一个或几个孩子玩。孩子们坐在小扶手椅上击球，传给另一个孩子，以此用来锻炼双臂、脊柱，同时也训练用眼睛来估计处于运动中的物体的距离。这种练习也可以在父母与孩子之间进行。

3. 走直线

在日常生活训练中已经简要提到过这种方法，它同样适合于运动锻炼，目的是一样的，都是为了训练孩子的注意力和动作协调性。"走直线"即用粉笔在地上画一条直线，让孩子沿着这条直线行走。这有助于引导儿童按规定的方向调整自己的自由运动。在下雪后进行类似的游戏实际上更有趣，让孩子们在地上走出自己的直线，鼓励他们同别的小孩竞争，看谁走得最直。

4. 爬小圆梯

小圆梯是木质的，呈螺旋状，它的一边有护栏，可以做扶手，另一边则是敞开的。这种游戏有助于孩子养成上下楼梯不用扶栏杆的习惯，同时学会在上下运动中控制平衡。整个梯子不用太高，台阶要很平缓。在这种圆梯中上上下下，可以使孩子得到在家爬楼梯时得不到的合适锻炼，因为家里的楼梯是按成年人的身体比例设计的。

5. 低平台

这是一种木质的低平台，用来练习跳远。在平台上面用油漆画出若干条线，以标示所跳的距离。另外还有一段阶梯，配合平台使用，用来练习和测量跳高。

6. 绳梯

结合上面的体育器械一起使用，能促进孩子完善许多动作，如跪下、站起、前弯后仰等。若没有绳梯的帮助，儿童在做这些动作时就会失去平衡。

所有这些运动对儿童有很大的帮助，一是掌握平衡，二是协调肌肉运动，三是增加肺活量。此外，这些运动还可以增强抓握的动作，这是手最原始、最基本的动作了，但也是能够完成其他精细动作的前提和基础环节。

平衡性和协调性的训练既来自平时的日常活动，也可以在体操锻炼中加强，因此体操同样应该具有这样的功能。但在许多公办学校，人们习惯于把体操当作一种集体性的肌肉训练，其目的是让儿童学会一套规定的动作，这种体操的指导精神其实是一种强迫，它以强制性运动代替本能运动。因此父母要做的，就是在孩子学龄前，让体操成为一项运动项目，与一般的肌肉训练结合起来，共同促进生理运动（如走路，呼吸，说话）的发育。

1. 自由体操

让孩子练习的自由体操，是不需要使用任何器械的。这类体操分为两类：指导口令下的体操和自由游戏。第一类，采用齐步走的方式，以练习孩子的平衡能力。在行进时，最好随着脚步节奏哼一些短曲子，因为这可以提供呼吸运动以增强肺部功能。

除齐步走以外，还有一些伴有音乐的游戏，非常类似于儿童们经常玩的游戏。在自由游戏中，给孩子们提供皮球、铁环、充满豆子的小包和风筝。在有树林的地方，孩子们可以玩简单的捉迷藏游戏。

2. 教育体操

这些练习是属于学校工作的一部分，例如，浇水、剪枝、耕地、栽种植物、饲养动物等。这些活动要求多种运动之间的协调，例如锄地、蹲下来栽种植物、起立等，都要求动作的协调性。让孩子们搬运物品到指定的地点，并实际地使用这些物品，他们就获得了一个极为有益的锻炼机会。

3. 呼吸体操

这类体操的目的是调节呼吸运动，教儿童正确呼吸的方法。实际上它也有助于儿童养成良好的说话习惯。下面介绍一些简单的训练方法，包括许多有关呼吸运动与肌肉训练相协调的训练方法。例如：双手叉腰，嘴巴张开，舌头平直；深深吸气，迅速提肩，隔膜放低；慢慢呼气，缓缓放肩，复原姿势。父母应选择一些简单的呼吸体操，让孩子手臂也跟着动起来，相互配合。

了解儿童智力发育的特点

智力的一个重要表现就是能够区别地对待周围的事物。这也就是说，在工作上要能够安排身边的事情，在生活中要能够为创造事物做准备，创造一定要有条不紊地进行。

也许，在没有准备好的情况下，上帝是不可能开始创造的，而他应该做的准备工作就是在混乱中建立秩序。"上帝把光明与黑暗分开，然后说，让江水汇集，让大陆出现。"意识中的内容可能十分丰富多彩，但是，如果一个人的思维一直处于混乱之中，他的所有智力活动就会处于停滞状态，智力的闪现就像点亮一盏灯火一样："让世界充满光明吧，它能够让你在这个世界上明辨是非，让你认清事物的本来面目。"因此，我们可以大胆地说，促进一个人的智力发展就是要帮助他把意识中的意向进行有条不紊地分类。

换句话说就是，在教学中，我们必须把孩子们的意识限定在教学目标上，比如，在进行感觉教育的过程中，我们就应该把孩子们的感觉限定在她希望孩子们进行的练习上。为此，我们就需要具备专门的技能。教育者必须"尽最大可能减少对孩子的干预，但是，我们不能让孩子在为自主教育所做的不恰当的努力中疲惫不堪"。

在此，我们必须能够敏锐地感觉到这样一些因素，如个体的局限性以及感知的不同敏感度等等。也就是说，我们的个性对于干预的效果有很大影响。我们工作中确定无疑的部分就是教授准确的命名法。在大多数情况下，我们应该不作任何添加地读出那些必要的名称和形容词。在读这些词时，他必须发音清晰，声音洪亮，以使构成这个词的每一个音节都可以被孩子们清楚地听到。

比如，在刚开始进行触觉练习时，在触摸光滑和粗糙的卡片时，我们应该说：

"这个是光滑的，这个是粗糙的。"并且要以不同的变音进行重复，要使声音清晰，发音准确。"光滑，光滑，光滑；粗糙，粗糙，粗糙。"按照同样的方式，在进行关于冷和热的感觉教育时，我们必须要说："这是冷的，这是热的，这是冰冷的，这是温的。"然后，我们才能使用一般的词："热，更热，不那么热"等等。

首先，"教学当中必须包含能够使名称和物体之间产生联想的内容，或者是能使名称与名称所代表的抽象概念之间产生联想的内容。"所以，当孩子在头脑中接受的时候，物体和名称必须是结合在一起的，这就要求除名称以外不能牵扯到其他词汇。

其次，我们必须要检查预期的教学目标是否达到了，并且这种检查一定要限定于由关于名称的课程所引起的意识范围之内。进行的第一个检查就要了解名称和物体在孩子的头脑中是否还保持着联系。我们必须要考虑在检查和课程之间留出一小段安静的时间。然后，要清楚而缓慢地说出他所教过的名称或者是形容词，他可以问孩子："哪一个是光滑的？哪一个是粗糙的？"

孩子们会用手指指向物体，我们就能知道孩子是否已经建立起了联系。但如果孩子没有这样做，也就是说，如果他犯了错，我们一定不要纠正他，而应该暂停课程，第二天再继续。确实，为什么要纠正他呢？如果孩子们在建立名称和物体的联系时失败了，唯一能够使其继续的方法就是重复感觉刺激的行为和物体的名称，换句话说就是重复课程。当孩子建立联系失败的时候，我们应该知道他那个时候刚好不在状态，不适于去建立起我们希望他能够做到的那种心理联系。因此，我们必须选择其他时间。

如果我们要纠正他，以一种斥责的方式说"不对，你错了"之类的话，对这个孩子来说这是比其他的东西(比如光滑或者粗糙)更大的打击，这会存留在孩子的头脑中，会阻碍其学习。相反，错误发生之后的安静则能使孩子的意识保持清醒，让接下来的课程能够继续下去。事实上，指出孩子所犯的错误会使孩子在记忆的过程中进行不恰当的努力，或者会使他泄气，而我们的职责就在于要尽最大可能避免所有不自然的努力和沮丧。

再次，如果孩子没有犯任何错误，我们就可以激发他与物体的概念相对应的运动神经的活动。也就是让他说出物体的名称。可以问他："这是什么？"这个孩子回答："光滑。"这时我们可以打断他，教他如何清晰正确地读出这个单词。首先，让孩子深吸一口气，然后大声说出"光滑"。在孩子这样做时，我们可以注意到孩子发音中的缺陷，或者他习惯的某种特殊的婴儿语言的错误。

关于孩子们对已经接受的概念的归纳，以及这些概念在周围的环境中的应用，我不建议在这上面花费大量的时间，即使是需要几个月。孩子们在接触事物几次之后，甚至只是接触了光滑和粗糙的卡片之后，他们就会自发地去触摸各种物体的表面，重复说："光滑，粗糙，这是天鹅绒等等。"

对普通的孩子而言，我们需要等待这种对周围环境的自发的观察，我喜欢将之称为"探索精神的自动爆发"。在这种情况下，每一次新发现对孩子们来说都是一种快乐的体验。他们感受到的尊严和满足鼓励着他们从周围的环境中去寻找新的感觉，使他们成为自发的观察者。我们必须怀着最大限度的关切进行观察，观察孩子们在什么时间、通过什么方式实现了这种概念的归纳。比如，有一天，一个4岁的孩子，在庭院里跑着跑着突然站住不动了，喊道："哦，天是蓝色的！"并且在那里站了好一会儿仰望着那蓝色无垠的天空。

所以，孩子在获得区别事物的能力之后便奠定了智力的基础。从此儿童认识了周围的事物，当他惊喜地发现天空是蓝色的、手臂是光滑的、窗户是长方形的时候，他实际上并没有发现天空的颜色，没有发现手臂，也没有看见窗，只是发现了它们在大脑中的位置和顺序而已，这就决定了孩子内心个性的稳定平衡。

这种稳定平衡如同协调官能的肌肉、使身体保持平衡、获得推进各种运动的稳定和安全一样，带来镇定、力量和进行新的尝试的可能性。一座安排得井然有序的博物馆为查找的人节约时间和精力，这种秩序有助于节约时间和精力。这样，孩子就能完成更多的工作而不感到疲倦，就能在更短的时间内对刺激做出反应。

在大脑已经建立了牢固秩序的基础上，对外部事物加以区分、归类和编排，这既是他的智力的表现，同时也是对人的精神的陶冶。一个受过教育的人如果能够凭作者的文风辨别出作者，或能够辨别出某一时期的文学作品的特征，我们就可以断定他"精通文学"。同样，如果某人凭某画家用颜料的方式能够判断出画家，或从浅浮雕的片断判断出雕刻家的年代，我们便说他"精通艺术"。科学家也属于这一类型，他们善于观察事物，能够最详尽地、恰当地评估这些事物的价值，这样，事物之间的差别就得到了清楚的感知和归类。科学家根据他井然有序的思维来区分事物。秧苗、微生物、动物或动物残骸对他们都不是什么谜，虽然这些东西本身对他们可能是陌生的。化学家、物理学家、地质学家和考古学家也一样。

成就真正的科学家、文学家和鉴赏家的并不是那些知识的积累，而是知识体系的建立。相反，未受过教育而对事物只有直接经验的人，他也许是一个秉烛夜读的太太，也许是一个终生在花园里对植物进行实际区分的园丁。这些没有受过教育的人的经验不仅混乱无序，而且还只限于直接接触的事物之中。科学家的知识是无限的，因为他们具有将事物的特性分门别类的能力，能够识别所有这些物质并随时确定其类别、相互间的关系和各自的起源，于是他也就能发现远比实物更深刻的事实。

事实上，我们的孩子就像科学家和艺术家一样，他们在凭借特征对外界的事物加以区分和辨别，而且他们对此还十分敏感，一切东西对他们都具有价值。相反，无知的人从艺术品旁经过或听到古典音乐，却不能欣赏。没有受过教育的孩子对一切都无动于衷。现在比较通行的教育方法和我们常用的那些方法还是有些出入的。这些教学方法首先删除了必要的自发性活动，还将事物和它们的特征一并介绍给了儿童，要求他们注意各个特征，希望他们无须指导和顺序就能自己抽象出这些特征。这样，这些教学法就在被实验者的身上人为地制造了一种比大自然的混乱现象更加缺乏创见的混乱状态。

现在最直观的教学法无非就是"感官记忆法"，他们通常是记下事物的所有特征，并把它描述出来。所不同的是，它不是描述某一想象的东西，而是描述眼前的东西；不是凭想象来描述，感官也参加了这项活动。这样做的目的是为了使某物与它物不同的表征能更好地被记住。被动的大脑只限于接收眼前的事物和杂乱无序的表象。实际上，每一事物的特征都可能是无限的。像在实物课中，如果实物自身从头至尾的目的都包括在这些特征之中，那么，大脑就必须对此进行综合思考。

我曾在一所幼儿园里面听到过一位老师的课，讲的是关于咖啡的直观课。这位老师对咖啡的描述极其详尽，孩子们的注意力完全集中到了咖啡豆的大小、颜色、形状、芳香、味道和温度上，如果这位老师再继续描述咖啡树以及先辈们怎样漂洋过海把咖啡豆运到欧洲，最后点燃酒精灯把水煮开，磨咖啡豆制作咖啡饮品，学生们就会被弄得不知所云，而对咖啡本身却没有详细介绍。我们还可以继续描述咖啡的兴奋作用，从咖啡籽中提取出咖啡因，等等。这样的分析像溢出的油一样四处蔓延，不起任何作用。如果我们问被这样指导出来的孩子："咖啡到底是什么？"他很可能要这样回答："说起来话长，我记不起来了。"这样模糊的概念充塞大脑并使它精疲力竭，根本无法让它进行积极的类似的联想。孩子所做的努力顶多是回忆咖啡的历史，他的头脑如何能形成联想？何况这种联想也只能是相似的、次要的联想，他会心不在焉地想象着横渡海洋，想象家里每天放着咖啡的桌子。换句话说，当他的思想允许自己脱离连续被动的联想时，就会像懒散的大脑一样处于胡思乱想之中。

这样的孩子只会每天沉溺于幻想之中，你根本无法看出他有任何思考的迹象，更别谈什么个性差异了。适应直观教学法的孩子，他的头脑总是容易接受各种各样的新观念，或者成为不断装进新东西的仓库。如果让孩子像观众那样以静观的方法形成对某一事物的表象，再试图让他去认识事物的本质，而不让参与对于这一事物的任何活动，那么，在这个孩子的头脑中将不会把这一事物与其他事物联系起来并思考：它们之间有什么共同的特征或相似之处？是否存在相同的用途？

我们在做一些相似事物的联想的时候，应该吸取它们身上一些共有的特性。例如，如果我们说两个长方形的區很相似，我们已经先从區的众多特性中抽取诸如它们都是木质的、都是经过推刨的、都是光滑的、都着了色、都具有同样的温度以及形状相似等方面的特性。这可能使人想起一连串的物质：桌面、窗子，等等。但是，在得出这样的结果前，大脑应该能够从这些物质的众多特征中抽象出长方形的特征。大脑必须活泼，它分析事物，从事物中提取出某种特性，并在这种特性的指导下用同样的连接媒介综合众多的事物。如果不能从众多相关的事物特征中选择出其固有的特征，那么，通过比较，综合产生联想和更高的智力活动都是不可能的。联想实际上是智力活动，因为智力的根本特性并不是"拍摄"物像，然后像相册一样将它们"一页一页"地保存起来，或像铺路石一样，一个挨一个并排着。像那样的贮藏劳动是对智力的破坏和浪费。

智力的逻辑思维非常独特，他们的辨别能力也可以区分出事物的一些重要特征。智力之所以继续向前发展的基础，就是建立在这些基础之上，也正是这样建立起它们的内部结构。现在，孩子的思维在他们所接受的教学方法的帮助下，已经在事物特性的分类方面具有条理性，他们不但要根据自己对事物特性的分析来观察它们，而且还要区分它们的相同、不同和相似，这一工作使孩子们能够识别某一事物的不同特性。比如注意某些物体形状及颜色的相似对儿童并非难事，因为"形状"及其"颜色"已经被分成非常鲜明的类别。这些"形状""颜色"又根据类似特征联想起一连串的物体。按物体特性的这种分类法像一种天然磁石，它对确定的一组特性具有吸引力，具有这种特性的物体受到吸引并相互连接起来。这是一种靠类似产生的联想，几乎是一种机械性的联想。也许我们的孩子会说：书是菱形的。如果他大脑中不是早有菱形，那么他得出这样的结论是经过一个极为复杂的思维过程的。因此，白纸上印上黑字装订成册，孩子就会说：书是印有字的白纸。

正是在这些比较积极的活动中，孩子们的个性差异才得以体现。吸引物体相似的特征是什么呢？为相似联想而选出的主要特征又是什么呢？一个孩子注意到窗帘是淡绿色的，另一个孩子则注意到窗帘很轻飘；一个孩子注意到手的白皙，而另一个孩子则注意到手的皮肤很光滑。窗户在某一个孩子的眼里是长方形的，而在另一个孩子的眼里却是能够欣赏蔚蓝天空的东西。孩子对主要特征的选择与他们内在的性格相一致，成为"自然选择"。

同样，科学家选择对他们的联想最有用的特征。某个人类学家也许会选择大脑的形状来区分不同的人种，而另一个人类学家或许会选择肤色——不管哪种方法都会殊途同归。也许每一个人类学家对人类的外部特征都有非常精确的认识，但是，重要的是在于找出一个能够作为分类的基础的特征，即找出一个在其基础之上能够根据类似特征对众多的人进行分类的特征。

那些纯粹的实用主义当然不会从科学的角度审视人类，对他们来说只有功利。所以你就可以理解生产帽子的企业关注的只是人们脑袋的大小，对于别的特征漠不关心；演讲者只会从口语的角度考虑人们的一切感受。然而，选择是我们实现某种计划从含混不清到实际步骤，从理想到现实转变的必不可少的基础。

世界上很多事物都有它特有的局限性，我们的心理感觉也大都是建立在自我选择的基础之上的，感觉器官有何实质性的作用呢？莫非它只是对一些固定的连续震动的动作产生反应，而对其他的一切都不予理睬吗？这么说来，眼睛就只限于看见光，耳朵就只能听见声音了。因此，在形成思维内容的过程中，第一步应该是经过必要的和实际的限制性选择，然而，思想还对感官可能的选择进一步加以限制，在内部选择活动的基础上，形成某种具体选择。这样，注意力就被集中在特定的事物上，而不是在所有的事物上；意志也就从众多的可能行动中选择必须完成的行动。

儿童的行为能力锻炼

对于行为的研究虽然不能完全地解释生命的奥秘，但是这些理论却可以帮助我们认识一些事实。毋庸置疑，规则只有一个，各种动物都必须遵循生命的发展规律，这种规律可以一直追溯到胚胎时期，这时我们应该注意一下儿童的心理发展变化，从社会现象之中寻找这种规则。

经过研究我们发现，很多动物早期的胚胎形状都极其相似，这方面无论是人、兔子或蜥蜴都没有区别。但是当胚胎发育成熟时，它们之间的差别就很大了。有一件事是可以肯定的，那就是婴儿都有心理胚胎，每个孩子在出生时都是相似的，因此，在他们心理胚胎的成长期，也就是心灵的形成阶段，孩子们都需要相同地对待与教育，不论他们将来成为什么样的人，科学家或苦力、圣人或罪犯，都要经历相同的成长过程。因此，我们在生命最初几年所受到的教育就是非常相似的，大家都在顺应自然的本性。

人的个性是其自然发展的结果，没有人能够左右它。如果说有帮助，那只能是帮助一个人实现自我构筑，为他排除成长过程中影响自我实现的障碍。我们已经明确一个事实，那就是胚胎的真实存在。器官就是环绕着心理胚胎形成的，紧接着出现两种系统——循环系统与神经系统，它们互相联结与整合。但是，科学无法进一步解释心理胚胎是怎样成为生命体的事实，以及它是如何成为独立自由的个体。

当1930年费城学者得出一项与此完全相反的结论时，我们都觉得非常惊讶。他论证了这样一个事实：大脑中的视觉神经元是在视觉神经出现以前就存在了，比眼球的形成还早。由此可以说明，动物的心理是先于生理形成的。每种动物的本能，早在它的器官形成以前就存在了。假如动物的心理早已经存在，那就意味着它的生理部分是自动完成构筑的，并努力使自己符合心理需求，符合他的本能，各种动物的肢体也是最适于表现其本能的器官。

由此可见，新的行为理论与那种认为动物为适应环境而采取某种习性的旧观念大相径庭。以前我们都认为，动物的个体是用意志的力量，带动身体的结构在生存的竞争中适应新环境，但经过长期的演变，动物对身体的调整和适应才逐步完成。新的理论当然也承认这些，但它们都把动物的本能行为和习性放在了一个更加关键的位置，动物也能够很好地适应自己所在的环境。

牛的身上可以发现一些奇特的东西。我们都知道，牛长得十分强壮。它在地质学历史上甚至可以追溯到进化的过程。地球上从有植物覆盖时起，牛就已经出现了。人们也许会好奇，为什么牛要以草作为食物呢？还因此长了四个胃出来？如果只是为了生存，它吃别的东西可能更好些，因为其他食物的数量也有很多，但几千年过去了，我们仍然看见牛在吃草。通过观察我们发现，牛是将草的根部咬断，然后慢慢咀嚼，但是它们从来不会连根拔起。它们知道青草经过剪断，就会使地下的根茎长得更好，否则它很快就要开花结籽。

后来，人们又发现青草对植被的保持也是相当重要的，因为它能防止水土流失，使土地肥沃，有利于植物的生长，这就说明青草在自然秩序中有着非常重要的作用。施肥也可以让草生长得很茂盛，还有一种方法就是在草上面施压。有哪一种农用机械能将这些工作做得比牛更好！牛除了协助草的生长，保持草场土壤肥沃之外，还能提供牛奶。所以牛这种生物似乎是大自然的鬼斧神工，就像乌鸦与秃鹰天生就是这个世界的清洁工一样。

根据上面这些例子，我们可以得出一个结论：动物的择食不单单是为了满足自己的生存需要，它们也在尽可能地完成某种自然赋予的使命。大家都是自然界的一员，尽可能地维持这个世界的秩序和平衡。蚯蚓也是一个不可思议的例子，它们每天为了吃而活着，活着就是吃下大量的泥土，可能这些泥土是他们身体体积的200倍。难怪达尔文会说，如果不是蚯蚓，地球的土壤可能没有这样肥沃。

还有蜜蜂传播花粉，我们也非常熟悉。这些动物当然不仅仅是为生存，它们为了其他动物的生存甚至可以牺牲自己的生命。类似的思想境界在海洋中也可以发现，有些单细胞生物有着过滤器的功能，它能除去水里的某些有毒成分，它们要喝大量的水。动物的生活与地球生态的关系，动物本身并不知晓，但更高级的生命以及地表的土壤、空气和水的净化皆有赖于这些动物。

　　自然界好像有个秘密的任务，这种任务委派到了各种动物身上。它们使得一切物质和谐统一，使这个世界更加美满。这个世界可不单是我们自己的，我们的存在就是推进世界向前发展。我们与动物相比，的确有很多不同之处。主要的区别在于人类没有固定的、特别的生存方式，而动物却都有着其特定的栖息地，这就使得它们在适应环境方面比人类差一些。人类还能从事多样化的运动，而且可以用双手劳动，这是其他动物所不能及的。对于人来说，似乎没有什么不可为的事情。人类有多种语言，能走、能跑、能跳、能像鱼一样游泳，还能做富有美感的运动，比如跳舞或者什么。

　　然而，在孩子刚出生的时候，没有能力能够表现出来，得在童年时期逐步学习。

　　婴儿想要适应这个世界，也必须要靠自己的努力。孩子需要不断地调整自己的身体状况，去适应文明社会越来越复杂的生存环境。这种适应能力也只能是孩子才具备，成人已经无法做到，这就使我们学习一门外语比较困难，即便这门语言非常简单。成人即使喜欢某个环境，也只能把它放在记忆里；而孩子却可以将它不知不觉地吸收，构成其内在心理的一部分。孩子就是这样，能够将所见所闻融入大脑，成为自己的一部分，语言就是个明显的例子。

　　心理学家常常把这种能力称为"内在美"，它的目的是为个体构筑一种行为，不仅适应他自己所属的时间与空间，也适应社会的精神意识。成人在精神和感情上常常是带有某种偏见的，这点在宗教上体现得就极为明显。宗教也许从理性的角度考虑应该是拒绝，但它从婴儿出生起就已经融入他们的生活，很难再摆脱宗教。

　　我们如果想要强化一个民族，或者剔除一些民族的劣根性，那一定要从孩子做起，从儿童期入手是最好的选择。因为成人身上很多东西已经定型，他们不可能做出太大的改变，我们要挖掘一些潜能，或者唤醒某种意识，只有从孩子身上进行，他们具有极大的可塑性。

模仿与准备

在这一节之前，我们就已经对一岁半儿童的发展情况进行了讨论，这个时候儿童的上肢与下肢之间的协调尚处于准备阶段，儿童的个性也是在这个时间内逐步发展，因为当他们2岁的时候就将迎来一个"语言大爆发"阶段。在儿童1岁半的时候，他们就开始尝试着进行自我表达，这是一个需要艰苦努力的、极富建设性的工作。

此时，我们应该引起特别的注意，不要去打乱生命的规律，更不能干涉儿童的发展过程。如果自然清楚地告诉我们，这是一个需要紧张努力的阶段，那么我们必须做好准备，为儿童稍尽绵薄之力。我只提出了一个一般的主张，详细透彻的研究则留待研究儿童期的众多学者们去做。他们认为，在生命的这个阶段，儿童已开始进行模仿，实质上，这并非什么新观点。因为据说儿童永远都在模仿年长者。

很显然，这种认识是十分肤浅、可笑的。很多研究可以表明，儿童在模仿成人之前，一定是有着自己思考的，而非"鹦鹉学舌"式的机械模仿。过去，人们只看到儿童对成人的模仿，因此很自然地认为成人应该规范自己的行为为儿童做好榜样，尤其是母亲和我们更要显示出良好的品德，尽量做得完美无缺。然而自然却不这样认为，它并不关心成人的完美与否。重要的是在儿童能模仿之前，他必须有所准备，这种准备来自他人一直在做的种种努力。每个人都是如此。成人树立的楷模只给他提供了模仿的目标或动机，并不一定会产生好的效果。

儿童行为常常是极富创造性的，他们一旦开始模仿，往往会超越所模仿的对象。在有些时候，儿童会比他们模仿的对象做得更出色，这也不足为奇。比如说，一个儿童想成为一名钢琴家，他不仅要会弹琴，还必须不断练习，以此提高手指的技巧，同时要对音乐有自己的理解，一直在模仿，从不想超越，那他永远成不了钢琴家。但是，我们经常把这种对模仿的朴素信仰运用到一些高级领域中去。我们给他朗读和讲述关于英雄和圣人的故事，以期通过这种影响使他也成为英雄和圣人。然而，如果缺乏深厚的精神准备，则此种想法就会恰似镜花水月。仅靠模仿而成伟人者，亘古未有。

模仿可能会提高儿童的学习能力，但是要有大幅度提高，还必须要进行大量的练习。模仿也需要一个准备阶段，儿童在能够模仿之前，需要做出很多努力，以便获得能够模仿的能力。自然赋予我们的不只是模仿的能力，还有改变自己的能力和变成榜样所象征之物的能力。作为教育者，如果我们相信我们能够帮助儿童的生命能力实现其目标，那么知道在哪些节骨眼上给予有益的帮助就显得极端重要了。

我们观察到，这个年龄的儿童总是喜欢执着地干着同一件事，尽管这些事情在成人看来甚至有些疯狂或者滑稽，但是他们却毫不理会，只是一心一意地去完成。这其实是儿童内心需求驱动力的一种外在表现，这个时候我们如果上前去干扰，便会阻碍孩子性格的发展，使他们失去行动的目的和兴趣。现在，人们认为，任其活动周期自然而然地发展和结束是至关重要的，各种间接准备也很重要。事实上，它们都是活动的表现形式。他们的全部生活都是在间接地为未来做准备。大凡干过一些重要事情者，在其完成工作之前，总是有一个勤奋努力、顽强拼搏的时期。他从事的工作尽管互不相同，但他必须按某种方法付出紧张而艰苦的努力，倘使它能完全竭尽全力，那么它就成为一种精神准备。活动的周期必须完整。因此，不管儿童从事的是什么样的智力活动，我们都不能干扰他，即使在我们看来它很荒唐，或违背我们的愿望。因为儿童必须永远能完成其渴望的活动周期。

就像我们前面所说那样，儿童总喜欢动这动那，做一些滑稽而又有趣的事情。比如，一个不满2岁的孩子会去拿很重的东西，他这样做没有什么目的，完全受内心愿望的驱使。我的邻居家里有一些很重的工具，有个1岁半大的孩子总喜欢跑去搬弄这些工具，他费劲地挪动它们，丝毫不知疲倦。另外，孩子们都喜欢帮大人摆桌子，他们会抢着抱那些大面包，会不停地拿这拿那，直到累了为止。大人总担心孩子累着，不让他们活动过多，最好是安静地坐着。但是，现在心理学家们认为，这些帮助实际上干扰了儿童喜欢的活动，是我们所能采取的抑制行为中最有害的一种。许多儿童的神经疾患，追根究底就是由此种干扰所铸成的。我们还知道，许多儿童对爬楼梯情有独钟，成人往往嫌累而选择电梯，但是儿童却喜欢通过爬楼梯自娱自乐。他们爬上了楼梯并不满足，又跑下来再爬，如此循环反复，不知疲倦。儿童这样玩儿，成年人似乎也很少干涉。但是心理学家却认为这样还远远不够。于是，许多西方国家就开始针对儿童专门成立了幼儿园或者托儿所，主要接收 1 岁半以上的儿童。托儿所的东西都是专门设计的，比如在树干上安装一个小房子，下面放一把梯子。儿童的潜能日益发挥出来，他们喜欢搬重东西，喜欢冒险，喜欢往高处爬，而且总在一些艰险的地方爬，这会给他们带来莫大的乐趣。

此种活动没有任何目的，它的目的是给儿童们协调其动作提供所需的练习。只有掌握了协调动作，儿童才能模仿我们的行为。儿童活动的表面目标并非其活动的最终目标，他的一切活动都受某种内部冲动的支配。只有在他有所准备之后，方能模仿成人。只有此时环境才能激起他的兴趣。如果他看到某人在打扫地板或制作糕点，他现在能够参加进去了，这种新观念能导致行为的成功。

当然，行走也是儿童的一个迫切的需要，因为他们要长大成人，必须具备这种能力。两岁儿童完全能够步行 1 ~ 3 千米，如果他有此兴致的话，还能够攀爬。崎岖坎坷的路段对他最有魅力。我们务必记住，儿童的漫步观念与我们大相径庭。我们之所以认为长距离的散步他力所不及，是因为我们想让他与我们同步前行。你可以想象一下，当我们和一匹马并驾齐驱地奔跑的话，马看到我们跑得那么慢，也会忍不住说："还是上我的背上来吧，你跑得实在是太慢了。"我们的行走其实大多是有目的性的，但是孩子们却没任何想法，他们只想走走，仅此而已。因为孩子们腿脚比我们的短，我们一定不能力图让他跟上我们的步行，而是我们必须与他同步。显然，在这种情况下，我们必须慢步缓行，切不可性急。我们认为，无论在何时何领域我们教育儿童，此规则都是适用的。儿童的发展有其自身的规律，倘若我们想促进他成长，那么，关键是我们应该遵循规律，切忌随心所欲，强其所难。

儿童愿意走远路，其实是希望看到一些更加有趣的事情。在行走的过程中，他们的眼睛也没闲着。他们一会儿瞅瞅地上的野花儿，一会儿又伸出鼻子凑过去闻闻；看到一棵树也要围着树转上几圈，或者干脆把着树往上爬，这样，他可以漫游数公里。他一路上走走停停，同时他的漫步也充满了有趣的发现。如果某种障碍物例如一堆石头或一棵树横在他前进的道路上，那么他会因此而高兴至极，他是多么热爱流水啊。坐在潺潺的小河边，他会高兴地喃喃自语："水啊，水啊！"而陪着他的成人显然对这些司空见惯的东西提不起丝毫兴趣，所以他关于行走目的的观念就截然不同。

儿童走路和原始部落的人相似，漫不经心地四处游荡。原始部落的人不会说"我们去巴黎"，因为他们不知道有巴黎；也不会说"我们去坐火车"，因为他们不知道火车是什么。他们漫无目的地游荡，什么地方的东西吸引了他们，他们就在那里停留——一片可以砍柴的森林，或者一片可以放牧的草原，儿童们就犹如他们一样。到处漫游和不断发现的本能是他们本性的一部分，同时也是其教育的组成部分。在教育者看来，漫游的儿童是一个探索者。学校教育应该注意儿童这种探索活动，应该尽早帮助儿童开展这种活动，经常带孩子到户外活动，观察他们喜欢的东西。学校还应该指导儿童区别各种颜色、识别树叶的形状和纹理、熟悉昆虫的习性、了解鸟和其他动物的名称，等等。这些东西一定会引起儿童的兴趣，兴趣越大，他们走路的时间就越长。要使儿童具备创造探索能力，就应该扩展他们的兴趣。

其实要是从人的身体健康角度来说，散步也是非常有益身心的一项运动。它不但能够改善人的呼吸，提高消化能力，能够强身健体，不论对儿童还是老人都是一种很好的锻炼方式。所谓"读万卷书，行万里路"，这确实可以提高我们的鉴别能力，增长知识，开阔眼界。我们的生活也因此而丰富多彩。

在交通工具日益发达的今天，我们甚至可以将这一原则写入教育必须遵守的章程之中。人的身体一直以来都是一个整体，假如我们只用大脑来学习和读书，我们只用四肢行走和做游戏，这样人生只会变得更加糟糕。在儿童的成长阶段，的确要遵循这一自然规律，切不可将其分割开来。

运动对儿童的价值

对于儿童运动本质的认识，我们现在人的理解稍微有些偏差，尤其是对运动在童年期所产生的影响方面，我们的认知甚至是错误的。现在很多学校只注重智力的发展，却忽略了运动对心理发展的影响。正是由于这个原因，我们才将这方面的学习称为"操练""体育"或"游戏"。

首先，我们来一起看一下人类的神经系统。我们都知道，人类有个极其复杂的大脑；此外，还有各种感觉器官，能够搜集和整理各种信息，并将其传递给大脑。还有肌肉，它也是身体重要的组成部分。人体构成简单地说就三部分：大脑、感觉器官和肌肉。正是这些精密的组织使得运动得以实现。最伟大的哲学家也必须通过语言或文字来表达其思想，这就牵涉到肌肉运动。如果不把思想表达出来，再好的思想又有什么用呢？然而，要表达其思想，就必须通过肌肉活动。

如果我们观察一下动物，给我们的第一印象就是，动物只能凭借其运动来表达其意图。所以，对人来说，如果忽略了其存在的运动方面，似乎就不太符合逻辑。生理学家把肌肉看作是中枢神经系统的一部分。他们认为，肌肉整体的协调活动把人和周围环境联系起来。实际上，大脑、感官和肌肉整个系统常常被称为联络系统，也就是说，它使人同客观世界、同生物和非生物联系起来，因而也同其他人联系起来。没有这一联络系统，人类就无法跟周围环境或同伴取得联系。

跟这个联系系统比起来，人体的其他部位可以说各司其职，因为它们只为身体本身服务，它们的主要职责就是让人能够存活于世，或者"像植物那样去生长"，因此更被称为"植物性器官和系统"。客观地说，这些系统只能够帮助人们存活下来，要让人保持与外界的各种联系，还得靠那些联络系统。

　　植物系统只是给了人们一个健康的躯体,而神经系统则赋予了人们美好的想象、灵感和思想。这两个系统显然不能相提并论。因此,不应该认为神经系统只是一个生理组织。假如人类忽略与环境的协调关系,仅仅提高自己的精神层次,就会傲慢自大,导致严重的错误。虽然动物没有思想,只能通过行动来表达自己,自然却赋予它们美丽的躯体和优美的动作。另外,动物与自然的和谐一致,还含有更深远的目的。

　　人的生存更具有目的性,不仅仅是达到精神和心理上的一种高境界。诚然,一个人可能而且应该总是把目标指向生理和心理完美的最高水准。然而,如果他的愿望只限于此,那么他的生活是空虚的没有价值的。大脑或肌肉有什么用场呢? 世界上的万事万物都是有联系的,都是宇宙的一部分,并且按照宇宙的规律运转着。人类的精神素质不仅是为了满足自己,还应该在整个宇宙精神中占有一席之地。我们更应该注重发展精神力量的发挥,这样才能实现人类的关系。倘若只发展自己,只注重自己,那么就会变得非常狭隘自私,就会把自身的精神层面降低到生长层面。大自然赋予人类许多能力,我们必须使这些能力发展出来。这里,我所指的就是“关系系统”的作用。

　　大家都知道,要使得身体健康发展,心、肝、脾、肺、肾都必须正常地运转,“关系系统”也是如此。只有大脑、中枢神经系统、感觉器官和肌肉人是一个有机的整体,各个组织器官是互相联系的,完成一种运动需要几个部分的协调工作。大脑作用的发挥,也要依靠身体其他部分同时发动才行,中枢神经系统、感觉器官和肌肉都要投入工作。可以这样说,一种精神状态需要通过相应的运动来获得。这就是我要阐明的一个观点,运动依赖于中枢神经系统,这个系统是“关系系统”的一部分,“关系系统”的各部分是一个整体,只能共同完成这项工作。

　　当今的一个最大错误是孤立地考虑运动问题,似乎它与心理功能无关。我们把肌肉当作仅仅为了健康而使用的器官。我们锻炼身体或做体操,以保持身体健康,呼吸通畅,吃得痛快,睡得舒心。这一严重的错误不但分割了运动和思想的紧密联系,更是对儿童的身心健康造成极大的伤害。

　　因此,我们给儿童开设游戏就显得尤为重要,以避免忽略儿童身心的任何一部分。可笑的是,现在的西方教育界还固执地认为,运动不过是强身健体,有益于呼吸系统和循环系统而已。但是,更科学的观点认为,运动对心理和精神的发展很重要,尤其是儿童的心理发展。只要我们对儿童的发展进行观察就会发现,儿童的大脑发育是通过运动完成的。就拿儿童的语言发展来说吧，这不但表明儿童的语言能力与发音器官肌肉同步发展,而且还说明了儿童的理解能力也与运动是息息相关的。运动促进了心理的发展，并使更进一步的运动得到更新的表现，这就是所谓的周期。因为心理与运动是同一实体的两个部分。感官也相同，儿童如果缺乏感官活动的机会，那么他的心理就会仍然停留于较低的水准上。

我们身体内有一种肌肉叫作随机肌，可以受大脑意志的控制，是意志力最高的表现形式。既然随机肌受到意志的控制，那么我们就可以把它看作是一种心理器官。

肌肉是身体的肉质部分，构成身体的大部分。骨骼只起支撑肌肉的作用。因此，它们也构成同一系统的一部分。我们所看到的人和动物的外貌是由骨骼和肌肉决定的，而最刺眼的形状取决于随意肌。随意肌的数目几乎无法估计，它们之间的差别更是各有千秋，有大块大块的，也有极其细微的；有相当短小的，也有很长呈条状的。它们各自的功能也不尽相同，如果一块肌肉向某一个方向用力，另一块必然会朝着相反的方向做动作。这两个相反的作用力越大，运动也就越准确。特别是当你重复做一种动作的时候，这两块肌肉就会更加和谐。

我们根本没有意识到这些相对的力，因此应该感谢它们对我们有意识地做出的运动的控制。对动物来说，这种内在的协调是自然赋予的。老虎跳跃的优美姿态或松鼠飞跃的轻快动作都是因为相反力的平衡作用而产生的。人们不禁想到工作完全正常的复杂机器，例如时钟，轮子朝相反方向旋转，通过准确的调节，就能保证准确的时间。其实生活中所有的运动机制都是十分微妙的，对人类来说这种机制也不是先天的，而是通过各种形式的运动来逐步完善的。与动物不同，人有着丰富的肌肉，因此他能够学会做出几乎各种动作。不过，人不像其他动物那样，一出生就能完成必需的运动，也就是说人的肌肉开始不能协调活动，需要通过大脑进行完善。奇妙的是，人的动作不像动物那样固定和有限。他能够决定和选择将学习哪些动作。有些动物具有爬、跑或游泳的特殊天赋，人却没有。不过人只有一种天赋，那就是无论是爬、跑，还是游泳，他都能学会，而且还能比动物做得更好。

不过，这些潜能需要进一步挖掘才能慢慢释放出来。大多时候需要经过许多高强度的训练，才能够使肌肉达到这种协调和平衡。然而，人无法完全释放其自身潜能，哪怕他是多么优秀的运动员，也无法发挥肌肉所有的能力。正如拥有巨大财富的人，因为太富裕了，他只能使用其中的一部分，但他可以随意挑选他使用的那部分。一个人可能成为职业运动员，但并不是说他生来就有与众不同的特殊肌肉。职业舞蹈家也不是生来就有艺术所需要的特殊肌肉。运动员和舞蹈家都是在意志的支配下经过练习发展而成的。可见，无论是谁，也不管他想要做什么，都有广泛选择肌肉的能力，而且为自己确定一个发展方向。人的心理对他的发展能够起到建议和导引的作用。只要有了意志，任何事情都可能办到。

　　人与动物的另一个不同之处，就是人可以拥有许多不同的发展方向。即便是人在学习同一个技艺，也会有不同的发展方向。书法就是一个佐证。虽然我们都会写字，但每个人的笔迹都不一样。每个人都有自己的做事方法。一个人的工作性质通过运动表现出来。因为人的工作是其心理的表现，而且牵涉到各种运动，运动的发展服务于人的内心世界的这一核心导引部分。如果一个人没能发展其整个肌肉，或者正如有时发生的一样，他只发展繁重的体力劳动所需的那部分肌肉，那么他的心理也同样只停留在其运动所维持的低水平上。

　　所以，一个人的精神状态可能受到其工作或者生活的影响。如果一个人从来不工作，不仅生理生命会大大降低，而且心理生命也会受到压抑，因为他总是坐在那里，无法激发肌肉的潜能，而使用中的肌肉却承受着重压。正是出于这个原因，体育和游戏成为学校的必修课程，这些活动能够防止肌肉功能退化。在这方面，我认为学校的教育要做到张弛有度，既不是单一的体育锻炼，也不是单纯的智力培养，而是应该同时发展，全面发展。某些现代教育理论认为，儿童认真学习书写，是为了将来成为秘书，其他人从事锄头和铁铲的工作是为了以后成为较好的劳动者。这种职业训练同我们所理解的教育中运动的真正目的是大相径庭的。我们指的是儿童协调其精神生活中必需的运动，以丰富其精神生活。

　　当然，离开了运动，大脑也会独立地发展，但是那样一来运动也就不会受大脑的支配了，这种情况是极其危险的，运动应该为人的整体服务，并且建立在人与环境的关系之上，建立在人与人的交往之上，运动只能在这个基础上发展。目前的教育思想和原则，都过分强调自我完善和自我实现。一旦我们理解了运动的真正目的，这种自我中心论就一定会消失。我们不得不扩充这一概念，使之包括能够实现的所有潜能。

　　总之，我们必须毫不动摇地坚持所谓的"运动哲学"。运动是区别生物和非生物的标志，而且生物也绝不会随意乱动，而是每一种活动都有一定的目的，它们的生活也都遵循自然的法则。试想想，如果天地万物都静止不动，结果会怎样呢？如果植物内部一切运动都停止了，就不会有鲜花和果实，空气中的毒气成分将会空前增长，泛滥成灾。如果世界陷入了可怕的静止状态，那么后果将不堪设想。鸟儿也呆呆地停在了树枝上，昆虫只能在地表，鱼儿也不能在水中游动了，所有的植物都不再生长，花朵不再散发芳香，果实不再成熟，空气里充满了毒素，地球将变得多么恐怖。

以上种种仅仅是一个假设，当然不会发生。如果一切运动都停止了，这个世界的秩序也就乱了。每一生物都有它自己独特的运动和预先规定的目标。为实现某种目的，一切生物都相互配合，在他们不同的活动之间有一种和谐的平衡。

工作和运动不尽相同，但是又不能分割。人的生活离不开运动，也无法离开工作。假如这个世界上工作停止一个月，人类极有可能毁灭。因此可以说，人的运动其实还有社会功能。人的运动不仅要服务于自己，更要服务于他人，比如舞蹈家，就是表演给别人看的。如果他们没有观众，运动也就失去了意义。运动的特殊性让任何生命都无法脱离，这些运动不仅服务自身，还有着更为深远的意义。我们只有更好地了解运动的本质，才能够引导儿童进行科学的运动，帮助他们健康成长。

如何正确地带孩子

我们不必在一开始就制定出一整套原则，然后以此来拟定教育的方法。恰恰相反，我们最应做的只是充分地尊重。孩子正在通过本能的直觉，为自己找到前进的方向。

爱是我们最好的导师

孩子其实很敏感，他们非常在意大人的一些举动，也很乐意听从成人发出的每一个指令。成人绝对无法想象，孩子们的内心已经做好了服从我们的准备，他们的这个意志是非常坚定的，这是孩子的特征之一。还是举个例子说明一下吧。某个小孩子不经意把拖鞋扔在床上，他的妈妈生气地说："以后别这样了，拖鞋太脏了！"然后一边生气，一边用手把床单上的灰尘拍掉。自从这件事情之后，这个孩子就将这一幕深深地记住了。凡是有拖鞋的地方就会说："好脏哦！"然后跑到床上去拍灰尘。这个事情让我们啼笑皆非，到底应该怎么办？小家伙们是那么敏感，又那么容易受到我们的影响。因此，我们更要注意自己的言行举止，因为我们做的每一件事以及说的每一句话，都会在孩子的脑海里留下很深的烙印。因为这个阶段的孩子是完全服从我们的，孩子们对我们是又爱又崇拜。我们也要注意孩子的行为举止，一旦看出他们的情绪不大对头，就应该加以正确的引导。

孩子们爱自己的父母，因此听从我们的教导。但是我们也必须了解他们，可我们却总是说，爸爸妈妈和老师是多么的喜爱孩子，甚至有人主张必须教导孩子爱他们的爸爸妈妈和老师，甚至爱每一个人。可是，我们谁也不是孩子爱的导师，这非常的遗憾。我们不是经常制止他们，便是随意地惩罚他们。

如果有人能够跳井底之蛙的视野来看待比自己更广阔的世界，就可以成为孩子的爱的导师。

每个孩子在熟睡之前，都希望有父母陪在身边，这说明孩子们的确很爱自己的父母。可是孩子所爱的人却以为"要制止这种无理取闹的行为，如果孩子睡觉的时候我们还得陪在身边，一定会把他宠坏的"。在家人一起吃饭的时候，情形也是这样，有的父母会说，如果孩子要求和我们一起坐在餐桌前吃饭，当我们不让他过来他就哭闹的话，最好假装自己还没到吃饭的时候。诚然，孩子由于太小的缘故，还不能吃成人的食物，但在成人吃饭的时候，孩子只要跟着在餐桌前他们就会心满意足。一旦孩子被领到餐桌前，就会停止哭泣，如果他到了餐桌前还是哭个不停，一定是因为没有人理睬他，他因此有被冷落的感觉。孩子一定非常想成为团体中的一员。还有谁像孩子一样，在我们吃饭的时候都那么想和我们在一起？等到将来有一天你会感叹："现在没有人再要求睡前陪他了，孩子们都只忙着自己的生活了，他们只记得今天发生了什么，还会想到爸爸妈妈吗？"这将是多么可悲啊！只有孩子每天晚上临睡前还记得说："不要走，陪我吧！"我们可不要失去了人生中这个再也不会来的机会。

我们经常见到，小孩子常常一醒来就会把还想睡觉的爸爸妈妈喊起来，这让父母抱怨不已。实际上，父母应该跟这些天真的孩子步调一致。早晨，太阳出来的时候，大家就应该起床锻炼身体了，但父母却还在呼呼大睡。孩子这时悄无声息地走到父母床边，像是在说："爸爸妈妈起床啦，我们要学习过健康的生活，早晨的太阳在向我们招手呢！"

孩子们当然不是故意干扰我们睡觉，他们一大早起来就不由自主地想跑到你们身边，是因为他爱你们。你可以想象，他走得跌跌撞撞，穿过光线黑暗的走廊，但一点也不怕黑，他推开半掩的房门，走到爸爸妈妈床边，用手抚摸他们的脸。爸爸妈妈却不耐烦地说："不要一大早就把我吵醒。"孩子也许会这样回答："我来不是想吵醒你们，我只是想亲你们一下！"可是爸爸妈妈还是会蛮横地教训孩子。

想想看，在我们的生命中，有谁一睁开眼睛就想着和我们在一起？有谁如此用心良苦，一面想着亲我们，一方面又想着不要吵醒我们？这样的事情在生命中又能有几次呢？而我们竟然会觉得，如果孩子有这种坏习惯，就一定得想办法改正过来。对孩子的爱的表现，我们竟然十分地冷漠。

孩子大早上醒来，其实不光是喜欢清晨的阳光，更是想着叫一下那睡懒觉的爸爸妈妈。孩子此时实际上是给我们上了一堂课，他唤醒了我们的知觉，用另一种方式使我们保持清醒。孩子用不同的方式告诉我们，应该过一种更健康的生活，完全可以比现在过得更好。人人都会有惰性，尤其是我们成年人。假如没有惰性，我们原可以过得更幸福一些。孩子恰恰是帮助我们改进的人，可是我们往往比较顽固，不愿意做任何的改变，因此便会遭遇更多的失败。

让孩子做自己的主人

　　我们通常讲的人格特质，不仅仅是包含道德方面的行为，还有更加广义的多重性格。不单单指的是智力和外貌的特性，也包含了孩子将这两者结合以后的表现，这种综合表现是无法从心理学的角度进行分析的。这一节我们先来介绍一下不曾被仔细研究或者说是根本不受重视的儿童活动。

　　儿童的活动过程可以用曲线来表示，在纸上画一条水平线，表示孩子正处于休息状态，水平线以上表示有规律的活动，水平线以下表示随意玩耍或没有规律的活动，而曲线和水平线的距离表示活动的程度，曲线的方向表示时间的长短。借助图标可以更加明确地将孩子每一个活动的时间和规律，用图形显现出来。这种方法我们可以测量一个孩子在"儿童之家"的所作所为。当孩子们进入教室后，通常先是安静一会儿，然后才开始找事情做。因此，曲线起初应该向上画出，说明孩子是在有规律地活动。然后，他玩起来的时候就变得有些混乱。这时候曲线就被画到水平线以下，下降到他的活动没有规律的部分。如果没有意外，孩子们还会换另外一种新的活动。

　　我们还是来举例说明吧！比如一个孩子在开始的时候只是在摆弄带插座的圆柱体，然后拿笔，认真画了一会儿，之后就去逗弄坐在旁边的孩子，这时候的曲线画到水平线的下方。紧接着，这个孩子和小伙伴儿斗嘴，这时候的曲线应该继续停留在活动没有规律的部分。后来他有点累了，随手拿起几个小铃铛放在秤盘上，大概觉得挺有趣，就专心致志地玩了起来，他的活动曲线则再一次攀升到水平线上方有规律的部分。当他们再次玩腻了，不知道接下来要做什么的时候，他们很可能走到老师的身边，并且表现得异常浮躁。

　　通过上述的例子我们可以看出，大多数不能专注的孩子，他们的活动都与上述曲线所描述的相一致，他们无法把注意力集中于某件事情上，常会漫无目的地从这项活动转换到那项活动，原本准备在半年的时间使用的教具，他们在几个小时之内就玩遍了。没办法，这就是儿童的天性，他们常常毫无规律和章法，这种行为是很普遍的。

几个月之后，当我们再次给他们画这个活动曲线图的时候，发现他们变得比以往专注了。从曲线图上，我们还可以明显地看出孩子的活动状况。他虽然没有很严重的无秩序现象，但是离完全有规律的要求还有一段距离。也就是说，孩子的活动曲线大致保持在有规律和没有规律两者之间。这个类型的孩子在进入学校以后，趋向于做比较容易的事情，他也许能够从教具里找出一些他已经熟悉的东西，重复练习他已经学会的内容。

过了一会儿，孩子看上去有些疲倦，好像不知道该做什么似的，他的活动曲线下滑到代表休息状态的水平线。以上活动模式，不但从一个孩子身上体现出来，甚至全班孩子都会如此。一旦遇到这种情况，我们在毫无经验的时候该怎么处理才好呢？教师也许会觉得，孩子们可能是累了吧？因为他们已经花了那么长时间摆弄教具，所以没有办法专心，错误不在我们。

很多心软的教师一定会觉得他们的确有点累，带孩子们去操场转转，放松一下是理所应当的事情。等孩子们在操场上玩命地跑了一阵子后，教师就把他们带回教室。此时孩子们比没出去玩之前更好动，更不可能专心了。这些家伙其实并不是真累，因此他们还会连续从一项活动转换到另一项活动。根据以上情况，我们往往会得出错误的结论，认为孩子对自己选择的工作会感到满意，这就大错特错了，因为孩子新鲜一会儿之后就又开始烦躁起来。我们对此非常无奈，几乎使出了浑身解数，用尽了所有办法，可是没有一个办法管用，孩子不仅无法继续原来的事情，也没有平静下来。

尽管我们认真地钻研着教学方法，但是由于对孩子缺少应有的信心，所以教师不会尊重孩子的自主权。这些教师们很敬业，他们对每一个计划和安排都非常在意，只是这些教师已经习惯于干预和指导，这反而干扰了孩子的自然发展，妨碍了孩子原本应该得到的启迪。如果我们可以尊重一下孩子们的自由，对他们充满信心；如果教师能够把陈旧的思想观念抛之脑后；如果我们能够谦虚一些，不把对他的指导当作是必要的；如果我们耐心等待，一定会看到孩子们所发生的全新转变。孩子只有在找到自己心灵深处尚未被发现的潜能时，他焦躁不安的心情才会得到平复。

　　事实上，假如孩子们重新选择，找到了一项比以前更为容易的活动，他不安的心情就可能得到缓解，至少这项新活动可以吸引他们的注意力，孩子也会全神贯注于这项活动中，同时孩子还不易受到身边事物的影响。

　　当孩子完成了这项新的工作之后，脸上那种"假累"表情就会完全消失，"假累"是看起来很累，而现在他的眼睛闪闪发光，看起来又很平静，似乎有了新的动力，身上充满了朝气。我们把这种现象叫作工作的循环，包含有两部分内容：第一部分是单一的准备工作，它引导孩子接触事物，并且带领孩子进入第二部分——真正重大的工作。孩子在完成了他的工作之后，就会显得十分淡然，如释重负。实际上，只有在这个时候孩子才会显现出真正的平静。孩子祥和安静的样子，让我们清晰地了解到他已经找到了新的真理，这时候的孩子一点儿也不疲劳，反而充满活力，就像我们刚刚享用了一顿美食，或是洗了热水澡一样。相信大家都有类似的经验，吃饭和洗澡是两种费力气的工作，但它们不但不会让人觉得累，反而会使人重新充满活力。正因为孩子能够从完成工作中获得平静，所以我们应尽可能地让孩子有接触重要工作的机会。

　　我们在此也可以明确一下"休息"一词的真正含义。其实休息并非完全松懈。当我们静止的时候，全身的肌肉都比较僵硬，只有放松时，我们的身体才能得到充分的休息。也只有这样，才能得到精神上的平静。人生有时就是这么神奇，你越是让孩子们做各种各样的事情，他便越是精力充沛。所以，只有彻底了解孩子，我们才能帮助孩子选择他真正需要的工作。因此，只要我们尊重孩子神奇的生命进程，并相信他必有信心等待，这就足够了。

　　由于没有学习的压力，孩子显得快乐而且友善，他甚至十分自信地想和教师聊聊天。孩子的心灵之窗彻底打开了，他想找教师谈谈心，因为孩子已经看出我们是聪明和优秀的。从前孩子熟视无睹的一切东西，现在它们似乎都在向孩子招手。毋庸置疑，孩子的感觉变得灵敏多了，生活也变得丰富多彩，对集体活动更加感兴趣。面对这么多生活上的新事物，孩子必须储备足够的精力。当孩子还是处于一个精神不振的状态时，教师的教学对他来说就是一种折磨。这样的孩子既没有自信也不懂规矩，就算能教会他一些东西，也会让大人感到筋疲力尽。

　　由此，我们得出一个基本事实，那就是以往我们教育孩子的方式实在太业余了。要求孩子必须服从某个成人，这不是孩子内在发展所需要的行动表现。然而我们却一味要求孩子遵从这些外在的东西，剥夺了他们发展其潜能的机会，这样孩子怎么能成为自己的主人呢？我们真正要做的是，引导孩子找到那条通往内心世界的道路，而不是一再阻碍他们发展。孩子安静的时候，往往是他特别专注的时候，这时他们的纪律也有保障。

在教学上达到这种程度的我们，都会创造出一套特殊的沟通方式。比如，一位教师可能会问另一位教师："我们的孩子表现得怎么样？他们都有组织、有秩序吗？"那位教师可能回答："嘿！还记得从前那个很淘气的小男孩？他现在变得特别乖。"用这种方式与孩子们沟通的教师对孩子们接下来的发展通常早已心中有数，对孩子的教育也就自然而然地开展起来。原来让孩子变得有纪律性是一件如此简单的事情，一个能够自律的孩子就这样走上了自然的心理发展之路。自律的孩子会习惯于工作，如果闲来无事他们就深感不安，甚至在等人的时候他都闲不下来，这样的孩子充满了活力。

当孩子们越来越自律的时候，那种"假累"的现象就会减少，工作结束后得以平静的时间就会延长，因此必须让孩子有比较多的时间沉浸在他已经完成的工作中，这个安静的时刻有它特殊的意义。尽管工作暂时结束了，但是另一项观察外部世界的工作才刚刚开始。孩子的内心十分平静，他注意观察着周围正在发生的事，并不断地在思考，于是又有了新的发现。

怎样达到专心致志的目标呢？大体需要经过三个阶段：第一阶段，准备好有具体目标的工作；第二阶段，满足孩子的内在发展要求；第三阶段，使疑问得到解答。当孩子心里的疑问有了答案时，外在表现会有所改变，因为孩子领悟到他从来没有经历过的事情。孩子变得十分听话，而且他所表现出来的耐心几乎使人无法相信，更让人惊讶的是，此前并没有教给孩子要听话或有耐心。

孩子在尚未学会掌握身体平衡之前，每走一步都是十分谨慎的。当他们一旦他学会了保持平衡，就能跑善跳！孩子的心理发展过程也是同样的道理。一个精神上不平衡的孩子不可能会专心去思考什么，他也就不能控制自己的行动，这样的孩子怎么可能不跌倒呢？如果孩子不能够按照自己的意愿行事，他也必然不会听从其他人的意见。服从是一种精神上的敏感，是心灵平静的结果，更是内心力量的表现。用来解释服从力量的最好的词是适应，生物学家认为，一个人需要用极大的力量来适应环境。这里所指的适应环境的力量，就是一种让人顺应自然规律，试着融入周围环境的重要力量。实际上，这种适应的力量在发生作用之前早已存在，因为它并不是需要用时就会有的，它要求我们事先就准备好。没有谁会比园丁更理解拔苗助长的含义。

孩子只有得到健全的发展，并且精神上协调平衡，才可能有力量去服从。自然界中，只有强者才能够适应环境；同理，只有在精神上坚强的人，才懂得顺应和服从。我们只有按照孩子的天性来让他发展，他才能够茁壮成长。一个能够健康成长的孩子，他以后的成就远比我们想象的大得多。孩子的精神，也就是专注能力自由地发展到了什么程度，就代表这个孩子未来的发展方向——控制好自己的身体，做到行动自如，也学会了小心谨慎，我们可以从孩子能够完全安静下来这一点上看出，他已经能够做到专心致志了。孩子做事的专心程度实际上远远胜过成年人，我们当然不能忽略环境在孩子发展中扮演了何种角色。

这里必须重申一下，我们不必在一开始就制定出一整套原则，然后依据这套理论来拟定教学方法。恰恰相反，我们应该通过观察自主权受到尊重的孩子，这些孩子通过他们本能的直觉，为自己找到了前进的方向。

服从意识的三个阶段

当我们在探讨儿童性格培养的时候，总有两个无法绕开的话题：意志和服从。大多数人认为，这两个问题是彼此对立的，他们认为教育就是在约束儿童的意志，甚至认为教育就意味着儿童对教师无条件地服从。让我们来澄清一些观点吧，首先，人类对于意志领域的认知还存在着许多误区，各种理论都不尽相同。就像我们在前面提到的那样，有人认为人的意志力的发展是出自一种普遍的生命力，这种普遍的力量不是物质的，而是在进化过程中生命本身的力量。它不可抗拒地推动着每一个生命的进化，由此产生了行动的冲动。但是，进化并非偶然的，而要受固有的自然法则支配。既然人的生命也是力量的一种形式，那么人的行为就受到自然的支配。

婴儿一旦自觉自愿地做出了某些个动作，说明这种力量就已开始进入他的意识之中，这也表明我们所说的意志已开始发展。而且从此以后，这一过程还将持续下去，但只是作为经验的结果。这样，我们开始把意志当作必须加以发展的东西，并不是天生的。就是说人的意志其实是自然的一个部分，所以必须遵循自然的规律和法则。

儿童的自然动作注定是杂乱无章的，甚至是难以控制的。这种观念使得思想领域变得更加混乱。它通常以这样的事实为基础，即人们看见儿童盲目地行动时，总是以为儿童的这些动作产生于他的意志。然而事实并非如此。这些动作其实都不是有意识的行为。我们成人平常的说话办事可就不同了，这些行为都是有一定目的性的，我们这样做为的是要解决一些问题。相反，如果我们的随意动作几乎总是存在于没有秩序的运动之中，那么，就像人们过去说的那样，我们也会感到支配意志或"破坏"意志的需要。因为我们觉得这是必要的，所以就必然会以我们的意志为转移，使儿童被迫服从我们。

其实，人的主观意志并不一定会导致混乱和暴行的发生。混乱和暴力是一种情绪的自然波动。一般来讲，意志总是驱使人去做一些有益于自己的事情。大自然产生了生命，就赋予了它们成长的使命。所以儿童的意志也一定会促进其天赋的自然成长，使他们更趋近于完善的人格。假如儿童的意志与他们所从事的事情是相一致的话，说明他们的意志已经开始发挥作用。

儿童会知道自己想做什么事情，并且不断地重复，表明他们对自己的行为有了一定程度的理解，这些行为开始只是一种本能的驱动，如今正变成有意识的行动。

儿童本身感觉到了这种差别。有个儿童以一种独特的方式表明了这一点，他表明的方式将是我们最珍贵的记忆之一。一位有钱的夫人参观一所学校时，她抱着陈腐的观念对一个小男孩说："在学校里，你喜欢做什么就做什么吗？"

"不，夫人。"儿童回答说，"不是我们喜欢做什么就做什么，而是我们喜欢我们所做的工作。"这个儿童已经抓住了一些差别，那就是他喜欢做的事情和能够给他带来快乐的工作，这两者有些细微的差别。

有必要指出的是，意志与其他能力一样，需要不断地开发和发展。我们不能去压制这种能力，这种能力需要在持续的行为中得到发展，否则就会被毁掉。想想看，轰炸或者地震，在顷刻之间就可以把房屋摧毁，然而建造起来却是多么困难。因为要把它建得赏心悦目，还得需要关于平衡法则、材料的承受力，甚至艺术法则等方面的知识。

建造一栋房屋尚且需要花这么多心血和精力，何况是培养一个活生生的人呢？人的精神是一座在秘密中自我建构的建筑物。所以它的建造者既不是母亲，也不是我们，甚至连建筑师也不是。无论是母亲还是我们，他们唯一能够做到的就是帮助正发生在他们眼前的创造工作。帮助必须是他们的任务和目的。然而，他们还有破坏意志的力量，能够通过独裁破坏它。以上这些就是我一直以来都坚持的观点，很多时候儿童的意志发展问题上存在着较大分歧，其中不乏一些偏见，我觉得应该在此给予必要的解释。

一个最常见的偏见就是，很多人都认为教育可以通过谈话或者以身作则来实现。然而，事实上，个性只有凭借它自身的力量才能发展。儿童通常被当作接收器，而不是被当作能动的人，而且在儿童全部生活中都是这样。人们甚至还以这种态度对待儿童的想象。给儿童讲述关于迷人的公主的神话和故事，目的是为了激发他们的想象。但是，当儿童听这些故事和其他故事时，他们只是接受关于这些神话和故事的印象，而没有建设性地发展自己的想象力。在人的心理能力中占有突出地位的创造想象没有发挥作用。当这一错误运用于意志时就更为严重了，因为一般学校不仅没有给儿童提供使用其意志的任何机会，而且还直接阻碍和抑制了儿童意志的表现。维护儿童被当作是对抗，完全可以说，教育工作者是在尽一切可能摧毁儿童的意志。

除了那些千篇一律的说教，我们还给儿童树立一些学习的榜样，而这个榜样就是我们自己。这里的想象力已经被完全抹杀，意志力和创造力也都完全被屏蔽，他们还能够做什么？除了被动地服从，别的什么都不能做。我们必须最终摆脱这些偏见，要有面对现实的勇气。在过去的教育中，我们按照一种似乎相当符合逻辑的方式进行推理。他说："要教育别人，我必须是很好的、完美的。我知道应该做什么，或者不应该做什么。所以，如果儿童要模仿我，服从我，一切都会是令人满意的。"一切事物的根本奥秘在于服从。

我记得有位著名的教育学家曾说过："童年唯一的一种美德就是服从。"这样教育就变得十分简单了，教师们因此也傲慢而狭隘。这样的教师在内心可能就是这样认为的："我做学生时候就是这么过来的，现在也要像当初那样对待你们，使你们跟我一样。"于是这位教育者开始像《圣经》中的上帝一样"按照自己的形象去创造人"。当然，成人没有意识到他正把自己置于上帝的位置，还忘记了《圣经》中关于魔鬼是怎样变成魔鬼的那些话。儿童并不是只需要大人照料的孩子，他们的体内进行着创造活动，这种活动比教师和父母所做的要重要得多。但是很遗憾，这些活动必须经过教师和父母的许可，否则儿童便可能失去自由发展的机会。曾经有段时期，我们利用棍棒强迫儿童服从。不久前，在一个高度文明的国家，我们集体性地公开反对说："如果要我们放弃棍棒，我们就只好停止教学。"即使在《圣经》里，我们在所罗门的格言中也发现了一条著名的经文：做父母的，要是放弃棍棒，那就糟了，因为不对儿童施以棍棒就会损害儿童。纪律以威胁和恐吓为基础。由此我们最后得出结论，不服从的儿童是坏儿童，服从的儿童是好儿童。

幸运的是，这种教育现在已经被人们摒弃，现代社会更加尊重人权和自由，人们在对待孩子的问题上，不能再扮演独裁者的角色了。我们可以试想一下，谁愿意听从一个独断专行的成年人的教育呢？除非他的教育之中加入更多的自由和想象力。

其实教师的那种独裁和暴政还是有区别的，他们唯一的作用就是毁灭，而不是打破一个旧世界去创造一个新世界。这种教育之所以荒谬至极，就是因为他们在摧残孩子们的意志，在传授给他知识之前，就已经完全把他的思想毁灭了。

但是，当人们已经充分发展了自己的意志能力，从而自由地选择遵循另一个人的命令时，情况就截然不同了。这种服从是一种尊敬，是一种优越感。我们接受儿童的这种服从，就很可能会感到荣幸。意志与服从是相辅相成的。意志是服从的基础，在发展上先于服从。这里所说的服从比通常所说的服从具有更深刻的含义，它是指个人意志的升华。顺从是人类生活的自然现象，是常人的特征。在儿童中，我们可以把顺从的发展视为一种展开，因为顺从在人类成熟这一漫长过程的最后阶段会自发地，出乎意料地显示出来。

事实上，只要我们用心去观察，就会发现服从一直贯穿于人的全部生活之中，可以说是人类特有的一种自然特征。当然，服从意识在儿童身上有个发展的过程，而且在人临近成熟的时候就会出现。如果人的天性里面没有"服从"的基因，人类发展过程中也没有形成这样的品质，那么这个世界将不堪设想。社会生活中的很多事实表明，人们倾向于服从，这似乎已经是一个习惯。这种服从也就是为什么许许多多的人能够很容易被推向毁灭的原因所在。它是一种没有控制的服从，是一种使整个国家走向毁灭的服从。我们的世界不是缺少服从，完全相反，作为心理发展的一个自然方面，服从是太平常了。令人痛心的是，我们的世界所缺乏的还真是对服从的控制。

我们经常考察儿童发展的全过程，知道服从意识是人类的一个重要特征。这也为我们的研究表明了方向。儿童的服从意识是与个性发展同步增长的，一开始这种意识可能受到本能冲动的影响，但接下来就会进入意志控制的层面。

我们还是来重新讨论一下真正意义上的服从吧！在过去，服从就意味着儿童要听从家长和老师的话，按照他们的意志去做每一件事。但是研究表明，服从意识可能不是这么简单，它的发展需要经历三个阶段。在第一个阶段中，儿童有时服从，但并非总是如此。这可能会给人留下任性的印象。但我们必须对它进行更深入的分析。

服从并非只取决于我们习惯上称作的"良好意志"。相反，儿童在其生命的第一个时期的动作只受本能控制。这在所有儿童身上都是显而易见的。这个阶段持续到1周岁。在1～6岁这个时期，随着儿童的意识的发展和自我控制的获得，这一特征就变得不那么显著了。在这期间，儿童的服从同他偶然达到的能力的水平是紧密联系的。要执行命令，就必须具有一定程度的成熟和执行命令可能需要的特殊技能。所以，在这个时候，必须同儿童现有的能力联系起来判断服从。命令一个人用鼻子走路是荒唐的，因为从生理上这是不可能的。但是，如果要求一个目不识丁的人写信，也同样是荒唐的。因此，我们首先必须知道，在儿童已经达到的发展阶段，其服从是否切实可行。

儿童在 3 岁之前由于心理发展尚未成型，他们就不能有意识地进行选择，所以这个时候如果命令不太符合他们的内心需求，他们便不会服从。这一点想必谁都明白，所以没有任何一个成年人希望 2 岁的孩子会对他唯命是从。通过本能和推理，成人了解到，在这时，他们唯一能做到的就是或多或少粗暴地禁止儿童仍然继续做的那些动作。

然而，服从并不总是消极的，它尤其存在于与别人的意志相吻合的行动中。尽管稍微年长的儿童不再处于从出生到 3 岁儿童的最早准备阶段，但在以后的这一时期，我们仍然要遇到类似的阶段。即使 3 岁以后，在幼儿能够服从以前，他肯定发展了某种品质。他不可能陡然按照另一个人的意志行动，也不可能在一夜之间就能理解我们要求他做的原因。一定的进步产生于要经历几个阶段的内部形成。当这些形成正在发生时，儿童有时也可能按要求行动，但这意味着他正在运用刚刚形成的内在习得，只有当习得牢固地建立起来时，才能为儿童的意志所应用。

这和儿童刚刚开始运动的时候有些相似，他们还不到 1 岁就开始学习走路，他尝试着努力站起来，小心翼翼向前迈一步，接着就摔倒在地，但他们还会继续下去，一段时间之后，他们就不再尝试了。不过，只有他们完全掌握了行走能力，才可以任意行使这种能力。另一点也至关重要。在这一阶段，儿童的服从尤其取决于其能力的发展。在一次执行命令中，他可能成功，但下一次就不能了。人们通常把这归因于怨恨。我们的固执和指责很容易阻碍正在进行的发展。说到这里，我再说一件有趣的事。在教育界享有盛名的瑞士教育家裴斯泰洛齐，曾经提出了父爱教育理论。裴斯泰洛齐十分同情儿童所面临的种种困难，他还特别提出要教师原谅儿童的错误行为。但有件事他绝不原谅，那就是任性。他不能容忍一时服从一时又不服从的儿童。如果儿童有一次按要求做了，这就意味着，只要他愿意他就能够做。裴斯泰洛齐不接受不能再做的任何原因。这是他的仁爱没有取得好的效果的一种情况。

我们可以想一下，就连裴斯泰洛齐也如此认为，对我们来说要犯这样的错误就更司空见惯了。对儿童最致命的打击，便是当他能力形成之初，打击他的积极性。如果儿童还不能掌握自己的行为，也无法满足自己意志的要求，怎么可能要求他去服从别人呢？这是因为这种能力尚不稳定，所以表现得也有些反复无常。

成人有时也是这样，初学音乐的人偶尔弹奏出优美的音乐，但如果在第二天叫他重奏一遍，他无论如何也弹奏不出来。这并不是缺乏意志，而是因为他还没有拥有卓越的艺术家的那种技能和信心。所以，他们在服从的第一个阶段表现得很不稳定，时而服从，时而不服从，二者是相互交织的。

让我们把目光再放到第二个阶段，这时的孩子不再有因缺乏控制而导致的障碍，他能够服从，而且可以总是如此。这时，他的能力得以巩固，同时可受自己和他人的意志指导。这是走向服从之路的一大步。但此时儿童的发展还尚未结束，他们的发展水平要比我们想象得要高，儿童的这种意识的发展还需要经历第三个阶段。

儿童在这种发展中能够得到很多能力的提升，而且能够将这些能力自由发挥。他们的发展也并没有停止，而是向着更高层次发展。儿童似乎真的是朝着教师的方向去发展的，但是他们更希望与教师之间是一种平等的关系。儿童会觉得："这个人在教我，希望我和他们一样聪明！"这种感觉使儿童充满了喜悦。他突然发现能够从这一美妙的生活体验中获得指导，从而产生了新的热情，变得渴望服从了。多么奇妙而又自然的现象啊，还有什么可以与之相提并论吗？另一方面，它或许就像热爱其主人，通过服从实现其意志的狗的本能。狗目不转睛地盯着主人让它看的球，当其主人将球抛出去时，它朝球跑去，扬扬得意地把球捡回来，然后等待下一次命令。它渴望得到命令，而且摇摆着尾巴高兴地跑去服从命令。

儿童服从的第三个阶段与此没有什么两样。可以肯定，儿童有惊人的预备状态，随时渴望服从。

一个有着 10 年教学经验的女教师给我们提供了一个如何管理班级的方法。有一天，她对自己的学生说："把所有东西都收起来，今晚你们回家前。"孩子们一听到她说"把所有东西都收起来"，还没有等她说完就开始认真而又迅速地收拾东西。然后他们又惊奇地听到老师说"今晚你们回家前"。这些家伙们对于命令或指示是如此的敏感，所以我们在讲话时要尽可能严谨，慎之又慎。这位女老师完全可以这样说："今晚回家之前，把所有的东西收起来。"这位女教师告诉我们，这种事情不止一次发生过。有一次她路过自习室，听见里面非常吵闹，就有感而发，拿着粉笔在黑板上写了"肃静 (silence)"这个单词，但她刚写完第一个字母，孩子们就变得鸦雀无声了。

我自己的经验（"安静游戏"正是来源于我自己的经验）也是一个佐证。但这次，服从呈现出共同的特征，产生了一种奇妙的、完全出人意料的团结。通过这种团结，这一集体的所有儿童都几乎同我打成一片。只有在场的所有人都乐意时，才可能达到完全的安静。哪怕只有一个人也能打破它。因此，成功取决于自觉的和一致的行动，社会团结感就产生于此。

安静游戏为我们提供了检验儿童意志力的手段。我们发现，当多次重复游戏，安静的时间变得越来越长时，儿童的意志力就会增强。然后，我又增加了"点名游戏"。就是在非常安静的状态下叫某个同学的名字，点到这个同学名字的时候，他就马上站起来，尽量不弄出声响，其他同学则保持原来的姿势。可以想象，最后被点名的同学，是非常惨的，他要保持一种姿势很长时间。这种高强度的训练，就是为了锻炼孩子对身体的控制能力，加强他们的意志锻炼。做过这个游戏之后，孩子们的群体意识和服务意识也就自然而然提高了，因为群体意识之中包含着服从意识。

服从力是意志发展的最后阶段，它反过来又使服从成为可能。儿童的服从意识已经到了一个很高的水准，这时候无论学校或者老师让他们干什么，他们也都能够马上去做。这样我们也就不难理解，上述那个女老师说话必须"谨慎"的原因，这样才可以避免给孩子意志带来不好的影响。正因为如此，一个好的教师或者管理者，必须具备良好的责任感和使命感。

错误以及改正的方法

我们在前面时候说过，蒙台梭利学校的孩子是可以随意走动的，没有人限制他们。但是这也并非是说这些孩子们可以无组织无纪律。我们可以给孩子一些自由的"工作"，并给他们提供这些工作所需要的环境和条件。他们一旦集中精神，就可能专心致志地做很多工作。儿童越是活跃，教师就越不活跃，到最后，教师几乎可以站到一边。

儿童在这样的环境之中，不但可以让自己融入进去，还能够发展成一种社会关系，效果十分显著。儿童的群体生活是一个极其重要的现象，同母胎的生命一样娇弱，我们决不可破坏它。我们一旦创造了一个适应儿童发展需要的环境，我们就已经完成了产生这一现象所需要的所有工作。我们可以将教师和儿童的关系重新进行一下划分和定位，关于这个问题将在其他章节中重点讲述。不过，教师是绝对不能通过表扬儿童的工作或者通过惩罚做错的儿童，或者甚至通过纠正儿童的错误来干涉儿童。这听起来可能有些荒唐可笑，而且很多人还把它当作一种障碍。

可能很多人就觉得这一点让人匪夷所思，他们觉得自己帮助孩子改正错误是理所当然的，怎么会是极端错误呢？很多教师也是这么认为的，他们觉得儿童的教育就是简单的惩罚或者奖励。假如儿童真的无法避免受到惩罚或者得到奖励，那只能说明孩子们已经失去了自我约束的能力。即便是这样，孩子们在进行工作的时候，也不要对她们精神的自由加以干涉。真正的奖励是孩子的自我奖励。虽然十字奖章能够让接受处罚的孩子感到满足，却不能满足那个积极主动、内心充实、愉快工作的孩子。纪律的形成一旦建立起自由的原则，奖励和惩罚形式就会自然取消，而一个享有自由并能自我约束的孩子，会追求那些真正能激发和鼓励他的奖赏。当内心有了力量和自由时，孩子就会迸发出强烈的积极性。

还是来以一个生动的例子来说明上述的观点吧！在"儿童之家"的最初几个月，教师们还没有学会实际运用有关自由和纪律的教育法则。尤其有一个教师，自作主张地采用了她以前习惯使用的教育方法。有一天，一个最聪明的孩子的脖子上用一条精致的白色带子挂着一个很大的希腊式银质十字奖章，而另一个孩子则坐在教室中最显眼的地方的一把扶手椅上。很显然，前一个孩子受到了奖励，而后一个孩子是在接受惩罚。不过那个老师对孩子没有再进行任何干预。结果，得到十字奖章的孩子来回地忙个不停，他把自己用的东西从自己的桌子上搬到老师的桌子上，把其他的东西放回原处。他高兴地忙着自己的事情。当他来回走动的时候都要经过受罚的孩子坐的地方。他的奖章在走动的时候不小心从颈上滑下来掉到了地上，受罚坐着的孩子把奖章捡了起来，提着缎带摇晃着，翻来倒去地看，然后对他的同伴说："你知道你掉了什么东西吗？"

那个掉了奖章的孩子转过身，无所谓地看了一眼那个小玩意儿，他的表情好像是在责怪别人打断了他，他回答说："我对它无所谓。"受罚的那个孩子平静地说："你真的无所谓吗？那么让我戴一下吧！"他回答："行，你戴吧。"语气中好像是在说"你让我安静点好吗？"受罚的那个孩子小心地整理一下缎带，把奖章挂在自己的胸前。这样他就可以欣赏奖章的式样和光泽了，然后他调整一下坐姿，把手搁在扶手上，舒服地坐在小椅子里，神情显得那么轻松愉快。由此可见，虽然十字奖章能够让那个接受处罚的孩子感到满足，却不能满足那个积极主动、内心充实、愉快工作的孩子。

有一天，一位女士参观另外一所"儿童之家"，她高度赞扬了孩子们。然后她打开了带来的一个盒子，拿出系有红色缎带闪闪发亮的奖章给孩子们看。她说："你们的教师会把这些奖章戴在那些最聪明、最优秀的孩子胸前。"这时，一个静静地坐在小桌旁的很聪明的 4 岁小男孩，皱着眉头表示抗议，他一次又一次地喊道："别给男孩子！别给男孩子！"这是一个启示！这个小家伙已经知道他属于班上最聪明的孩子之列，尽管谁也没有这么对他说过。但是他不希望受到这种奖励的伤害。由于并不知道如何维护自己的尊严，他只好借助于他作为男孩子的优点，不让那位女士把奖章颁发给男孩子！

当然，孩子在这个年龄段也很容易犯错误。但是没有人站出来给孩子指出错误，却都乐于对他们实施惩罚。但是我认为，惩罚应该被取消，至少，它应该以另一种方式来完成。惩罚不能以伤害孩子的自尊心为前提，相反，好的方式和方法能引导孩子认识自己的错误，并主动做出改正。

在"儿童之家"，对于不注意纠正错误的孩子，教师们在教室的一个角落里放一张小桌子，让他坐在那里，用这种方式来孤立他。这样就可以让他看见自己的同伴们学习，同时给他最喜欢玩的游戏和玩具。这种孤立总是能成功地使这样的孩子安静下来。在他的座位上他可以看到全体伙伴的学习情况，这对他来说是一次比教师讲什么都更有效的直观教学课。渐渐地，他就会明白，如果能成为在他面前忙碌的伙伴中的一员，他就会愿意回去和其他孩子一样学习。我们可以用这种方法教导那些原来不守纪律的孩子。被孤立的孩子总是应当受到特别的照顾，就好像生病的小孩应当受到特殊照顾似的。对于必须进行纪律教育的孩子而言，我们无法完全知道他们的心灵变化，但可以肯定一点：经过纪律教育，这些孩子都将变得很好，而且这种良好的势态会持续。孩子能从其中学会如何学习和表现自己。

假如我们对错误这一现象本身进行研究，就会清楚地认识到，每一个人都会出错。这是生活中的客观事实之一。承认这一点就已经向前迈出了一大步。如果我们探索真理，尊重事实，就不得不承认，我们每一个人都可能犯错误，否则，我们全都将至善尽美。既然这样，我们对错误就应该有一个正确的态度，错误是生活的一个组成部分，也有它的价值。许多时候，错误只是不够成熟的表现。

随着我们年龄的逐渐增长，我们儿时常犯的一些错误慢慢就会改过来。小孩子跌跌撞撞的情形依旧会出现，但是他现在已经完全学会了成长。他通过成长和经验纠正其错误。如果我们把自己想象成总是沿着生活的康庄大道朝着至善尽美顺利前行的人，那就是自我欺骗。事实上，我们接连不断地犯错误，而又没有自我纠正，也没有认识到自己的错误。我们生活在一个脱离实际的幻想之中。认为自己是至善尽美的，因而从不注意自身错误的教师不是一个好教师。我们无论注意什么，总会看到"错误先生"。这也很正常，因为科学和错误常常是如影随形的，人们之所以能对它们加以区分，就是因为科学能够对错误进行衡量。科学对错误的衡量过程中，有两个非常重要的因素，一个是需要精确的数据，这个数据并不会绝对准确，其误差有一个允许的范围。

任何科学都只能是近似的，绝不可能是绝对的。科学所得出的结论也是如此。例如，医生给病人注射抗生素，有95％的成功率，但重要的是还有5％没有把握，即使采用线性测量，也只能在有限的范围内加以纠正。没有指出它的可能错误就不可能得出或接受其任何数字。也正是对可能错误的估计才使它具有价值。可能性错误和资料本身同等重要，没有可能性错误就没有可靠的资料。如果在严密的科学中，对错误的估计是这么重要，那么，在我们的工作中就更为重要了。因为错误对我们特别重要，要纠正或者避免错误，我们首先就必须了解错误。只有通过对错误的有效控制，我们才能够趋近完美。既然所有的人（包括教师、学生和家长）都无可避免地犯错误，那么我们就重申一条原则：改正错误不是最重要的，认识错误才是最重要的。也就是说，我们需要深刻的自我反省，检测自己的所作所为是否正确。

在普通学校里，孩子们通常意识不到自己犯了错误，因为他们根本不关心这个。犯了错误老师会告诉你，与自己无关。这同我们的自由观念相差多么悬殊啊！如果我不能自我纠正，就不得不寻求他人的帮助，而其他人对错误的认识并不比我好。如果我能够认识到自己的错误，然后自行纠正，该有多好！能够自行改正错误是一种非常重要的能力，这对性格的形成也有着决定性的作用，否则会导致孩子产生自卑感。

"控制错误"如同一个指针，它能告诉我们是朝向目标之路还是偏离目标之路。在日常生活中，我们经常遇到这样的情况，想到一个城市去，却不知道怎么走，这时人们带上一份地图，或者寻找路标。看到有个路标上写着"艾哈迈达巴德(Ahmedabad)——两英里"，我们感到踏实了。但是，如果我们突然看到有个路标上写着"孟买——50 英里"，我们就知道走错了。地图和路标是个助手，没有它们，我就得向其他人问路，就可能会得到相反的回答。无论到什么地方，可靠的导引和检验是不可或缺的条件。所以，教育一开始，科学与日常生活需要必须接受的事实就是"承认自己错误的可能性"。

由此我们认识到，生活中的必备常识应该在儿童早期就加以培养，这样孩子才能意识到自己犯了错误。学校也应该在这方面给予必要的帮助，就像提供教材那样。孩子们发展的方向正确与否，直接影响着他们的一生，因此必须随时保证其不能脱离正确的轨道。如果能够在教育中实现这个原则，那么，教师和家长是否完美就无关紧要了。如果这样的话，成人犯了错误也不会再难堪，反而会引起儿童的一定兴趣，因为对儿童来说，犯错误是很自然的事情。当大人也随着孩子一起承认自己所犯错误的时候，彼此之间的纪律便会进一步拉近。可是如果是两个自以为完美的人，他们自然就无心理会对方，因为他们只觉得自己完美无缺，对方则让自己无法忍受。

在我们的学校里，儿童最早做的练习之一就是将一套高度相同而直径不同的圆柱体嵌入长木板上相应的圆孔。第一步是让他们认识到每一个圆柱体都是不同的。

第二步是用大拇指、食指和中指拿着柱体顶端的圆头。儿童开始每一次将一个圆柱体嵌入孔内。但最后他发现，他嵌错了一个。剩下的这个圆柱体比余下的这个圆孔大得多，其他的一些圆柱体又嵌得太松了。儿童再次查看，更仔细地研究所有圆柱体和每一个孔。现在他遇到了一个问题，剩下的那根圆柱体表明他嵌错了。然而，正是这个错误增添了这个游戏的趣味性，使他一次又一次地重复练习。所以，这套教具满足了两种要求：

（1）促进儿童感官的发展；

（2）让儿童控制错误。

我们学校的玩具都是经过精心设计的，孩子们能很直观地看出自己的错误。这些玩具不但适合3～6岁儿童，就连2岁的孩子也能使用。通过这些玩具，孩子很快改正自己的错误，走上不断完善的道路。当然，能够改正错误，并不等于儿童已经完美了，还必须对自己的能力有所认识，才能激发他们工作的愿望。儿童也许会说："我还是不够完美，还有很多能力有待提高，有很多缺陷需要弥补，但是我最起码知道自己要做什么。我会犯很多错误，但是我从来不惧怕错误，并且有信心改正错误。"

所以，他们具有智慧、信心和经验，这是走完人生旅程的保险旅费。保险的这种意义并不是人们想象的那么简单。把儿童带向完美之路也并非易事。告诉儿童，说他聪明或者愚笨，说他反应灵敏或者迟钝，说他好或者不好，都是一种背叛。儿童必须自己明白他能够做什么。重要的是，不仅给予儿童教育的方法，而且给他提供将其错误告诉他的指示物。

现在我们一起来看一下孩子们学习的情况。假如学校的教师给他们布置了一些算术题，他们在得出结果之后，总是乐于检查一遍，确保无误之后，再交上去。对他们来说，发现错误远比做对这道题有意思得多。为了增进儿童对错误的认识，我们还在教学中安排了一些明显的错误。儿童对做得更好的兴趣、不断地自我检查和自我测验对保证其进步来说也是非同小可的。儿童的天性倾向于准确，获取准确的方法引起他极大的兴趣。在我们的一所学校里，有一次，一个小女孩看到了一张"告示牌"，上面写着："出去，关门，回来。"她认真地看了看这张告示牌，然后照着去做。但是她在中途停了下来，跑去问教师："如果我已经把门关上了，我又怎么回来呢？"

"你说得很对。"教师说，"是我写错了。"然后教师重新写了这句话。

"对了。"小女孩微笑着说，"现在我能做到了。"

我们之前已经提到了，错误可以拉近每个人之间的距离，让大家不再有那么多隔阂。错误如果得到改正，同样可以进一步增进人们之间的关系。只要有一个正确对待错误的态度，知道人无完人，那么就能够重新认识错误，并以发现错误为乐。错误本身变得有趣了，它成了人与人之间的纽带，当然也成了人们之间友情的桥梁。它特别有利于儿童和成人之间的和睦相处。儿童发现成年人的某些小错误，并不意味着他不尊敬成人，成年人也不会因此丧失尊严。慢慢地，生活中的点滴小事也越来越重要起来，因为大家都在用眼紧紧地盯着错误。

儿童的家庭教育

大家都知道儿童教育是以观念偏颇、先入为主的成见为基础的。我们很多人都尝试将实际观察到的一些看法公布出来，很多通过观察而得出的教育方法已经奏效。并且这些方法已经深入到各个家庭之中，那时不但孩子可以面目一新，家长也可能脱胎换骨。

大多数的家庭教育还是循着原来的老路子，就是纠正孩子的不当行为，教他们分辨对与错；但能够率先示范、以身作则的家长却寥寥无几，他们更多的是停留在口头上，光说不练。一旦这些方法无法实现其教育的目的，那么家长便会对孩子拳脚棍棒相加。在这样一个平等自由的社会里，这种不尊重孩子人权的体罚行为是应该严格禁止的。

然而，这个体罚的权力也让家长背负着双重的责任：一是在没有抵抗力的孩子面前，家长必须展现出他们说一不二的权威；二是家长必须在行为举止方面做孩子的典范。家长非常了解自己在孩子未来发展道路上正扮演着决定性的角色，正如一句谚语所言："那双推动着摇篮的手，掌握了整个世界的未来。"然而，一个童年时单单靠练习和耐心学过一些简单工作的母亲，是无法用那套方法教育孩子的。

那些年轻时候就已经取得很大成就的父亲，也显然没有时间和耐心去教育孩子的人格，更无心观察孩子的言行举止。所以，不管是疏忽也好，不懂得如何教育也罢，总之他们没有尽到自己做父母的责任。我们可能在日常生活中见到，一个孩子刚刚出生，他的父母就不停地互相争吵，彼此恶语相向，甚至很尖刻地指责对方的缺点。这样一来，他们成了孩子的"榜样"，这显然对孩子今后的发展不利。孩子的父母也要面临一个新的挑战，他们还要装作自己是十全十美的样子，然后努力地给孩子树立好榜样，改正孩子的缺点，让孩子每天都进步。天哪，这对他们来说是多么困难的一件事。由于日常生活中的许多困难与矛盾，做父母的需要面对的情境，我们在此也无法一一备述。

我们先来看看有关"说谎"的问题吧，不管是不是善意的谎言。

我们作为父母，当然有义务让孩子变得诚实。我熟识的一位妈妈为了教导她的小女儿要诚实，向她描述了许多说谎的卑劣行径。同时，她还在小女儿面前赞美那种即使受到磨难、做出牺牲，也坚守诚实的勇气和坚定意志。做妈妈的挖空心思想让孩子理解，一个小小的谎言到头来会让人犯下一连串的错误，就像一句谚语所说："说谎会使人失去理智。"她还特别对小女儿强调，一个身处幸福家庭的人更应该维护自己的尊严，为那些家境贫寒、没有办法得到良好教育的人树立典范。

可是这位母亲是否能言行一致呢？某天，她一个朋友邀请她去参加音乐会，这位母亲却说："不好意思啊，我今天有点不舒服，去不了。真的很抱歉！"她的电话刚刚讲完，孩子就从隔壁房间蹿出来说："妈妈，你说谎！你说谎！"妈妈此时一脸茫然，显得手足无措。小女孩与妈妈之间也就彻底失去信任了，从此可能会产生隔阂。试想如果我们自己都不诚实，又有什么权利要求孩子必须诚实呢？

说到欺骗，还有一则圣诞老人与圣诞节的故事。一位母亲骗孩子说，圣诞老人是真实存在的，说完之后又感觉不妥，便又告诉孩子事实的真相。孩子知道了过去一直被欺骗后，失望极了，整整一个礼拜愁眉不展。他的妈妈在跟我说这件事的时候难过地流下了眼泪。然而，一样的事情却不一定有一样的结果。比如，有一位妈妈也向她的小儿子说过类似的话，小男孩听了以后马上笑了起来，还对他的妈妈说："哦！妈妈，我早就知道世界上没有圣诞老人！""可是你怎么不告诉我呢？""因为妈妈每次听了这个故事都很高兴呀！"在这个情况下，父母和孩子的角色整个对换了。孩子是非常敏锐的观察家，为了让爸爸妈妈高兴，他顺从并取悦他们。

很多时候，孩子的正义感也会让父母感到羞愧，他们甚至会用自己的言行给父母上一课。有一天晚上，一位好心的妈妈让孩子上床睡觉。小男孩请求妈妈允许他把已经做了一半的事完成后再去睡，可这位妈妈一点也不肯让步。小男孩只得乖乖地上床了，可是过一会儿他又爬起来，想把事情完成。小男孩的妈妈发现他竟然偷偷溜下床，狠狠地骂了他一顿。小男孩哭着对妈妈说："我没有骗你啊，我跟你说过我想把事情做完的。"妈妈不想再和他说下去，就叫小男孩说"对不起"。但是小男孩有自己的原则，他认为自己没有欺骗妈妈，也就不需要道歉。妈妈在无奈之下，说小男孩不听话，不爱她。小男孩听了之后说："妈妈，我是很爱你的，只是我并没有做错什么事，为什么一定要道歉呢？"我们突然发现，小孩子的说话似乎更像大人，而这位母亲则多少有点胡搅蛮缠的意思。

既然说到这个话题，我这里还有一个例子。有一个牧师，他和小女儿每个礼拜都会去教堂帮忙。某个礼拜天，这位牧师正在布道，主题是耶稣的同情心。他说："我们所有的人都是兄弟姐妹，穷人以及受苦难者也是耶稣的子民，如果我们要获得永生，对穷人和苦难的人就必须爱护。"牧师的小女儿被爸爸的讲道深深感动。回家的路上，小女儿见到路边有一个小女孩在乞讨，那可怜的小女孩身上还有许多伤口，她跑过去，怜惜地拥抱并亲吻了小女孩。

牧师和她的太太见到孩子这样做，顿时大发雷霆，当即把孩子臭骂了一顿，并且要求她以后不要再做这样的蠢事。回到家里之后，他们还勒令孩子赶快将衣服换掉，并且好好洗个澡，否则不准她上床睡觉。此后，小女孩再也没有去听牧师布道。在她眼中，父亲不过是个道貌岸然的人，言之凿凿大谈同情和美德，却拒绝做任何一件善事。有时候她即便听爸爸布道，也当作是故事一样去听，父亲却再也没有办法打动她的心。

生活中这些例子也许比比皆是，成人的言行不一，势必给孩子造成某种心理上的冲突，为什么成人总是喜欢说一套做一套呢？孩子和成人之间有着一条不可逾越的鸿沟，这条沟却不是一天就出现的。在孩子和父母的冲突中，虽然取得胜利的一方通常是势力强大者，但是做爸爸妈妈的依仗强权所取得的胜利，往往不能够使他们的小对手信服，因为大人的确是做错了。

家长们还会采取高压手段来制伏孩子，并强迫他们服从，以便保持自己在孩子面前的威严形象。为了树立自己的权威，父母往往要命令孩子闭嘴，这才保证了"和平"。可是，父母在获得胜利的同时，也失去了孩子对他们的信任，并且连他们和孩子之间的自然情感和相互信赖也一道消失。

这样一来，孩子内心所需要的那种慰藉没有得到实现，他们索性就将自己保护起来。当然，有的孩子也会去尝试着适应大人不当的行为，但是这样同样会使他们的内心感到压抑，严重的还会产生心理疾病。孩子常常以羞怯的姿态或故意说谎来掩饰其不乖的行为，孩子的恐惧感也和说谎一样，是被迫屈服和顺从家长而引起的。这种情绪对孩子造成的伤害，要比其他情绪严重，因为它使孩子把想象与感觉混为一谈。这种情绪上的混乱常发生在缺乏内在发展机会的孩子身上。

通过观察，我们发现，在与儿童打交道的过程中，成人越来越自私自利，以自我为中心。他们只从自己的角度去看待与孩子有关的一切，结果使他们与孩子之间的误解越积越多，"代沟"就这样形成了。精神分析学鼻祖弗洛伊德曾用"压抑"这个词来形容成人根深蒂固的心理障碍，这一词的字义已经清楚表明了心理障碍产生的原因。

一个儿童之所以不能正常地成长，主要原因就在于受到了成人的"专制"的压抑。由于儿童与社会是隔离的，当他受到成年人的影响时，他就变成了一个特殊的成人，他的行为、举止就会与其最亲近的人相像。这些能影响他的人，通常是他的父母或老师。

然而，社会却赋予成人截然相反的使命：让他们有权决定儿童的教育与发展。只是到现在，当人类的思想达到了一定的深度之后，我们才转而发现，那些过去被认为是整个人类的守护者和施舍者的成人亟须自省。对儿童负有不可推脱责任的整个社会，也应接受审判。但成人会对此做出抗议，并自我辩护："我们已经尽了最大努力，我们热爱我们的儿女，我们为了他们甚至牺牲了自己的幸福。"他们虽然表面上在为自己辩护，其实内心也充满了矛盾。这里的重点是这种自省本身。被告们虽然在照料和教育孩子上殚精竭虑，但还是发觉自己恍若置身困难重重的迷宫，无力自拔。其实他们并不知道，他们之所以会迷路，都是由他们自己造成的。这一控告公开谴责的并不是那些见不得人的错误，并不是那种让人觉得丢人、没用的错误，而是要指责一种在无意识犯下的错误。这种指责能使人们加深对自己的了解，从而提高自己的精神境界。

不难发现，人们对自己所犯错误的态度之间的矛盾：对有意识犯下的错误感到痛心，对无意识犯下的错误则不置可否。其实，在无意犯的错误中隐藏着很大的机会，即一旦人们认识并克服它，就能使自己超越某个已知的或梦想达到的目标，并使我们最终得到进一步提高。所有心灵上的进步，都是经由把不自觉变为自觉，并进而征服自觉、征服自己的思想而取得的。

如今，要想不再像从前那样错误地对待儿童，把他们从内心的冲突与危险的思想中解救出来，首先必须进行一次彻底的变革。这种变革必须在成人中进行。的确，尽管成人宣称，为了孩子他们正在倾尽一切所能，并进一步声明他们牺牲了自己的幸福来成全对孩子的爱，他们也不得不承认，他们确实遇到了难以解决的问题，对此，他们必须从现有的知识以外去寻求答案。

尽管关于儿童依然存在大量未知的东西，他们的心灵中也有大量让人不甚了解之处，但我们必须去认识它们。这是那些想寻求儿童深处未知因素的成人必须做的事情。成人至今也无法理解儿童和青少年，因此，他们之间仍然因为无法沟通而不断产生冲突。问题的解决并不在于成人应该去掌握更多的知识或者提高他们的文化水平，而是他们必须找到一个完全不同的出发点，必须认识到他们因为无意识所犯下的过错。这些错误有碍于他们真正理解儿童。如果成人不做好纠正错误的准备，没有采取与这种准备相应的态度，他们就不可能进一步了解儿童。

自我反省，并没有想象的那样困难。就如同一提起药物，人们就会联想到它能用来治病。只要我们认识到我们的确在过多关注自己的同时忽视了儿童，只要我们相信自己实际也能够做到那些自以为力所不及的事情，那我们就会渴望去了解儿童的心灵，并会发现他们的心灵与成人的心灵之间存在着截然不同之处。

成人与儿童之间的误解越积越多。正是由于这种以自我为中心的观点，成人把儿童看作是心灵里空无一物、有待于他们去尽力填塞的某种东西而已。因为把儿童看作是脆弱的和没有自理能力的某种东西，成人就觉得必须替他们做所有的事；因为把儿童看作是缺乏精神指导的某种东西，所以成人觉得需要他们不断地给予指导。

总之，我们也许可以说，成人把自己看作是儿童的造物主，他们只站在自己的立场上来判断儿童行为的正确与否。他们把自己当作标尺来衡量儿童的善与恶，他们认为自己是完美无缺的，儿童必须以他们为样板来塑造。儿童的任何举动一旦偏离了成人的方式，就会被认为是邪恶的，必须马上予以纠正。

成人用自以为是的方法来解释孩子的行为，用自认为正确的方式来对待孩子，不仅造成学校教育的偏差和整个教育体制的误导，更采取了一连串错误和行动，引发了一项社会与道德的新疑问。长久以来，儿童和成人之间的关系，一直是处在一种相互对立的冲突状态，这种情势的逆转，迫使我们必须采取教育改革的行动，这个行动不光是针对教育学者，更是针对所有成人，特别是为人父母者。

成人如果以上述方式对待儿童的话，即便他做出了自我牺牲，事实上都是在无意识地压抑儿童的个性发展。

实际上，要想做好儿童的家庭教育，父母也必须经过一定的训练才行。当然，父母的作用主要是引导孩子的心理活动和身体的发展。因此，父母是指导员的角色。但这并不意味着其作用就此降低，相反，他们指导的是孩子的生活和心灵。他们要为孩子准备学习的环境，除了教会孩子知识，还必须充当孩子的观察者和引导者。实际上，父母的精神状态比技能更重要。父母的准备工作不能只靠学习，还必须具备道德方面的品质，如机警、稳重、耐性、爱心和谦逊，其中最重要的是，时刻考虑到孩子。

传统教育的弊端就正是在于过多地考虑传授知识，而忽视了孩子的个性发展。为此，父母应做到：

1. 尊重孩子

深入了解孩子的真正需要，在父母和孩子之间建立互相尊重的关心。

2. 用科学家的态度研究孩子

为了要解释孩子的欲望必须科学地研究他们。因为孩子的欲望常常是不自觉的，是他们生活内部的呼声，是按照一种神秘的规律显示出来的，人们很少懂得这种显示的方式。应当在适宜的范围内任其自然发展，从而观察这种内部生活的表现。父母不是为自然科学服务，而是为生存的人类服务。他们必须善于观察到人的内部生命，人的真实生活，看到孩子的精神状态并对观察过程有一种乐趣和强烈的热情。要观察孩子的每一种欲望，每一种表现。从孩子身上，父母将学习如何使自己成为一个好的教育工作者。

3. 相信并热爱孩子

生命的成长必须有爱的感觉，孩子的自觉性和自我认识是通过爱得来的。孩子正是因为爱他的周围环境才产生了一种冲动，在整个敏感期将自己和周围事物连接起来。这种爱不是一般理解的情绪感觉，而是一种内在力量，通过爱来吸取外界事物并且建构自己。正是这种爱，使孩子对周围环境有一种热情和细致的观察态度。

值得注意的是，孩子在情感上更容易趋向于常在他身边的成人。父母作为指导员，对孩子的信心同样重要。我们对存在某种缺陷的孩子都不能动摇信心。应当看到一个表现不同的孩子的精神状态，并相信当有兴趣的"工作"吸引他的时候，他会实现正常化。对于父母来说，从孩子那里得到的精神快乐，应该是一种极大的幸福。

4. 耐心等待，不要急于干涉孩子

父母不应以自己的智慧代替孩子的智慧，而要引导孩子自己进行活动，包括各种日常琐事。孩子需要发展自己的独立性，自己选择志愿。让孩子凭借自己的兴趣和意志力坚持下去。当孩子战胜了力所能及的困难时，他就会获得最大的快乐。

当然，对于孩子的不良的表现，应毫不犹豫地去制止。父母的责任不仅在于知道什么时候对孩子的活动应该加以禁止，而且要尽力避免这种禁止。这显然不是件易事，但并非不能很好地完成。对于进步慢的孩子，父母要有耐心，对他的成功要表现出热情。当动作缓慢时，父母如果不是去帮助他实现他最重要的心理需要，而是代替孩子所要完成的一切活动，这样就将成为孩子主动发展的最强大障碍。作为教育者，应记住的一句话就是："在观察的同时，耐心等待。"

除了以上这些注意事项之外，给孩子布置一个类似于"儿童之家"的环境也非常重要。我们并不需要所有的孩子都能去"儿童之家"学习和生活，只要能够为孩子提供"有准备的环境"，并采取恰当的方式，"儿童之家"同样能在一个家庭里建立起来。当然，此时父母就充当了孩子的同伴。

准备一个适合孩子安全活动的空间，提供给孩子与体格相当的、优质的、美好的实物，满足孩子喜欢使用和成人一样的物品的愿望。教具放在孩子可以自由取放的地方；图画、挂图等给孩子看的东西，挂在孩子视线所及处，而不是成年人所习惯的高度。

让孩子从小就过着有规律的自由生活。尊重孩子的选择，给孩子各种选择的自由。孩子遵守的规则，由家长和孩子一起共同制定。父母亲要多与孩子谈话，并以正确的语言交谈。避免使用负面语言，不要轻率地使用"真笨""这样做不对""你怎么没记性"等指责性词语，这样容易使孩子有自卑感和失去进取心。家长应以称赞、鼓励、肯定、感谢等积极态度，能够耐心聆听孩子说话，即使孩子说得慢或出错，也耐心听完，然后用正确的语言复述示范，而不是用"你说得不对"来打断孩子；在孩子有话要说时家长要侧耳倾听：弯下腰或坐下来，与孩子保持同样的高度，而且眼睛还要和蔼地注视孩子。这样，孩子才能够与家长无所不谈。

尽量与孩子一起从事实际生活的工作。家长与孩子最好一起从事孩子力所能及的家庭生活中的工作。衣服的穿脱、用餐、扫除、浇水、整理等，这些实际生活中的工作对于孩子来说是充满乐趣的。因此，孩子会兴致盎然地去做。对家务事的分派最好以建议的形式而不是以命令的形式进行。尽量多采取感谢、喜悦、礼貌、称赞、鼓励的态度。比如，托付孩子某件事情时，要把"把那个东西拿过来"的说法改为"请把桌子左边的红本子拿来给我"，清晰具体地表达物品的名称及所在地点。

在生活中尽量给孩子提供成功的机会，成人要以步骤清晰和放慢的动作向孩子展示每件事情的正确做法，并相应为孩子提供他易于使用的物品，这样孩子便会模仿运作，体验着成功的喜悦，进而增进了自信，激发了主动性。在学习活动中，要注意到孩子的每一件事；在孩子学习过程中出现错误时，尽量创造机会让孩子自己纠错，而不是急于指出孩子的错误。不随意打断孩子正在进行的活动，即使是在有客人时，也不要为了成人的需要而影响孩子的正常活动。

鼓励孩子自己完成能胜任的工作，而不要为了加快速度而替孩子做。孩子的时间感觉差，动作尚不协调，所以做事速度自然缓慢，家长切记不要催促孩子，要尊重孩子的速度，给孩子充足的时间，让他按自己的速度行事，这将产生积极的教育效果。在孩子发生错误时，家长要注意纠正错误的方法。容忍孩子的失误，放手让孩子再做尝试。孩子以家长为学习的榜样而形成自己的人格，在家庭日常生活中家长的善与恶对孩子的人格形成都产生巨大的影响力，务必铭记在心。要尽量给孩子选择的自由。要尊重孩子的个性，不要求孩子必须和其他小朋友一样。在日常生活中，要使他对事物能发挥判断、选择的能力。例如，问一下喜欢香草冰淇淋还是巧克力冰淇淋，出去玩时要穿红衣服还是蓝衣服，想去山上玩还是去公园。

多创造与其他孩子在一起接触的机会。一般3岁以前的孩子与其他孩子交往的机会很少，在这种情况下长大的孩子大多不会主动去寻找朋友，从3岁开始最好尽量提供孩子与其他孩子交往的机会。由此孩子能增长智慧并培养社交发展。在集体活动时，教孩子有秩序地一个一个去，而不是一拥而上。

教师要做的准备

假如想成为蒙台梭利学校的一名教师，你首先要做好心理上的准备。因为我们学校的教师和其他学校教师有所不同。这里的教师不需要你随时关注学生的行为，但必须把跑到别的班级的孩子们找回来，这是我们和其他学校教师的一个显著区别。进入蒙台梭利教育，你首先要明白：儿童是通过工作来发展自己的。必须抛弃过去那些自以为是的想法，包括孩子的发展水平存在差别的观念；我们只关注儿童的正常发展，而非儿童其他类型的缺陷。你必须坚信，儿童只有被工作所吸引，他的天性才会正常发挥。因此，无论孩子目前状态如何不好，总有一天他会将注意力集中到所做的工作上。所以，教师所要做的是改变自己的工作方法，满足不同发展阶段儿童的需要。具体来说，有以下三个阶段需要来考虑。

在最初的阶段，教师应该学会管理和设置环境，这样才能够帮助儿童迅速走上发展的正轨。我们的好多教师家庭中，妻子为了抓住丈夫的心，常常会在整理家务、收拾房间、装饰家居上面下很大功夫。这自然是好事，谁也不喜欢成天待在一个乱七八糟的环境中。学校也是一样，教室一尘不染，所有物品都做到整齐有序，让那些东西出现在该出现的位置，这是再合适不过的事情。同时教师也应该神态庄严，仪表大方，服饰干净整齐，这样更有利于吸引孩子。也许各个教师的性格迥异，但是所有的教师都应该注重自己的形象，因为这样你才可能被儿童尊重。一名教师应该非常注重自己的仪表，至少要有些绅士风度。好多孩子都喜欢把自己的母亲作为唯一的审美标准，她如果见到一个漂亮的女性，常常会说："好漂亮啊！就像我妈妈。"也许这个孩子的妈妈一点儿都不漂亮，但在孩子眼里她很漂亮，而且认为漂亮的人都像他妈妈一样。母亲是儿童生活环境的重要部分，同样，教师是儿童学习环境的重要部分，所以，教师应当注意自己的形象。虽然说环境对儿童的影响只是间接的，但适宜的环境的确能够帮助儿童身体、智力和心理的发展。教师对于儿童现在只是一个辅助作用，维护一个适宜的环境才是至关重要的。所以，在这个阶段教师的首要任务是关注环境。

等到进入了第二个阶段，环境问题不再困扰我们，我们自然会问："面对这些心理尚在发育的孩子，我们应该怎样做呢？怎样才能吸引他们？如何让他们专注地做事呢？"我的答案是"引诱"（但愿这个词不会引起误解），就是让他们向我们的标准看齐。既然如此，假如我们不注意环境，家具上满是污迹，玩具缺胳膊少腿，而且随意摆放；不注意礼貌，邋邋懒散，随随便便，那么教育目的不可能实现。在儿童还缺乏自我意识之前，在他们还不能够集中注意力之前，教师应该像一束温暖的阳光，照亮他们幼小的心灵。我们不必担心教师会影响儿童的心理发展，这是因为儿童的心理发展在这个时候刚刚开始，这个时候有必要给儿童一些指导。

我曾记得有这样一个故事，一个基督教徒试图将满街的流浪儿召集起来，但是孩子们却没那么听话。聪明的基督教徒于是想尽了各种办法，才将这些孩子们笼络到一起。我们也应该像这个基督教徒一样，用聪明的方式去抓住孩子们的心。比如讲故事、做游戏、唱歌等。假如教师能够吸引孩子们做游戏，就能够使孩子们安静下来，尽管这些游戏未必有多大的教育意义。谁都知道，活泼的教师比死板的教师更有吸引力。只要努力去做，每位教师都可以成为充满活力的人，都可以兴奋地说："同学们，大家一起来，把这些东西都搬走。"都可以和孩子们一起做游戏，鼓励他们，表扬他们，或者对孩子们说："水桶有些脏了，我们把它涮干净好不好？"或者"我们到草地上摘一些花好不好？"可以尝试着用这种方式激励孩子们参与到活动中，让他们去行动。

这个阶段我们教师只需要做这些。有些孩子还是不安分，他甚至会干扰到其他的孩子，这个时候教师绝对不可袖手旁观，要适时地站出来，阻止这个孩子。尽管我多次强调，当孩子在专心做自己的事情时，尽量不要打扰他们，这样会妨碍他们的正常发展，可对这样的孩子正好相反，教师应该打断他们，不然更多的孩子会受到干扰。当然，做这样的事要注意方法。按照我的经验，最有效的办法是对这些孩子表示极端的关注，或者用惊叹性的语言吸引他们的注意力。比如，可以对他说："怎么样，约翰？到我这儿来，我有东西给你玩。"如果孩子仍不为所动，可以接着说："和我到花园去，好不好。"然后就把他带出去，或者交给助手来管理，使其他孩子不再受他的干扰。

接下来就是第三个阶段，儿童也开始对某些事物产生了极大的兴趣，尤其是那些与我们生活息息相关的东西。事实上，儿童在不能集中精力的时候，不宜向他们提供太多有关文化的东西，否则有害无益。当然，这不是绝对的，需要看儿童的实际生活经验。但是，有一点确实很重要，就是当儿童对什么东西发生兴趣的时候，一定不要打扰他们，因为这种兴趣的出现，表明他们的内在能力开始发展。这种兴趣会使儿童接触很多东西，从中学到一些新的行为方式。当然，这种能力的萌发非常脆弱，微小的干扰都可能产生不利影响。就好比一个美丽的气球，微小的一根刺都会使之破灭。

总而言之，教师在这段时间一定要高度紧张起来，不要刻意地去打扰那些孩子们，不要关心，不要赞许，只是在一旁观察就行。我们常见到一个儿童做完一件事情的时候，很多老师都会顺便说一句："干得不错。"仅此一句，就会把儿童的兴趣破坏了，因为此时儿童的心理很脆弱，很容易受影响。一般情况下，儿童对某种东西的兴趣会持续2周左右，要是教师不识趣，看到孩子做事困难，就跑走过来帮忙，孩子很可能甩手走开，丢下这件事情不管了。儿童的兴趣不仅在于动手，而且还在于从反复揣摩中得到乐趣，如果教师过去干涉，他们的注意力不能集中，也就不再对这件事情感兴趣了。教师经常看到这样的事情，一个儿童奋力搬动一件重东西，当教师走过来帮忙的时候，孩子就放下这件东西跑开了。所以说教师应该小心，因为帮助、表扬，甚至一个眼神都可能打扰儿童。也许有人觉得这话言过其实，但事实就是如此。很简单，只要有人在旁边看着，成人也很难集中精力做事情，这种干扰很容易被察觉到，儿童更是如此。

作为一名优秀的教师，你应该明白：只要儿童集中注意力做自己的事情，就应该把他们看作不存在一样。教师当然不能放弃自己的职责，但他不应该去干扰孩子，而是用眼角余光观察他们在做什么。当儿童能够有目的地进行选择的时候，可能产生另一个问题：就是许多孩子争抢一件东西。我的观点是，尽可能让孩子们商量着自己解决，教师不要充当裁判的角色，你只是一名观众。教师在这个阶段的主要职责就是，当儿童已经熟悉了某些东西之后，你要能够及时地将这些东西升级或更新。

我们都知道这不是一项简单的工作，需要你具备一定的心理学知识，更重要的还是要靠实践。从心理学角度来说，帮助往往会滋生一种傲慢心理，这是每一位教师都应该规避的问题。教师的所作所为都应该是谨小慎微，掌握好条理和分寸，从这种无私的给予中得到快乐。教师对儿童的帮助和支持要尽量隐蔽，这样，即使他们意识到了教师的动作，也会以为是很自然的事情，而不会想到是一种有意识的帮助。

儿童和教师的精神交流居多，因此教师应该为儿童的心理服务。教师需要把桌子擦拭干净，把用具摆放在固定位置，把这些事情做好之后，就可以退到幕后了。教师不要擅作主张，只有当他们需要的时候，你再出手相助。同样，儿童正在专心做事的时候千万不要过去打扰，当他们急需要被肯定的时候，就立即赞许他们。从这个角度讲，心理区间是儿童和教师发生交集的地方，教师就是为儿童心理服务的，而不是为儿童的身体服务。所以，我们不必为孩子缝缝补补，洗洗涮涮，这些事情儿童将来会自己做，只要他们的自然发展不受阻碍，就够获得身体上的独立。同样，只要他们可以自由选择，在工作中不受干扰，他们就能够获得思想和意志的独立。人格的发展就是不断获得独立的过程，教师必须帮助儿童获得独立行事、判断和思考的能力。

教育旨在满足心灵需求，所以它是一门充满艺术性的工作，也只能在为儿童服务的过程中才能得以体现。教师只要拥有正确的教育方法，就能够满足儿童发展的需要，儿童天性中的优秀品质便会发挥到极致。对于成人来说，儿童心灵所迸发出的火花是让人心神激荡的，这就好比久旱逢甘雨一般惬意。人类的优秀品质通常埋藏在儿童的心里，如果教师能通过自己的工作把它们开发出来，自身将会感到多么快慰、满足；这些儿童也将会成为人类的优秀成员，他们的热情永不熄灭，他们的工作富有成效，他们会克服一个又一个困难，会真心关爱弱者，给予有效的帮助，他们知道怎样尊重他人，完善心灵的发展。但是，所有这些都不是一蹴而就的，需要逐渐发展形成。开始，教师可能这样说："这个孩子发展得不错，超过我对他的期望。"

就教师而言，重要的不是知道这个孩子叫什么名字，他们的父母是谁，社会关系怎样，而是要通过观察了解到他们在生活中的表现，看到他们身上出现的发展特征，只有这样，教师才能对儿童有深入的了解。当儿童的美好天性展现在教师面前时，教师们会对真正的爱有更深的理解，孩子们的天性常常让人为之动容。

通常爱是分两个层面来讲的，一般意义上的爱就是照顾孩子，关心他们，爱抚他们。孩子激发教师心里的爱，教师又把这种爱馈赠给他们，因为父母和儿童有一种心灵上的联系。然而我们这里所说的是另一种爱。它既不属于个人情感上的爱，也不是物质上的爱。这种爱叫作"精神服务"。这种服务必须给儿童充分的自由，在这个过程中，爱的层次决定于儿童，而不是教师。教师会感觉自己被不断地提升，直到完全融入了儿童的世界。就是说，儿童的爱能够促使教师成长。

传统观念中，教师往往觉得自己的职业很高尚。但一到过年过节或者节假日，他们也就未能免俗。他们也希望发过年过节费，提高工资待遇以及社会福利，还希望自己在学生面前绝对的权威和神圣，一呼百应。要是混得好，在学校当个教导主任或者副校长之类的，那就更加称心如意了。但是，对于一个追求更高的境界的人而言，这些都不是真正的幸福。很多这样的人都辞去了高薪职业，献身于幼儿教育工作，人们把这样的人称为"婴儿教师"。这样的"婴儿教师"我认识不少，其中有两位是巴黎的医学博士，他们放弃了现有的职位，转而从事幼教工作，对儿童发育现象进行研究，在从事这项工作中，他们认为自己获得了更高的成就。

对于一个教师来说，成功的标志不是你挣了多少钱、买了几套房，而是你可以自豪地说："我的学生们能够自己认真工作，而不在意教师在不在身边。"当然，这个观念到来之前，很多教师还是觉得自己很了不起。他们总是认为是自己教给了儿童知识，是自己提高了学生的水平，儿童的进步应该归功于他们的劳动。但是，随着对儿童精神发展的认识，他们的观念发生了变化，他们重新评价自己工作的意义，他们说："我的贡献在于，帮助儿童完成了他们要做的工作。"

这的确是一项非常有意义的工作。在一个儿童 6 岁的时候，他的人格开始展现出来了。教师此刻也应该意识到，自己所做的事情是在塑造着人类的灵魂，这是一件了不起的事情。如果没有与儿童进行交谈，教师可能对他们的生活一无所知，也不会对他们的未来感兴趣，不会去关心他们是上了中学、进了大学，还是中途辍学。无论如何，当教师们看着孩子们度过了这个性格成型时期，获得了必要的工作能力，能够欣慰地说："孩子们已经完成了这一过渡阶段，而我全程陪伴他们左右。我为这些孩子的精神发展做出过自己的贡献。"

这些教师无疑是伟大的，他们没有在孩子面前倚老卖老，也没有极端傲慢，而是"俯首甘为孺子牛"一般，认真地对待孩子们的这个发展阶段，促使儿童的心理正常发展，现在，他们认识到了自己工作的价值所在。不少人认为，儿童的健康发展应该归功于教师的自我牺牲。他们会说："教师真是谦虚呀！他们在教育孩子的时候，都不把自己当作权威。"另一些人却说："未必是这样吧！假如教师的自然本能都受到压制，这种教育方法能成功吗？"实际上，教师在教学过程中没有做出牺牲，也不存在什么压制，他们只有一种满足感，体验到了另一种生命价值。这种价值他们以前不知道，如今在伴随儿童成长的过程中显现出来了。

在这种教育方式下，所有的原则都有着不同的意义。比如说"公正"，它是现代社会的基本准则，不论对一个学校、一个社会，还是一个民主国家，公正就是"在法律面前人人平等，无论贫富和社会地位如何"。这样，公正就和法律、监狱、诉讼联系在一起了。在民主国家，法院被人们称为"正义之所"，假如有一个人说："我是一个诚实的公民。"那意思就是说，他与警察局、法院等法律机关没有瓜葛。假如这就是公正的话，那教师在对待学生的时候就要注意了，不要刻意地让自己去关心某个人，而是要一视同仁。否则，公正就得不到体现，如果一个教师关心了某一个同学，那么其他同学也势必要求你给予关心。很显然，这是一种低水平上的公正，这种公正要求一种不现实的平等，比方说，要求所有的人都长得一样高。

真正高水平的公正属于精神领域，这能够保证儿童得到最大的发展。给所有人提供帮助，促使其精神上得到全面的发展，这才是真正意义上的公正。这种公正有着其社会价值，是社会组织形成的基础。这种公正是人类的精神财富，教师不能把它丢弃，因为物质财富的价值远不能与之相比。在现代社会，物质财富不再具有决定意义，只有一个人的能力得到了全面发展，生活资源才不会成问题。如果人类的精神能够达到完善，我们就会变得更加富有，贫富差距也就不再有意义。人的真正创造力不是来自肉体，而是来自精神，不是来自四肢，而是来自大脑。只要人类的精神和智慧得到全面发展，没有什么不能解决的问题。

儿童可以在无外在干扰的情况下形成一个有秩序的整体，而成人世界里却需要军队、警察和监狱等国家机器进行维系。儿童发展的规律揭示了一个道理：纪律和自由是相辅相成的。这就好比一个硬币的正反两面，一面是人头或者图画，制作精致，非常美观；另一面没有装饰，只有一些数字和说明文字，教师可以把这一面比作自由，把装饰精致的一面比作纪律。在传统的学校，当一个班级变得无组织无纪律的时候，教师往往认为全部是自己的责任，对所有的过错都大包大揽。如果使用新式教育方法，教师就不会有这样的困惑了。教师注重服务儿童的精神生活，同时也在提高自己的精神境界，这是因为人类生活总是向前发展的，儿童不过起了一定的推动作用。

和自然界一样，人类生活也必须有一定的秩序。它是自然界发展的一个结果，并且早已经出现在了教师的生活之中。显然，在自然赋予儿童的诸多使命中，包括激发教师继续进取的使命。如果我们伴随儿童一起成长，就会被带入更高的精神境界，那时，人类的物质需要就会自然解决。

　　综上所述，我们要想了解到儿童发展的秘密，就必须遵照自然规律的发展，耐心地去帮助儿童，了解儿童，这是唯一的捷径。

教师与纪律

我认识一位女教师，她那时还没有教学经验，但她对儿童教育的事业情有独钟。她也坚信儿童的天性之中不缺乏纪律的基因，但是在实际教学中却遇到了不少的难题。

她比较接受我的观点，在日常教学中给予孩子们足够的自由空间，孩子们在自发活动中她绝对不干扰。任何工作都不是强迫的——没有威胁、没有奖励、没有惩罚。她同意教师发展空间，尽量压抑自己的个性，怕给孩子们带来任何的影响，同时她还为孩子们准备了很多教具，几乎所有的教具都从教室里搬出去了，但到了现在，孩子们的服从意识没有增加，反而有减少的趋势。

她的教学原则是错误的吗？不是。在她的理论和理论产生的结果之间还差一样东西，那就是我们的实践经验。在这一点上，刚刚走上教学岗位的我们还得需要别人的帮助和建议。这与年轻的医生或者与已经掌握了一定的理论和原则以后，面对那些对他来说似乎远远比数学方程中的未知数还要神秘得多的事实而又孤立无助的人所遇到的情况并没有什么两样。

让我们时刻记住，内在的纪律是将要产生，而不是已经存在的东西。我们的任务就是探明纪律的道路。

当儿童将其注意集中于他感兴趣的、不仅为他提供有益的练习而且提供错误的警示的某种物体时，纪律也就产生了。这些练习使幼儿的心灵产生奇妙的整合，结果，儿童变得安静、愉快、幸福、忙碌，忘却了自己，从而对奖励或物质报酬漠然视之。这些征服自身及其周围世界的小征服者确实是超人，他们给我们展示了人的灵魂的价值。我们的光荣任务就在于给他们指出通往完美的道路，给他们提供手段和消除障碍。而一旦孩子们具有了这种纪律性，我们便能够很好地运用他们的意志力，这样工作也就好做多了，因为儿童的本能倾向可以帮助其克服困难。

在这方面我深有体会，很多 3 岁左右才送到我们学校的孩子，他们已经面临很严重的状况了。这些孩子的防御意识极强，在他们身上看不到正常儿童应该有的那种安静和智慧，他们个性十分浅薄，有的桀骜不驯，表达能力也很差。因此在儿童内部，智慧和纪律正等待着被唤醒。儿童为压抑所阻碍，但还没有完全被击败，或者说他的偏差并不是到了我们无法挽救的地步。学校必须给儿童提供精神活动场所和发展的机会。

同时，我们必须记住，儿童惯常的防御反应和其天性所获得的普遍降低了的特征是发展其精神的障碍，儿童必须摆脱它们。这是教育的前提，如果我们不能认识纯粹的冲动与产生于平静的精神生命的自发力量之间的差别，那么一切也就徒劳无功。教师水平的真正基础在于能够区分具有自发性的两种活动，因为儿童在两种活动中都按其自由意志行动，但实际上这两种活动是直接对立的。只有当我们学会辨别时，他才能成为观察者和指导者。

我们的必要准备同医生并没有什么不同。医生必须着重学习怎样把生理的正常状态和病态区别开来。如果他不能区分健康和疾病，如果他唯一能够做到的就是区分死人和活人，那他永远也不可能分辨出不同疾病之间的更加细微的差别，因而也就不能正确地诊断疾病。区分好坏的这种能力是驱散走向完美纪律之路上的阴影的光芒。详细说明症状或症候群，从理论上清楚而准确地描述幼儿的心灵在通往纪律的阶梯上不得不经历的阶段，这可能吗？是的，这是可能的，而且还可以建立界标，作为对我们的指导。

下面对 3 ~ 4 岁的儿童进行讨论，他们还没有接触过任何可以在内心产生纪律性的因素。我们将通过简单的描述对三种类型的失常及其特征进行讨论：

1. 主动行为的失常

这里只限于讨论行为本身，而不讨论行为的动机。这种行为能够把这种极不和谐和缺少协作的情况表现出来。医生可能会在一个严重患病者的主动行为中发现一些微小的缺陷。他们知道这些缺陷是非常重要的。因此，他将不只以心理失常和行为紊乱为基础对病人进行诊断。我们通过教育可以使儿童的早期运动变得和谐，主动行为失常的情况也会减少。我们不必对儿童正常发展过程中的各种失常现象一一进行纠正，只需为儿童协调运动的正常发展提供一种有趣的形式和方式就可以了。

2. 耽于空想

失常的另一个特征是儿童无法将注意力集中于某一物体上。他的大脑更倾向于进行空想。他总是喜欢玩一些石块、树叶之类的东西，并且总是对这些东西说话。这种孩子长大之后，他的想象力就会更加天马行空。他的大脑越是偏离正常的功能就越会感到疲惫，最后成了想象的俘虏。不幸的是，很多人认为这种影响个性发展的空想会促进心理的发展，认为这是一种具有创造性的想象力。其实不然，这种想象力对于儿童来说除了石头、树叶之外什么也不是。

人的精神世界是以能够与外界和谐相处的完整的人格为基础建立起来的。空想远离现实世界，并非一种正常的发展状态。空想会产生错误的想法，也无法使我们的思想变得和谐。人应当更关注现实事物，空想则会影响人类对现实事物的关注。

帮助孩子协调运动和将注意力集中于现实世界是消除空想症状的最好办法。我们也没有必要对儿童的各种不良症状一一进行纠正，一旦儿童能够将注意力集中于实际事物上，他就会逐渐恢复健康，各种功能也将发挥正常。

3. 随意模仿

第三种现象就是模仿的倾向，它与以上两种现象密切相关。这是人类弱点的一种表现，是 2 岁儿童个性的基本表现。由于相应的能力还没有形成，儿童只能在行为中对他人进行模仿。这种行为不属于儿童正常发展的范围之内，这时的儿童就像一艘没了帆的船一样随波逐流。对 2 岁的儿童进行观察就可以发现，他们的所有知识都是通过模仿得来的，这是一种心理的退化形式。它无助于儿童的提高，只能使儿童走下坡路。

一个孩子可能做错了某件事或大吵大闹，其他孩子就会学着他的样子，甚至会更进一步。这种行为会在儿童群体中传染开来，甚至可能传到班级之外。这种"群体本能"可能会使大量儿童表现反常，做出违反社会常规的行为。这种模仿行为会使个体的缺陷传播给其他人，最终导致整体退化。这种退化越严重，我们就越难以把儿童拉回到正轨上来。

当教师被派去管理一个班级时，如果只知道帮助儿童发展的方法，只知道让儿童自由地表达自己，那么他就会发现他面临着许多非常头痛的问题。这些小家伙开始变得散漫，随意拿身边的东西，如果教师坐视不管，局面就会变得更加混乱，吵闹声也随之四起。面临这种局面，不管是由于缺乏经验还是由于思路不对，教师们都必须对儿童那简单而又丰富的心理进行研究。教师必须向这些跑来跑去的小家伙提供帮助并以某种方式让这些孩子有所警醒。一种略带威严而又不失和蔼的口气可能会起到一些作用。不要害怕阻止这些孩子的错误行为。

教师必须拿走孩子们身边所有的小物件，抛弃固有的各种教育条例，通过自己的判断来解决问题。教师可以提高自己说话的声音，也可以对几个孩子低声说话，以吸引其他孩子的注意力，恢复班级的平静。这些都要由教师自己来选择。

一个有经验的教师管理的班级永远也不会出现混乱的局面，因为在他离开班级之前会对儿童进行一段时间的指导，防止儿童在没有管束之后变得混乱。因此，教师应该做一系列的准备工作，让儿童感觉到老师可以给他很大的帮助。

对儿童进行夸奖和教导时的语调应该是平静、坚定而有耐心的。一些方法可能是非常有用的，比如，让孩子们把桌子、椅子悄悄地放回适当的位置，或者把椅子摆成一排然后坐到椅子上，或者轻手轻脚地从屋子一头跑到另一头。如果老师感觉时机成熟了，他就可以说：　"好，孩子们，让我们安静下来吧"，安静的局面就会神奇般地出现。

这些简单的方法可以使孩子散漫的心回到自己应该做的事情上来。班级恢复平静之后，孩子们的各种行为都有了一个特定的目的，比如，擦桌子、扫地、从橱柜中拿出小物件，并对这些小物件正确地进行使用等等。很显然，儿童自由选择的能力在实践中得到了加强。

4．心理转型期

但有一个问题显示出了以上做法的脆弱性，并对全局构成威胁：孩子们不停地摆弄完一种物件又去摆弄另一种。每种物件他们只摆弄一次，然后又去摆弄其他物件。孩子们总是不停地往装物件的橱窗跑。没有一种物件能够满足孩子们的兴趣，因此孩子们的能力也得不到开发。一旦这种不稳定的局面出现，教师就会感到他的工作非常难做。他只能在孩子们之间穿梭，又把自己的焦虑扩散到了孩子们身上。许多感到厌烦了的孩子在他转过身之后，又开始胡乱地摆弄起了那些物件。教师在这个孩子身边时那个孩子可能又出了问题。道德和智力的发展至今也没有出现，仍在等待着我们去开发。

这是儿童心理的一个转型期。我们必须对儿童的这一情况有所了解。在这一阶段，我们要做的，就是监督儿童和逐个对他们进行教育。教师应记住，在他单独指导某个学生时不要背对着其他孩子。在这些迷茫的孩子面前，他必须保证自己的存在。教师应当逐个地对学生进行准确的指导，这种指导应该以一种非常亲密的方式进行，这样才能打动儿童的心灵。终会有一天，这些孩子的心灵会有所觉醒，他们的注意力也随之集中起来。

成人的这项工作是一种准确的、经常性的工作。起初，我们可能觉得自己毫无用处，因为儿童的进步与他所发挥的作用不成比例。不久，就可以发现儿童变得越来越独立，表达能力也越来越强，其发展也迅速起来。

这时我们又觉得自己所有的幕后工作有了价值。这一时期的儿童非常需要一个权威的指导。当儿童运用自己的智力和行为完成某件事之后，他会主动来征求意见。儿童不需要别人告诉他事情该如何做。一个自由的心灵需要自由地选择和从事自己的工作。但在完成工作之后，儿童也需要得到成人的肯定。

儿童是完备的，他们的发展遵从内心的需求，这种本能使我们的工作屈从于外部的权威，以保证他们沿着正确的道路前进。这使我们想起了婴儿最初摇摇晃晃的脚步，虽然他可能已经具备了开始行走和学习行走自如的能力，但他还是需要看成年人伸出的等待抓住他的手。这时，我们必须做出赞同的反应，以微笑鼓励他，就像母亲对其婴儿一样，因为完美和信心必须是儿童内部根源发展的结果，我们与其内部根源无关。

事实上，儿童一旦感到自信，他每走出一步以后就不再需要我们的赞同了。他将继续默默地完成他的工作，而不在乎是否会赢得别人的关注，只是顺从产生和完善其辛勤劳动成果的需要。使他感兴趣的是完成其工作，而不是让其工作受到别人的羡慕，也不是将其工作珍藏起来作为自己的财富。驱使他的崇高本能与自满或贪婪几乎无缘。参观我们学校的人都惊讶于，我们介绍儿童却从不说这孩子的名字。因为我们知道，名字并不是孩子们所关心的，他们只关心工作成果。这要是在其他学校，教师一时疏忽忘了介绍作品是谁做的，那么那个孩子肯定会大喊"这是我做的"，那样子分明是在炫耀！

而我们学校的情况可大不相同，那幅作品的作者，此刻说不定正在某个角落里专心致志地研究他的下一个作品呢，他不愿意人们打扰他，只想专心地工作。儿童醉心于制作就会自发形成一种纪律，这十分可贵。这个时候的儿童虽然忙碌，但是秩序井然；虽然要求独立，但是不乏纪律性；虽然渴望关爱，但会努力去爱别人。他们的前途真的不可限量。

应该怎样爱孩子

如果没有爱，人类甚至天使的语言也只不
过是一些无意义的声音。爱是降生到这个世界
上的每个儿童的天赋。儿童通过爱实现了自我。

孩子的智力与自由

对儿童的教育必须建立在他运动的基础之上，这是基于儿童实现自由的需要。孩子们一旦具有某种智力发展的需求，就会四处走动，以期待自己的人格能够得到不断完善。那些在某种智力目的支持和指引下工作的儿童，一般都能够做到持之以恒。如果他们没有这种智力目的，也没有对工作持之以恒的态度，就不可能有良好的内部发育，也就不可能取得明显的进步。只有我们对自己加以克制，不再对孩子指手画脚时；当我们将自身的影响力慢慢在孩子身边隐藏的时候，孩子才能够获得完全的解放。建立在这种自信的基础之上，他会对自己的智力信心倍增。

这个时候，他们会主动地进行一些具体的活动：洗洗手和脸，换个外套，清扫房间，拂去家具的灰尘，铺地毯，摆桌子，栽种花草，看管小动物，等等。他们会受到感官的吸引，或在其指导下自主地选择有助于自己发展的工作，正是这些感官材料使他们能够对事物加以区分，然后进行选择与推理，使自我得到发展。

我们所说的发展，就是让孩子的智能得到发展，并不是说放任自流，对其置之不理。如果把孩子的成长交给生命的本能，那我们对待孩子跟对待动物有什么区别呢？遗憾的是，我们一直都只这样做。当他刚刚出生的时候，我们把他们当成植物一样去照料，当他稍微长大之后我们又不断要求他像植物一样保持安静，任由我们摆布。我们对待他们跟对待奴隶其实没什么区别。试想一下，这样培养出来的孩子能够像天使一样吗？只会使他身上的本性不断湮灭，直到消亡，人性一点点退化的痕迹将在他身上显现无遗。

相反，如果我们让孩子的智能得到发展，那将看到的是另外一种情形。为了把孩子培养成高度自觉地从事智力活动的人，我们就须赋予自由以新的概念。

我们有理由相信，智力可以解决一切社会自由的争端。但是近年来有一种只要求思想上自由的说法搞得整个社会乌烟瘴气。这就好比目前人们有关孩子自由的理解一样，有人以为人类只有后退到最原始的思想自由状态，才能得到解放。这样真的可行吗？难道要大家都退回到原始社会，人们都变得没知识没文化，让这个社会全部沦为文盲？

我们来看这样一个例子。假如我们让一个人在健康和疾病之间二选一，他自由选择的概率有多少？如果让一个从来没有受过教育的人在有利益的投资和没有利益的投资之间做出选择，他会自由选择哪一种呢？如果他选择后一种，他就是"自由"地甘心被骗了；如果他选择了前一种投资，也不是因为有了自由选择的权利才选中的它，那只是幸运而已。事实上只有他真正懂得了一些投资的知识，有能力区分有利可图和无利可图的投资时，才真正称得上是自由的。只有在他形成这种内在能力后，他才能真正地自由，如果只是简单地凭借社会的约束力是不能达到目的的。

我们始终坚信，自由发展终将成为人最基本的权利。人可以按照自己的意志来培养自我，这不再成为一种奢望。只有达到了这一步，我们作为一个人才不会受到压抑，也不会受到奴役，并且能够在所处的环境中自由地选择发展自我的方法。总之，我们只有接受了教育，才能找到与个性相关联的解决社会问题的基本方法。孩子的成长和发育经历告诉我们，智力的发育是揭示他们成长秘密的关键，也是窥探他们内心世界的一种方法。

意识到这一点之后，智力卫生学的地位就显得举足轻重。当智力被视为培养孩子的关键，甚至是孩子们生活的支柱时，人们就不会再让它盲目地消耗掉，或者不分青红皂白就将其压抑和禁锢。

现在还有些父母对孩子的身体及其相关生活问题担忧，比如有的孩子头发不好、指甲过长、牙齿不整齐等问题。但是我相信，将来儿童的智力问题一定会被人们更明确地认识和更慎重地对待。当然，我们明白通向文明的道路是十分漫长的。

那么，到底什么才是智力？我们没必要先从哲学的高度去抽象它，只要思考一下促使心智形成的映象、联想和再创造活动的总和，并将这种心智活动与环境联系起来。研究表明，对差异的感知是智力活动的开始，大脑活动的第一步就是对差异予以鉴别。感觉就是对外部世界的知觉，收集材料并将这些材料加以区别就是智力活动的低级阶段。

　　我想，我们首先应该对智力进行尽量精确、清晰的分析。从某种意义上说，智力和时间又是相互关联的。人们常常把反应灵敏看成是孩子智力发展的标志。为什么孩子们做出反应的快慢不一样呢？这肯定与从外界获取信息，精心编织意象以及将内心思考的答案表达出来的能力有关。关于这种能力，我们不妨用一套类似于心理体操的系统加以训练，以促进其发展。这个系统的操作过程是：通过收集大量的感知材料，使它们彼此建立相互联系，并以此做出判断，经过一段时间后，就养成了自由展示这些东西的习惯。

　　因此，很多心理学家都建议，要使行为管道和联想管道更加具有渗透性，使反应期更短一些，在能够促进智力发展的肌肉运动中，动作不仅要表现得更加完善，而且还要更加快捷，我们所说的聪明的孩子不仅是指能够对事物加以理解，而且还应该能对事物加以迅速理解。如果某人学同样的东西要比别人花更多的时间，他的反应就要迟钝些。

　　人们夸奖孩子聪明的时候，往往会说"什么东西都逃不过他的眼睛"这样的话。确实是这样，聪明的孩子总是能够将注意力高度集中起来，时刻准备着接受各种各样的刺激，就像那灵敏度极高的天平对微小的重量变化都能做出反应一样，灵敏的大脑也能够对哪怕有一丁点吸引力的东西做出反应。这样的孩子的联想能力也是极强的，我们常常用"一眨眼就明白了"来形容他们在这方面的能力。

　　感觉训练能够让孩子具有清晰分辨事物的能力，也可以激发他们的主要活动意识。通过这些练习，孩子们可以敏锐地察觉到热与冷、粗糙与光滑、重与轻以及声音与噪声的差别；可以让他在万籁俱寂的环境里闭上眼睛，等待一种细微纯净的声音的召唤。这些练习的目的是，让孩子感觉到外部世界似乎正在帮助他打开心灵之门，并唤醒他的心灵活动。在我看来，各种感觉与环境互相融合时，这两者就能产生互相协调的作用，并能加强已经被唤醒的意识活动。还是介绍下面这个例子吧！有一个5岁的小孩子，正趴在窗口边上专心致志学习画画，这时如果耳边响起了美妙的音乐，他也会用最美丽的色调去完成手中的作品。当孩子们身处幽静的校园时，如果看到周围鲜花盛开，沁人心脾，他也会不自觉地唱起欢快的歌曲。

　　大脑的迅速反应就是孩子自我教育的一个有效信号。那时他的反应将变得更加灵敏；思维更有准备；往日那些从他们身边溜过却丝毫未引起注意，或者只产生一点点兴趣的感官刺激物，如今却能被他们强烈地感知到；同时，他们能够轻而易举地发现物与物之间的关系。这样，当他们在运用这些东西时，一旦出现差错就能及时发现，并迅速做出判断，然后予以纠正。正是经过了这种感官体验，孩子完成了原始而基本的智力训练，唤醒了他的中枢神经系统，并且使其处于运动之中。

与那些普通学校孩子们的反应能力相比，能够自我教育的孩子会对事物的反应更加敏锐，面对哪怕是最微弱的感召，也十分敏感，遇到任何事情都可以集中精力，他们显然更有自发联想的能力。当我们在做这些比较时，自然会拿今天的文明与古时的文明相比。比如，今天的社会环境与昔日相比更加舒适；马车在以前曾经是主要的交通工具，现在我们可以坐汽车或飞机旅行了，这样我们比过去更节省时间了；过去我们交流的媒介是鸿雁传书，在今天我们主要通过电话交谈；在敌我交战时，古人一般是一对一地互相厮杀，而今天则是危及成千上万人的大屠杀，所有这些使我们认识到，文明的进化并不是建立在对生命珍惜或对灵魂珍惜的基础上，而是建立在对时间珍惜的基础上。我们的的确确从外部感觉到了文明的发展，机器无疑运转得更快了，经济也发展得更迅速了。

可是，人类自身发展却依旧滞后，并没有跟随文明的脚步前行，而是依旧无法有序地进行自我的发展。在这个复杂多变的环境里，孩子们还不能随时应付所面对的各种事件，还不会充分利用人类在外部环境上的进步来为自己服务。尽管我们已经进入了一个文明社会，但我们的灵魂却一直在被欺骗、被压制！我甚至不敢想象，人类在自我改造问题上如果一直踟蹰不前，将来怎样与日益发展的新世界和谐共存呢？会不会被新世界彻底抛弃，或是被毁灭？

孩子对这个世界的认知，绝对不单单表现为思维敏捷、反应迅速，还包含着内在秩序的相应建立。他对工作流程的熟悉，对组织条理的明晰，是智力形成的又一个过程。也就是说，秩序是人们能够做出迅速反应的关键。思维混乱的大脑对事物的知觉和认识要困难得多，那种困难不亚于写一篇含金量极高的学术论文。从社会角度来看，组织和秩序为个体、社会的发展都提供了必要的保证。

让孩子接受自然教育

我们必须得尊重自然规律，并且尽可能地把一切事情交给大自然去做。因为孩子越是在自然中得到发展，就越能够获得更多的智慧。因此，参加自然劳动就显得意义重大。首先，它可以使孩子的个体发育和人类整体的发展协调起来，培养孩子的耐力和品格，让孩子与整个自然建立一种内在和谐。

尽管现代文明如此发达，人类仍然离不开自然，可以说，人类仍是自然界的一部分，与自然界有密切关系，相依相存。社会生活仅仅是人的生存的一部分，它无法取代自然生活。我们与自然界有着天然的联系，它对我们身体的发育有着显著的影响。孩子的生命需要大自然的力量，他的精神生命也需要与天地万物接触，以便直接从生动的大自然的造化能力中吸取精神养分。人类从远古时代就开始了与自然的接触，并在自然劳动中学会了运用双手，改造自然。可以说，自然世界是培养人类智慧的教师。

我们必须培养属于生物，因而也属于自然界的人去适应社会生活，因为虽然社会生活是人的特殊工作，但它也必须符合人的自然活动的表现。为缓和教育中的这种转变，我们必须开展自然教育，这种方式就像"儿童之家"那样，它设置在孩子父母居住的楼里，孩子的呼喊和妈妈的应答能彼此呼应。

让孩子们在户外或公园里成长，或者让他们半裸着在海边晒上几小时的太阳。舒适的短童装、凉鞋，裸露的下肢就是一种摆脱文明枷锁的方式。不过，有一个显而易见的原则：在教育过程中，只限于为获得由文明所提供的乐趣所必需的程度。在所有对现代儿童教育的改进中，许多人都还存有一种偏见：儿童没有精神需要。他们简单地把儿童看成是只需加以爱护、亲昵，并使之在运动中生长的躯体。一个好母亲或一个现代的好教师，在今天所给予的，例如对一个正在花园乱跑的孩子，也不过是不要攀折花木，不要践踏草地之类的忠告，似乎通过活动腿脚和呼吸新鲜空气就足以满足他们身体发育的生理需要。

但既然儿童的肉体生命必然需要大自然的力量，那么他的精神生命也必然需要心灵与天地万物的交融，从而可以直接从生动的大自然的造化能力中吸取养分。达到这一目的的方法就是让儿童从事农业劳动，引导他们培育动植物，并从中思考自然，理解自然。

此外，还可以带着孩子们参加一些园艺活动。它的意义在于培养孩子参与自然和了解自然的能力，不仅能在孩子与自然之间建立一种和谐的感情和关系，还能培养孩子的品格，引导孩子的心理健康发展。从本质上来说，自然劳动是孩子自我教育的一种形式。

园林学和园艺学是自然教育的一种方法。它不仅是身体锻炼方面的自然教育，也能通过培养观赏植物让他们学习园艺。现代儿童教育的理念必须是也只能是促进儿童个体身心两方面的发展。农作物和动物培育本身就包含着道德教育，其含义和作用都极其丰富。

1. 引导孩子观察生命现象

孩子们与动植物的关系类似于观察他们的教师和他们的关系。随着观察兴趣的逐渐增长，关心生物的热忱也随之增长，这样孩子们也就会合乎常理地去感激妈妈和老师对他们的爱护。

2. 引导孩子们通过自主教育而具有预见力

当孩子们懂得播种的植物的生长要依靠他们细心的浇水，饲养的动物的成长要依靠他们勤勉的喂食；否则，植物就会干枯、动物就会死亡时，他们就会像一个开始感到对生命负有责任的人一样，变得有警惕性。此外，一个与妈妈和教师全然不同的、呼唤他们忠于职守的声音响起，告诫他们，千万不要忘记自己承担的责任。这声音就是在他们照管下的垂危的生命所发出的哀求声。这样，在孩子和他们照管的动植物之间就会产生出一种神秘的一致性，从而引导他们在无须教师的干涉下完成限定的行动，进而引导他们进行自我教育。

3. 引导孩子们学习具有耐心的美德和有信心的品格

这种有信心的品格是一种人生哲学。当孩子们播下一粒种子，直到它结果，首先他看到的是不成型的幼芽，然后是它的慢慢生长变化，最后开花直到结果；有一些植物发芽早一些，有一些则晚一点；不管怎样，儿童最终会获得一种心理感知能力，在幼小的心灵里萌生一种智慧，就像农民知道按时耕种那样。

4. 培养孩子们对大自然的感情

大自然以其神奇造化之功哺育着这种感情，谁为它付出了劳动，谁就会获得丰硕的果实。甚至在劳动过程中，孩子们的心灵与在他们照料下而发育的生命之间也会产生一种一致性。小孩子们会非常容易地对蚯蚓和粪虫产生兴趣，而且我们这些成长时远离大自然，同时又没有接触过某些动物的人却感到害怕。儿童的这种兴趣正好能发展成为对生命的信任之情，这是一种爱的形式。

最能培养对大自然感情的是栽培植物，因为植物在其自然发展中给予的远比索取的多，它不断地展示着自己的美和丰富性：当孩子们栽培了蝴蝶花或紫罗兰、玫瑰或风信子，播下种子或埋下根球，或种了果树，也按时给它们浇了水，最后，那盛开的花朵、成熟的果实，就是大自然赐给他们的慷慨礼物。而当孩子们不通过劳动而享受这些物质成果时，情况就完全不同了，不会动的清一色的果实都用于消费，分配殆尽，而不是增加积累。

5. 儿童沿着人类发展的自然道路前进

简言之，这种教育使得个体发育和人类整体的发展协调起来。人类通过农业从自然状态进入人工状态。当人类发现土地增产的秘密时，他就获得了文明化的报酬。注定要成为文明人的儿童也必须经历这条道路。如此理解自然教育的作用，就容易将它付诸实践了。因为即使缺少供体育练习用的宽阔操场和庭院，只需找几平方米用于栽培或一小块地方让鸽子做窝，以便进行精神教育总还是可能的，即使是窗台上的一盆花，如果需要，也可以用于教育。

在罗马的第一个"儿童之家"里，有一个宽大的院子作为种植园地。在那里，孩子们除了可以在户外活动外，还可以进行种植。当较小的孩子们在路上跑来跑去，或在树荫下休息时，大一点的孩子们则正在土地上播种、耕种、浇水或查看耕地表层，好让种子发芽。

说到自然教育，那些生长在城市里的孩子可能面临的问题要比较多。他们每天面对的都是钢筋水泥建筑的"森林"，离大自然以及那种古朴的自然劳动生活已越来越远。但这种自然生活对于儿童的成长意义深远，让孩子受到自然教育，是孩子发展自我的一个重要内容。保护和培养儿童对大自然的好奇心与感知力，让孩子与大自然建立一种和谐的关联是尤其重要的。

在日常生活中，父母应尽可能为孩子了解和探索自然创造条件。可以带孩子一起买菜，通过买菜识别各种蔬菜瓜果，五谷杂粮；让孩子参与植树、绿化带的清理、拔草活动，增强孩子的环保意识；如果有条件，还可鼓励孩子种植花草或蔬菜，养小鸡、小狗、乌龟等动物，让孩子在实践中掌握动植物的特点，建立爱心，认识自然规律，使孩子在这一劳动过程中对生命和大自然产生热爱。

除此之外，父母还可以带孩子到大自然中去，例如郊外农场、风景区或动植物园，让孩子通过观赏自然景色，体验世界的原初美感，开阔眼界，增长知识，获得心灵的陶冶。我们应该相信，当孩子在与大自然的接触中，感受到大自然的美丽与奇妙之后，一种眷念就会在孩子的心中产生，并对其个性、兴趣、精神产生影响，孩子的感官能力也能由此得到加强。

我们都知道，环保将成为人类未来的关键主题。作为父母，应该在生活中对孩子开展环保教育，给予正确及时的引导，让孩子从小建立根深蒂固的环保意识。人类生存离不开周围的环境和自然条件。工业化生产大规模发展之后，工厂、交通工具、家电燃油所制造的废气、废物、废水等对整个地球生态环境的影响已经越来越明显，可以预见，如果环境污染问题得不到相应的重视，那么生态系统必然出现难以弥补的破坏和缺口，整个生态系统一旦出现断链乃至反常，人类生活就将受到严重的威胁。因此，环境保护不仅关系到人类的生存和发展，还关系到整个生态系统能否健康地维持和发展下去，而这种维持和发展正是人类得以生存和发展的基础。为了保护好我们的家园，使我们的家园不受污染的破坏，环保教育应在孩子中间进行。作为父母，应该在生活中对孩子开展环保教育，让孩子从小树立环保意识。我们都知道，无知往往能导致罪恶，然而即使一个人具有理性判断能力，也可能做出不符合理性法则的行为。

1. 在生活中树立环保意识

环境保护包括保护大气层、树林、淡水水源、野生动植物、土壤等方面。家长在日常教育的基础上要注意有关环保知识的讲解，建立孩子对于环保的概念，激发其兴趣。比如我们可以在与孩子谈话、讨论时，将环保知识有机地渗透在各项活动之中，注意发掘各项活动中的环保因素，让孩子知道各种与环保有关的节日，如植树节、世界环境日等。在美术活动中，让孩子通过对绘画、废物利用等活动的了解和参与，强化其环保意识。在劳动中增加锻炼内容，例如种树、嫁接、自然实验等。另外，让孩子积极参加各种生动有趣的环保活动。

2. 让孩子体验环保

带领孩子实地参观和感受两种截然不同的环境，比如青山绿水的自然环境，和浓烟滚滚的受污染的环境。可以带领孩子参观污水处理厂，将脏水和饮用水进行比较，让孩子树立节约用水的意识。日常生活中可选择一些符合孩子年龄的游戏进行环保教育，如名为"呼吸之树"的游戏，在游戏中把椅子当作"树"，只有在"树"下才能呼吸，随着"树"的减少，孩子在游戏的过程中感到呼吸越来越困难。让孩子通过这个游戏明白植树造林和保护树木的重要性。

3. 以身作则，潜移默化

孩子好模仿身边的成人，例如他们的父母。这种模仿有时是自觉的，有时则完全是无意识的效仿。这是儿童吸收性心智的无意识学习过程。因此父母应以身作则——养成良好的生活习惯和清洁卫生习惯，不乱扔垃圾，不浪费塑料袋，不使用一次性碗筷。最好的做法是，与孩子讨论怎样使家园变得更整洁、更优美，通过爱护身边的环境来获得一种对美感的认识：环保能带来美，从而培养孩子的环保趋向。

到了春天，不妨带孩子去花园。当孩子采了一朵花，走到母亲面前说："妈妈，这朵花很漂亮，送给你。"妈妈接过花，仔细看一看然后微笑着说："这朵花的确很漂亮，只是把它摘下来太可惜了。"接着就给孩子提示，让孩子认识到：漂亮的花儿是给大家看的，你摘走了别人就看不到了，如果不摘，我们就可以每天来看它。如果每个孩子只要喜欢一朵花，就把它摘下来，那花坛里恐怕就没有花了，美丽的环境就被破坏了。只要循循善诱，孩子自然会高兴地接受。

也可让孩子在初春时，了解刚刚发出嫩芽的绿色植物，并通过踩痛了小草会哭的故事，让孩子不要踩痛小草，小草就像孩子一样，需要保护，需要阳光和雨露才能健康地成长，才能长得非常茂盛，郁郁葱葱，从而激发出孩子本能的恻隐之心和关爱的情感。从小进行环保教育，尤其是在孩子心智关键期给予正确及时的引导，孩子就会吸纳关于环保的概念，并逐渐建立一种理解能力，让环保观念成为孩子思想价值观念的一部分。

如何对待遭遇不幸的孩子

在罗马创建的首批"儿童之家"中，我们找到了一些令人感动的例子。这所"儿童之家"有着光荣而艰巨的任务要完成。他们负责照料60名大地震后幸存的孤儿，那场大地震想来让人不寒而栗。这些孩子虽然幸运地活了下来，但还没有摆脱地震的阴霾。他们冷漠、孤僻、性格极为倔强，有的甚至失眠、厌食，对世事充满了绝望。他们没有背景、没有来历，甚至不知道自己的姓名。我们唯一能够感受到的，就是他们晚上歇斯底里的呐喊和哭泣。

意大利皇后非常同情他们，她为这些不幸的孩子提供了一个欢乐的场所。他们的新家有适合自己使用的各种色彩鲜艳的小家具：有门的小柜、小圆桌、稍高的长方形桌子、立式小凳和小扶手椅。窗户都悬挂着彩色的窗帘。餐具及就餐设施也特别引人注目，他们有自己的小刀、叉子、勺子、盘子、餐巾，甚至肥皂和毛巾的大小也跟他们的小手相适应。在每件东西上都有一个考究的装饰品。教室墙上挂着许多图画，四周摆着花瓶。这是圣芳济修会的一个寺院，有着宽敞的花园、宽阔的走道、金鱼池和鸽房，身着灰长袍并罩着庄严的长头巾的修女平静地走动着。

孩子们在这些修女的教导下，举止变得非常优雅，俨然一副贵族的样子。因为这些修女过去曾经大都是贵族，所以很有修养。这些人回忆起她们过去在上流社会里的行为方式，并把它们教给似乎永不知足的儿童。儿童学习像王子一样用餐，学习像最好的侍从一样端菜。虽然他们失去了对食物的自然欲望，但他们对所学到的新知识和进行各种活动却很高兴。他们的食欲渐渐恢复了，并能很快地入睡。他们的变化确实给人们留下了深刻的印象。

我们只要到了那里，就可以见到这些孩子们欢呼雀跃的神情。他们会把东西提到花园去，或把房间里的家具搬到树下，既没有损坏任何东西，也没有碰撞任何东西。在整个过程中，他们呈现出欢乐和幸福的神情。

看到这些儿童幸福地生活，我想到了一个词：归属感。还有什么是比征服忧愁和悲伤更让人心神激荡的事情吗？他们俨然已经迈入了更高层次的生活境界，尽管这看起来有点不可思议。其实归属感是一个与童年时期无知懵懂相对立的，然而这个词可以给我们带来焕然一新的变化，这不能不让人称奇。儿童在经历了一种精神新生后，摆脱了悲伤和放纵，产生了欢乐和纯洁。我们若将放任和悲伤看作一种对完美状态的背离，那么，恢复纯净和欢乐的状态就意味着心灵上的归属。

这些儿童确实找到了那种归属感，他们化悲伤为前进的动力，克服了许多根深蒂固的缺陷。不仅如此，通常被看作是缺点的某些特征也消失了。因此，这些儿童带来了一种令人迷惑的更新，他们以某种不可思议的方式表明，人一旦犯了错误，必须完全更新。这种更新只有在一个人的创造力的源泉中才能发现。

如果没有这种发现，蒙台梭利学校里这些曾经几乎绝望的儿童，就根本无法区分自己身上的善与恶，因为在成人的眼中，他们早就被当作"坏人"给定性了。儿童的善与恶本无绝对的边界，环境在这中间起到决定性作用。然而，儿童的天性往往被先入为主的错误观念给掩盖。于是，我们再也看不到孩子那天真无邪的眼神了，他在成人社会生活中完全是一个匆匆的过客。人们对善恶的评判标准，让儿童成为隐形人。

儿童的本质是什么

蒙台梭利教育法可能与大多数的教育方法不一样，它只关注孩子们身上那些尚未被发现的精神特质。它重点强调的是挖掘儿童潜能，将孩子的内在能力发挥到最大化。有了以上的认识，我们也就对孩子做了进一步的保护，并且强烈呼吁人们开始重视儿童的权益。

事实上，孩子总是生活在家长的"笼罩"之下，这样难免成为弱势群体，既得不到尊重，心理需求又得不到满足，长此以往，孩子的发展境遇实在不容乐观。蒙台梭利学校的成立，可以说给了孩子们一个心灵的避风港。这里的孩子们，天性得到了最大化的释放，他们可以畅所欲言，可以表达不同的观点。他们身上表现出来的那种学习态度和方式，让我引起了对现代教育的忧思，并将教育的重心转移到敏感儿童身上。

孩子向我们展示的是他们尚未被探查到的心智，他们的一些行为倾向也是许多心理学家和教育家从未研究过的。比如，像玩具之类的东西，我们认为孩子都应该非常喜欢，可有的孩子就是不感兴趣，甚至童话故事也无法吸引他。相反，他们一直想摆脱大人的控制，每一件事都想自己动手。除非真的感到无能为力；否则孩子们决不想让大人插手。孩子们在工作的时候是那样安静和专注，那种专心致志的神情真是令人感叹！

孩子们在过去由于长时间被打扰或者压抑，这时才流露出与以往不一样的神情和能力。我们有时会不适当地参与他们的工作，总以为自己完美，绝对胜过孩子们。所以就按照自己的那套规则或模式强行转接到孩子身上，妄图控制他们的行动，使他们屈从于自己。

　　成人喜欢自以为是地解释孩子的一切行为，认为自己对待孩子的方法都是正确的，这就使学校教育出现了偏差，甚至误导了整个教育体制。这些教育方法上的错误，引发了我们新的反思。一直以来，儿童与家长的关系就处于一种尴尬的对立状态，如今这种对立关系面临着社会的考验。要改变儿童与成人之间的对立关系，我们教育工作者就必须采取改革，这一行动不光是针对教育工作者，更应该引起所有成人，特别是准父母们的重视。

　　我的一些教育方法在世界各地都引起了极大的反响。紧接着很多地方都成立了蒙台梭利学校。我的教育方法在各个国家受到了的重视，这就证明了儿童和成人之间的冲突和矛盾是一个十分普遍的现象。从孩子降生的那一刻起，成人的压制也就随之而来，我们之中的许多人却不以为然，认为那是天经地义的事情。身处文明现代的社会，却遭受种种条条框框的束缚，这是大多数孩子们的悲哀，他们受到了过多的强制性约束。

　　身处于成年人的控制之下，这个孩子的许多需求势必得不到满足。这里不单指生理上的，更重要的是心理上的。孩子的心理需求能否得到满足，将影响他一生的命运。孩子被家长强大的力量压制着，不但不能按照自己的意愿行事，还不得不去适应一个自己讨厌的环境，这一切都是因为大人们天真地认为这样做是在帮助孩子学会在社会上立足。

　　几乎所有的教育都是命令式的，披着"教育"的外衣，在进行着野蛮、粗暴的行为，他们以此来约束孩子，迫使他们适应这个社会的生活方式。这种方法的基本特征是要求孩子必须无条件服从大人的指令。这就等于否定了孩子作为一个独立个体存在的必要，这对孩子来说非常不公平，他们因此而受到的身心伤害，是成人都难以忍受的。

　　家长制可以说根深蒂固，即便是那些富裕家庭的孩子也依然无法逃脱家长权威的压制。这种家规森严的情况，甚至比学校更厉害。"国有国法，家有家规"这种老掉牙的体罚，在许多豪门望族中都发生过。学校有组织的强权行为使孩子们提早适应了成人的社会，这种教育的目的无非也是为了让孩子早点配合大人的生活。事实上，学校里严格的课业标准和强制性的规定，是与孩子无忧无虑的童年生活格格不入的。来自学校的压力，使得他们的日常生活充满了紧张和焦虑。学校和家长同时对孩子施压，这种权威式教育对那些抵抗力稍差的孩子来说，无疑是一种强大的压力，在这种情况下，他们发出了胆怯不安的求救声，却从未引起任何人的关注。孩子们期待有人能够听听他们的意见，但是他们也不愿再碰壁，弱小的心灵受到了严重的伤害。久而久之，他们变得肆无忌惮，放任自己的行为，甚至是自甘堕落。

如果我们以教育的名义去牺牲孩子的幸福和前途，这是多么不人道的做法啊！其实为孩子创造一个良好的学习环境。让他们在其中自由发展，这并不难。为什么一定要给孩子施压呢？为什么一定要压抑他们的性格呢？无论是家庭还是学校，都应该使孩子们免受到成人世界的干扰，它应该像孩子们的避风港，或是沙漠中的绿洲，成为孩子心灵的寄托，时时刻刻保证孩子们健康成长。

由于家长制的极度泛滥，孩子受压制这一情况几乎是整个世界的问题，它普遍存在于世界的每一个角落。历史上受到强权压制的人，有奴隶、仆人和工人，他们都属于弱势群体，他们翻身的唯一办法就是依靠社会的改革，而社会的改革通常发生于统治者和被统治者之间的较量之后。美国南北战争的目的是废除黑奴制度；法国大革命则是为了推翻统治阶级，建立新制度……

可是我们的孩子，他们却没有这种能力，只能接受处处被压制的现实。一个只会在大人身边扮演附庸角色的孩子，不可能在社会环境中独立生存，大人们不顾孩子权益的做法破坏了一个社会的整体性。被当成大人附属品的孩子手无缚鸡之力，更无法为自己争取权益。所有关心儿童福利的人已达成共识：孩子是无辜的受害者，他们需要得到全社会的同情。

久而久之，人们常常会拿那些不幸和幸运的孩子们做对比，拿出身贫寒的孩子和有钱人家的孩子进行比较，拿被遗弃的孩子和被宠爱的孩子作比较。这些比较的结果都表明，人的个性差异在童年时期就已经表现出来了，而且童年时期的经历对其成年之后的生活确实有着深远的意义和重大的影响。

孩子只是父母生产出来的产品？他们甚至要比奴隶更加服从父母的指令？儿童的权益几乎一致都被无视。假如我们是公司职员，至少下班的时候还可以有自己的自由，但是孩子对成人的服从是 24 小时的。也许，没有一个人会愿意处在孩子的地位，他们被大人用严格的规定限制着，什么时间必须做功课，什么时间才可以玩，都得遵从大人的规定。这个社会从来不曾将孩子看作是一个独立的人。因此，在一个家庭里，妈妈负责洗衣做饭，爸爸外出工作赚钱，他们只要捎带着照顾孩子就行了。大家始终认为，这样的安排就是能够为孩子提供的最好照顾。

有史以来，人们就对于各种道德和哲学极为信奉，这些理论也都千篇一律地以成年人为主导，涉及儿童的有关社会问题常被忽略不计。没有人把孩子当成一个独立的个体，也没有人替他们思考过种种困境，更没有人想过那些日后取得非凡成就的孩子，他们真正的需要是什么？大人还是一成不变地把他们看成思考力差的小家伙，他们只会服从我们的命令。令人痛心的是，谁会来关注孩子内心的苦难和折磨？浩瀚的历史长河之中，尚没有一个字是书写有关儿童工作或生活的记载。如果可以，我宁愿做第一人！

3 岁的幼儿

常言说："三岁看老。"这似乎是一个充满争议的话题，但却有一定的科学性。科学研究表示，孩子在成长过程中，3 岁之前的生长发育会影响其一生。上天似乎也在孩子 3 岁的时候给隔了一堵墙，墙里墙外却成了截然不同的两部分。前者虽然很重要并充满创造性，但很快成了被遗忘的时期，因为孩子到了 3 岁才开始有意识和记忆。

前面我们提到过，儿童的有些活动在心理胚胎期是相互分开的，他们互不干扰，各自为政。比如语言和四肢的运动，又比如在产前时期，胎儿的身体器官一个接一个地出现，但是他自己却一个都不记得。3 岁以前的孩子，还没有形成稳定的人格，等到身体部分构筑完整时，他才能将身体各个器官统筹起来。这个潜意识和无意识的产物，这个被遗忘的生命，似乎已被人们从记忆中抹去了，当他满 3 岁出现在人们面前时，似乎是不可思议的。

孩子没有与我们正常沟通的能力，除非我们知道他早期的生命进程，或认识他的本性，否则我们很可能不自觉地毁坏孩子已构筑好的部分心理。人们已经偏离了生命原来的道路而创造文明，受文明洗礼的人类只知道维护物质利益，却不知道保护自己的心灵，结果留给孩子的是充满阻碍的环境。

所有的孩子都是在监护人的监管之下成长起来的，所以他们势必要受到成人的极大阻碍。孩子必须依靠周围的环境得以发展，尽管 3 年来他们不断地遗忘许多事情，但是他的能力已经渗透到了意识的各个层次，这种能力可以借助生命的活动表现出来。智慧可以引导孩子在玩耍中执行心灵的意志。

3 岁之前，孩子是用心在感知这个世界，3 岁之后，他们则可以用手去触摸这个世界。他之前获得的能力，也会在 3 岁后得到进一步的完善。3 岁的孩子在各方面的发展虽然已经趋于完善，但还是要继续扩充内容，直到 4 岁半，他们仍然具有心理胚胎期的学习能力，而且不知什么是疲倦；这时，双手成了直接接触事物的器官，扩充性的发展主要是靠双手的工作而不是用脚到处行走。3 岁的孩子能连续玩耍很长时间，如果双手在不停地忙碌的话，他反倒有如鱼得水般的快乐。这是成人称之为最幸福的玩耍时期。市场上也设计了许多玩具来迎合这个年龄段的孩子的游戏需求，结果孩子的房间里塞满了许多没有用的，并且不利于心智发展的玩具，孩子想要身边的每一件东西，但成人只给其中的一些，而拒绝其他要求。

孩子们在这个时期更喜欢接触的是大自然中的沙子，在没有沙子的地方，有钱人就会去买些回来。水也是孩子们喜欢玩耍的东西，只是大人们怕孩子弄湿衣服，索性只给他们一点点，这显然无法让他们尽兴。当孩子玩腻了沙子，大人就给他过家家的玩具，有小房子、玩具钢琴等，都不是真正能用的东西，他们看出孩子想学大人做家务，可是给的东西又都是假的，真滑稽！

在没有人陪孩子玩耍的时候，洋娃娃显然成了孩子最亲密的伙伴。当然洋娃娃不会说话，也不会回报小朋友给它的爱，只能勉强作为孩子生活中的代用品。玩具逐渐变得重要起来，因为人们认识到它有助于孩子智力的发展。这当然比没有东西玩好些，问题是孩子很快就厌倦了，又要新的玩具。孩子有时故意把自己的玩具弄坏，大人还以为他喜欢把东西拆得七零八落，或有破坏欲。这是因为孩子没有合适的东西可以摆弄，他不喜欢这些玩具，因为它们是假的。孩子会因此变得无精打采，不能专心致志做任何事，甚至人格也扭曲变形。其实这个时期的孩子很想在各方面认真地模仿大人，以便使自己更趋完美，可是这种努力总是被大人否定，这就使孩子陷入了误区。

我们观察到，越是在高度文明的现代社会，孩子的悲剧指数就越高。那些生活在简单社会之中的孩子，可以随心所欲地使用周围的物品，因为那些物品并不昂贵，不用担心损坏它。当母亲洗衣服或烤面包时，孩子也可以参与进去。如果能找到适合自己的事，孩子就能调理自己的生活。

实际情况就是这样，3 岁的孩子必须要亲自动手了。如果你还给他一些简单的虚拟的东西，即便那些东西符合他们的身体比例，也无法吸引孩子。

我的教育方式就是通过提供适合孩子力量、尺寸的用具，比如小香皂、小毛巾以及自行车等，以此引起他的兴趣。就好像成人在家或在田间工作的方式一样，孩子也应该有属于自己的小乐园。不用给他玩具，他需要的是一个家。不用给他洋娃娃，而是给他一群同伴，让他们一起去体验生活，一起健康成长。

一旦给孩子真实的东西，孩子的反应可能出乎意料。孩子会拒绝大人的帮助，清楚地表示要独立做事。父母、保姆、老师都会感到惊讶，这时候成人只能在一旁做观察者，因为现在孩子已经成了环境的主人。

在我们所进行的早期教育实验中，发现三个有利因素能促使孩子健康地成长：

第一，参加试验的家庭位于贫穷且生活比较艰难的城区边缘，那些孩子们虽然出身贫穷，但他们却因此得到了自由的自然天地，从而能够使内心的潜能得到发挥和锻炼。

第二，参加试验的孩子的父母大都是文盲，这些家长虽然不能给予孩子知识上的指导，但至少也减少了用自以为是的教育理念"毒害"孩子心灵的可能。

第三，试验中所任用的教师不是所谓的"专业教师"，所以他们在思想上是自由的，不曾抱有传统教育的偏见，更能顺利地实施这种教育法。

如果在几十年前的美国，其结果可能相反，当时传统的教育法就是要找最好的老师，而所谓的"好"教师只不过是扼杀孩子天性的刽子手，他们自己也承认在师范学校学了太多对孩子没有帮助的东西，而且满脑子都是与孩子天性相反的理念。尽管如此，他们仍然一味地把错误的教育理念强横地加在孩子身上，禁锢孩子的心灵，阻碍孩子的成长。

可以说，一个自由的小孩，能够跟随自然的引导走向完善。他往往会把自己感兴趣的工作做得很彻底。例如，我们原本只期望他能擦桌面，但让人意外的是，他连桌脚、桌边、底面和缝隙都擦得干干净净。

3岁的孩子具有一种自我成长的本能，他们的内心天生就有一位教师，始终无误地引导他。父母和教师所做的努力就是提供他们需要的环境，为他们的健康成长铺平道路。

大人的另一个偏见就是对疲劳的看法。每当孩子忙碌一段时间后，就强迫他们去休息。其实当孩子对某个活动兴趣浓厚的时候，是不会觉得累的。如果大人强迫孩子每隔几分钟就休息一下，会使他失去兴趣，反而更容易感到疲累。

我们可以想象一下：当一个人能有机会拥有最大可能的满足，而且通过做某件事他将挑战和征服自己，这个时候无论多么累，他都会感到无比骄傲和快乐。这时，他在精神上会感到疲倦吗？不，事实上，他会感到自由和满足。

与之相比，很多人在工作了一天后，回家就说："我好累呀！"难道他们是真的做了很多工作累得不行了吗？不知你有没有注意过，过一会儿之后，他们就开始做自己感兴趣的事情，如果他们真的感到很累的话，就会马上上床睡觉了。但是并没有，他们在自己的爱好上花费几个小时又几个小时，而且毫无怨言、不知疲倦，这是因为他们在爱好中获得了满足和精神上的放松。

正是由于在工作中无法满足成就感，他们才容易感到累，这只是一种"假累"而已。如果工作真的能够获取精神上的满足，那么当他们完成手头的工作之后，一样会感到轻松自如，因为这样的工作并不是负担，生命的激情在工作中得到了淋漓尽致的发挥。

如果一个人喜欢他的工作，把他的工作当作兴趣，每天都能以一种自我满足的心态积极工作，那么对他来说工作就不是什么痛苦的事情了，而变成了轻松而享受的游戏。这不仅让他感到了快乐，而且他的精神也会越来越好，根本不可能存在"假累"现象。

在孩子教育中，父母也往往忽视孩子疲劳背后的真相。在父母的强迫和阻拦下，孩子很难从事自己热爱的活动，而父母提供的玩具又引不起他们的兴趣，因此当他们玩耍一段时间后就会对这一玩具失去热情，这时的表情是厌倦或疲惫，有时甚至烦躁不安，此刻父母一定会认为孩子累了，需要休息了！

难道事实真是如此吗？这只是父母不了解孩子的心理而已。孩子的这种表现理应引起他们的警觉，而他们却采取错误的方法，使孩子的成长陷入了恶性循环。

我做了一些调查和实验发现，文化层次较低的父母比有钱的父母更配合我的教育方法。当孩子写出第一个字时，不识字的父母会高兴地把孩子举起来。然而有钱人家的父母，对孩子类似的表现反映很冷淡，还会询问学校有没有开设提高孩子修养品位方面的课程，至于孩子是否能写字似乎无关紧要。

如果孩子想动手做些日常劳动，这类家长会说："这是下人的工作，我的孩子来学校可不是为学这些低贱的工作的！"他们不知道，这些工作对培养孩子的独立人格和意志力有着多么大的作用。

甚至，还有一些无知的父母认为自己的孩子年龄太小，还不适合学算术，怕孩子的脑子用坏了。在这样的家庭的孩子有很复杂的情感，他们既有优越感又有自卑感，可以说在心智上有一定的障碍。事实上，精神疾病患者几乎没有一个是用脑过度产生的，大多都是对工作、学习失去兴趣，以及遭受情感等打击造成的。

如果孩子在自己感兴趣的日常生活练习或智力游戏上"忙碌"一段时间后，父母就会认为，孩子一定是累了。他们做了这么多，还没有休息一下呢！于是就打断他们的活动，强迫他们休息。然而，孩子这时是真的累了吗？

一个对心理学一知半解的教师，也会理所当然地认为，孩子做了那么多的事，他一定是累了。所以，这个教师会打断孩子的活动，为了让孩子透透气，他会带着孩子们到操场上玩儿。等孩子们在操场溜达一圈或者玩耍一会儿后，教师才把孩子再带回教室。可此时孩子会比没到操场玩之前更好动，更没有办法专心致志地工作。孩子会继续从一项活动转换到另一项活动，这种"假累"会一直持续下去。

在上述情形下，很多教师都认为他们是对的，其实这是盲目、错误的。孩子的表现很明显，玩了一会儿之后，又会开始烦躁起来。教师对此往往感到无可奈何，他们感觉自己用尽了各种办法，想让孩子休息或换一个地方玩，可似乎都不管用，孩子不但不能继续做原来的事，还变得更加不安起来。

这类父母和教师看上去很努力地迎合孩子，但实际上他们缺乏对孩子必备的信心，因为他们没有尊重孩子的自主权。这些父母和教师虽然尽了全力，而且他们的每一项建议和计划也都非常完善，但他们没意识到，他们总是习惯干预和指导孩子，结果反而阻挠了孩子的自然发展，妨碍了孩子原本能从中得到的启迪和智慧。

只有当孩子找到自己心智深处尚未被发现的潜能时，他们焦躁不安的心情才得以平息。所以，如果父母和教师能够尊重孩子的自由，对孩子有信心；能够把所知道的东西暂时放置一边，谦虚一些，不把对孩子的指导当成是必需的；如果他们懂得耐心等待，就一定会看到孩子所发生的惊人转变。

还要注意，如果孩子重新选的工作比之前的更容易，那他们不安的心情更不可能平静。想要再次完成这项新的活动，就必须能够吸引孩子的全部注意力。与此同时，外界还不能轻易去打扰他。

当孩子完成他的重要活动之后，脸上会表现出和"假累"完全不同的表情。现在他的眼睛炯炯有神，看起来十分平静。整个人充满力量，朝气蓬勃。

成人和孩子

我们常说，教育不仅仅是一个职业，更是一门需要全社会都研究的艺术。人类的发展和进步离不开教育，不仅科学家和教育家对教育科学研究产生了浓厚的兴趣，家长和公众也表现出了同样的关切。现代教育理念有两项主要原则，第一是了解和培养孩子的个人特质，即了解每个孩子的本性，并透过孩子特有的性格来引导他；第二项原则是解放孩子。

看上去教育科学领域硕果累累，似乎是攻克了许多难题，但是要领会现代教育的宗旨，还需要克服不少难以克服的困难。在现代教育中，"问题"这个词常常被当作研究的主题，例如，人们常提到学校问题、性格问题、兴趣和能力问题等。但在其他的科学的研究领域却是"原理"两个字用得比较多，例如，光辐射原理、地心引力原理等。相对于科学领域而言，它的问题往往产生于不明确的地方和外围部分，科学研究的核心则包括发现问题和解决问题。但在具有实验性的现代教育方面，却不去正视重要的问题，这等于偏离了科学的轨道。

假如有哪个疯子说："我已经把教育的问题全部解决了，我在人类精神方面做出了突出的贡献，我将教育置于明确、单纯的境地。"显然，没人会理会这样的疯言疯语。社会有一股无形的压力，迫使人们不得不去适应一些令人无法想象的事，也必须适应那些维护社会安定的礼教束缚，因此，每个人都得或多或少地牺牲一些自我。我们的孩子也是如此，在学习的义务下，他们不得不有所牺牲，不管我们多么希望孩子们能够享受到学习的乐趣。孩子们必须努力地学习，但又不能把自己弄得疲惫不堪。我们一方面希望孩子自由自在，另一方面又要求孩子服从，这些理想和现实之间的矛盾，引发了很多教育上的问题。

教育改革往往最后会变成一声沉重的叹息，人们感慨孩子们的命运和未来，但却无法施以援手。所有的学校教育改革，其本意都是为了缓和沉重的教学所造成的伤害，例如，重新修改教学课程和教育制度，强调体能运动和休息的必要等。然而，这些方案并未达到使孩子自由发展的效果。无论如何，我们还是不能对教育问题熟视无睹，教育改革还有着很大的进步空间。我们一定要进行真正的改革，一定要开拓出一条崭新的教育之路，因为目前的教育仍是一条死胡同。

我们常常惊叹于其他领域的惊人成就，但是教育界多年来却一直默默无闻，至今未能有什么可喜的成就。在教育研究的领域，每一个正在探讨的项目都只限于对外在现象的研究。借用医学术语说，就是治标不治本。各种不同的症状，可能都是由同一个病因引起的，想要解除病痛，如果只是一项一项地分开治疗，而不找出病源所在，到最后可能就徒劳无功。

就拿心脏病来说吧，心脏如果有异常，那么甚至其他器官也会出现功能的紊乱，如果我们只是治疗其中一个器官的病症，而不想办法使心脏功能恢复正常，那么所有的症状仍然还会出现。再举一个和神经官能有关的例子，假如一位心理分析师发现，患者是因为情绪和思想错综复杂的相互影响，使得神经超负荷而产生的病症，那么这位心理分析师就必须寻找病症的根源，追查深埋在潜意识中的病因。一旦查到发病的主要原因，所有的问题便会迎刃而解，据此拟出的治疗方案才会使所有的病症逐渐消失或者转为无害。

正如上面所说，教育问题不是简单的表面现象，而有着深刻的内部原因，这种因素与我们的潜意识无关。我们的教育，一直都与当代的"病态教育"格格不入，我们是朝着一个"治本"的方向前行的。蒙台梭利教学法的出现，使教育问题的起因被克服，问题也消失了。如今我们发现的所谓教育问题，特别是那些与孩子的个性、性格发展和智能发展相关的问题，事实上全都起源于孩子和成人之间的冲突和对立，成人在孩子发展道路上所设下的难关，不但难以计数，而且很有伤害力。成人在设置这些困难时，总是携着道德和科学的名义，并且想要操纵孩子的意志来满足自己的意愿。所以，最接近孩子的成人——母亲或是我们，在孩子的人格形成过程中，反而成了最可能有危害的人。儿童与成人之间的矛盾冲突与教育有关，也是造成儿童成年以后精神错乱、性情异常以及情绪不稳定的主要因素。这些问题从大人传给孩子，又从孩子传给大人，成为一种恶性循环。

所谓追本溯源，教育的首要问题在教育工作者，当然也包括孩子的父母或者监护人。教育工作者必须要理清自己的思想观念，抛弃一切偏见，最后还必须改变自己的态度；接着就是准备一个有利于孩子生活的环境，一个没有障碍的学习空间。对于环境的设计要符合孩子的需求，让孩子能够得到心灵的解放，使孩子能够克服一切困难，并显露出自己的非凡品性。以上两个步骤是奠定成人和儿童新道德观的基础。

我们自从为孩子们设置了适宜的环境之后，亲眼见证了他们创造力的自然流露。孩子们生活得很开心，他们之中屡屡有佳作出现。这些孩子一旦投入到工作之后，显示出更强的纪律性。一个与孩子精神上的基本需求相匹配的环境，能让他长时间潜藏着的态度浮现出来，因为过去和成人之间的一再抗争，使孩子不得不武装自己，表现出压抑的精神状态。

通过观察我们了解到，孩子内心其实有两种不同的心理状态：一种非常积极，他们极富创造力，显现出孩子正常、善良的一面；另一种是因为受到成人的压制而产生的自卑心理。这一发现让我很受鼓舞，让我看到了教育之路的一丝希望之光。孩子所表现出来的纯真、勇气和自信，皆出自于道德的力量，也是孩子融入社会的迹象；而孩子的缺点如行为缺陷、破坏性、说谎、害羞、恐惧以及那些让人意想不到的对抗方法，一下子会消失得无影无踪。

现在，完成与成人的沟通，可以有效地改变孩子的性格和命运。我们教师也应该以全新的态度来审视他们，千万不要再把威严和权力集于一身，要转而以谦和的态度来帮助孩子。既然我们已经觉察到孩子的心理层面有两种不同的状态，当我们开始讨论教育方针时，就不能不先理清讨论的基本对象，我们应该是以受到成人压制的孩子为讨论对象呢？还是以在良好环境下自由成长，得以发挥创造潜能的孩子为讨论对象？

对于孩子的诸多无法解决或者十分恼人的问题，其实都是完全由成人一手造成的。但对于那些自由成长的孩子来说，成人则扮演着一个对自己的错误充满自觉性，而且能和孩子平等相待的角色，成人能够轻松愉悦地与孩子相处，并且和孩子共享温馨且充满爱意的新世界。应该在科学的氛围下平等地教育每一个孩子，而所谓科学就是先假设一个真理的存在，然后才能有一个向前发展的巩固基础，才能够发展出一套确实可行的办法，进而减少错误的产生。孩子本身就是引导我们的人，孩子希望大人能够给予他们有用的协助，换个角度看，这也是成人在帮助自己。

孩子成长于形形色色的环境之中，但除了活动，他们还需要得到一些物质上的接触。在学习过程中，对孩子的指导不可或缺。成人首先必须提供孩子发展需要的硬件设备，尽可能地让孩子自己动手，假如大人做得不好，孩子就没有办法顺利地发展。如果大人做得太多，也可能阻碍孩子的发展，使他们的创造力无法发挥。

而这之间的平衡点，我们叫作"准入门槛"。随着教学经验的不断增加，这个"准入门槛"我们会准确地找到，这时候孩子和家长或教师之间也会有个更好的了解。

孩子的活动必须伴有物质接触，因此我们需要精心挑选一些教具放在儿童身边，让他们随意把玩。关于文化传承的问题，也会由于这种做法而得到解决，这样的做法不但减少了大人的介入和干预，也保持了较为传统的教学形式，让孩子依据自己的发展所需，摸索着学习。每一个从活动中获得自由的孩子，可以发挥自己的最佳创造力，也将在学习过程中不断进步。所以，个体的发展也有助于文化的传承。教师保持着指导者的角色，只有在必要时才出现，孩子的个性循着自己的规则展现，演绎着行为的各项能力。

我们从实践经验中提炼出很多教育心得，其中一项重要提纲便是：成人对儿童的干预、教具的使用和学习环境都必须有所限制。教具提供得太多或太少，都可能对儿童的发展产生负面影响。教具的缺乏可能会导致儿童学习上的停顿，教具过多则容易使他举棋不定、精力涣散。为了进一步讲清上述概念，我们不妨举一个和食物有关的例子，食物如果缺少营养会导致我们的营养不良，相反一旦吃得过多就会造成消化不良，身体同样不舒服。过去人们总觉得吃得多是好事，现在大家都意识到了吃饭不是多多益善那么简单。以前的错误观念被清除以后，医生才能够拟定维护身体健康的食物质量标准，营养学寻求的则是更加精确的计算方式。

现在出现的问题是，很多人过于迷信教具，认为教具是教育儿童的重要辅助器材，所以他们不惜重金大量购置教具，认为这一方法很好。除了玩具制造商，我估计没人觉得这是个好办法。道理很简单，跟前面吃饭一样，不是说越多就越好，关键是适量。两者之所以可以相提并论，是因为它们同样都涉及"喂养"，一个关系到身体，一个则关系到心智。而今，我们关于智力发展的方式，也就是在教具上的研究表明，限制教具的使用更能够激发起儿童自觉性活动和全面的发展。

有一部分人认为，心理因素可以运用的只有语言表达能力及心智，这其实完全忽略了婴幼儿，哪怕刚出生几个月的孩子，也完全具备了那种独特性。他们觉得婴儿只需要身体上的照顾，完全忽视最重要的概念。然而当成人放下架子试着去理解孩子心理的时候，就会清楚地发现，孩子的内心世界远比大家认识到的丰富和成熟。事实上，曾有研究报告详尽地指出，即使是很小的婴儿，也能够和环境水乳交融。孩子适应环境的能力，更胜于他的肌肉的发育能力。孩子的内心存在着一股鲜活的精神力量，即使他的肌肉收缩或语言能力的发展尚未开始，但他仍然需要我们的协助和精神上的呵护。

很容易得出"二元论"的推断，即孩子的成长是两方面的，一方面是他心理的发展；另一方面是身体的成长。这一点和其他动物没有本质区别，动物一生下来就这样发展，无一例外。人类的一个独特优势就是自我必须启动身体用来动作的复杂器官，这些动作最终又会显示出个体的独特性。人必须创建自我，拥有自我，最终要能控制自我，所以我们的孩子其实是一个连续发展变化的个体，他必须循序渐进地在行动和精神活动中求得平衡的发展。成人的行为通常是经过思索而产生的，而孩子则必须设法让思想和行为取得一致。思想和行动是否保持一致是孩子发展过程中的关键。

所以说，假如我们人为地阻止孩子的行动，就等于在孩子的人格构筑途中设立了障碍。思想有其独立性，而行动有时会听从他人的指挥。动作并非只是对某个精神做出反应，假如这样，人的性格会变懦弱，内心的不协调则会减弱每一个行动的效果。这是一件需要高度重视的事，也是家庭教育和学校教育必须深思的首要课题。

孩子的精神其实很高尚，至少比我们想象得要高尚得多。孩子经常感到痛苦，不是因为不想做那么多事，而是不愿意做那么多毫无意义的事。孩子渴望做的是那些与他们智力和尊严相符的事情。我们的学校在全世界有上千所，在这里看到了很多孩子，他们做出的许多事情连父母都难以想象。孩子工作时的表现，证明他们能够长时间地做一件事而不觉得疲劳，能够专心到几乎与世隔绝，这些都是孩子人格发展过程中的一方面。孩子在文化方面显得特别早熟，4 岁半的孩子已经学会写字，并且非常热衷于享受其中的乐趣，我们将这一时期孩子热衷于绘画和写字定义为"画写爆发"。

他们看起来很享受这一过程，一点也不觉得劳累，看上去是那样的健康、安静、纯真而快乐。由于父母对孩子的管教不当，以至于他们浪费了太多的时间和天赋。是成人让他们变得执拗、孤僻和一无是处。成人简单粗暴的管教方法严重破坏了他们独特的个性发展。很多成年人热衷于挽救孩子，试图弥补孩子所犯的错误，殊不知这一切恰恰是成年人一手制造的。

我发现成人在教育孩子问题上，似乎陷入了一个迷宫之中，不停地徘徊，但却始终无法找到出口，也就是无法从中走出。只有勇于承认自己的无知和错误，并将错误完全改正，这样才不至于将错误延续到下一代身上，否则他们教育子女之时，又会沿着我们的老路走。

儿童是爱的源泉

在我们学校组织的一些社交活动中，处处透露着我们独有的特点。学生的家长们来自各行各业，文化程度、社会地位参差不齐，很多人混杂在一起。但是他们之间相处得很融洽，每次开会都很圆满。

世界各地的家长来参加我们的培训活动，当他们离开时，都已经达到了很高的教育水准，这也是我们的一贯要求。他们当中有各种身份的人，有学员、教授、医生、律师、政府官员等。可想而知，这些人有着不同的社会背景，价值观念也不尽相同，我有个美国学员，他是一个无政府主义者。你一定很奇怪，为什么蒙台梭利这么小的一个学校会把这帮人聚到一起呢？而且他们还从未发生过摩擦，也没有什么争执或冲突。

没错，这就是儿童的力量。只要我们在社会生活中勤于观察，就会发现这么一个事实：不管人们属于何种政治或宗教团体，他们都会十分亲近和热爱儿童。尽管从教育的角度看，这种态度似乎是矛盾的，但从根本上说并不矛盾，因为父母教育孩子时的心理状态与跟孩子单纯相处大不一样。教育一个孩子需要的是耐心，然而许多家长都缺乏这种耐心，因而变得暴躁、粗野，拒绝和呵斥自己的孩子。问题的关键显然是在成人。而当成人与孩子们交流时，人们的心态则处于一种放松的状态，因为人们知道孩子是单纯的、可爱的，不像其他年龄段的人那样世故圆滑，甚至心怀不轨。

儿童的单纯和稚拙，促成了成人之间的团结与和谐，这种团结正是以儿童的爱为基础的。但这种爱到底是什么？也许我们有必要对爱的本质进行深入的探讨。

我们可以先看一看诗人和先哲们是如何描述爱的，因为诗人和先哲能够把爱的强大力量以最为完美的方式表达出来。爱的伟大情感孕育了人类的生命，难道还有比爱更美好、更高尚的情感吗？即使那些给整个人类带来死亡和毁灭的人也能被爱的美好情感所感动。因此，不管行为的本质如何，人们的内心深处都蕴藏着爱。这种力量一旦醒来就会发挥作用，触动人们的心灵。

我们要使这个世界变得更为和谐，就应该更多地研究爱的内在含义。儿童是人们温情和怜爱的汇聚之点。但没有人能够解释什么是爱，爱的根源在哪里，爱的影响有多大，也没有人能够解释爱对人类的团结有多大的作用。

尽管人们之间的种族、宗教信仰和社会地位等各有不同，可一旦儿童成为他们之间的话题，一种友好团结的关系就会在他们之间形成，人们之间的戒心也随之消失了，日常生活中人与人之间以及团体与团体之间的那种隔阂也不见了。与儿童生活在一起，人与人之间的关系就会变得温和、亲切，人们就不会互相猜疑。人的生命恰恰就发源于此。成年人就有一种为了爱而保护他人的冲动。正如我们在儿童身上所感觉到的那样，成年人之间也蕴藏着爱，因为人们之间也有一种团结的力量。没有爱就不会产生这种团结的力量。

尽管存在着战争，人们依然一如既往地对爱进行着讨论，这是一件多么奇怪的事！人们制订了未来团结的计划，这不仅说明了爱的存在，也说明爱的力量是团结的基础。宗教人士在谈论爱，反宗教人士也在谈论着爱，电台、新闻界、路人、受过教育、没受过教育、富人、穷人、持各种各样信仰的人都在谈论着爱。

如果没有更为有力的证据证明爱的力量的存在，我们为什么不对这一重要现象进行研究呢？人们之间的相互仇恨给世界造成了极大的破坏，我们为什么只对爱进行口头的讨论呢？我们为什么不把它作为一个课题来进行分析和研究，使人类能够受益于爱的力量呢？我们应该问一问自己，为什么没有人想过对这种自然力量进行研究，并把它的力量与其他力量联合起来呢？人类把许多精力投入到对其他自然现象的研究上，由此得出不计其数的发现。我们为什么不花点工夫来研究可以团结人类的力量呢？

所有能够唤起爱的潜在力量和使爱能够流露出来的工作都应该受到欢迎和重视。诗人和哲人常常谈论爱，似乎爱是一种理想。然而，爱不仅仅是一种理想，它还是一种客观存在。

我们应该知道，我们能够感觉到爱的现实存在，并不能归功于学校教育。人们强烈地呼唤爱，并不是受外界的影响。爱和对爱的渴望不是人能够学到的东西，它是人类生命延续的一部分。只有生命才能真正地表现出爱。

爱的力量是宇宙间最为伟大的力量，更是一种伟大的创造。圣保罗把爱表述得淋漓尽致，他说："如果没有爱，人类甚至天使的语言也只不过是一些无意义的声音。即使我能够预言所有事物，了解所有奥秘，掌握全部知识，即使我的信心能够移山，如果没有爱，也肯定一事无成。即使将我所有的财产接济穷人，即使我舍身成仁，如果没有爱，那又怎样！"

圣保罗的话正是现代文明的一种反映。人类不是已经能够移山填海，甚至创造更伟大的奇迹了吗？但是，如果没有爱，所有这些都没有任何意义。我们已经建立起了庞大的组织体系，为穷苦人提供粮食和衣物，但如果没真正的爱，那又有什么意义呢？

圣保罗说："爱是一种恒久的忍耐，是仁慈；爱是不嫉妒、不做羞耻之事，不矜持；爱是没有野心、不谋私利，不发怒、不作恶；爱是对真理和正义的热爱；做任何事情都应该包容、信任、期望和忍耐。"

诗人和先哲们没有对爱进行分析，儿童的发展过程却向我们展示了爱的轨迹。如果我们研究一下圣保罗的话，再看一看儿童，我们就会说："圣保罗的话在儿童身上完整地体现了出来。儿童身上有各种各样爱的财富。"

因此，爱不仅仅存在于能够用诗歌和宗教把它表达出来的人的心中，它存在于每个人的心中。它是大自然赋予所有人的奇迹。这种伟大的力量在任何场合都能得到体现。

爱是降生到这个世界上的每个儿童的天赋。如果儿童爱的潜能得到发挥，人类的成果就会无可估量。因此成年人应该谦虚地向儿童学习。然而，爱远远不止这些。在人们的心中，爱已经被蒙上了一层幻想的色彩。我们认为，爱只不过是一种复杂力量的一个方面。这种复杂的力量可以通过"吸引力"和"亲和力"这两个词汇来表述。虽然爱是无意识的，但在生活中，它又可以被意识到。我们所能感觉到的这种力量就是"爱"。

所有动物都有周期性的繁殖能力，这也是爱的一种表现形式。对于人类来说，婴儿长大之后，爱仍在继续，并延伸到了家庭之外。一旦某种愿望对我们有所触动，爱就会迅速地把我们团结起来。爱是大自然为了某种目的馈赠给人类的特殊礼物。它就类似于"宇宙意识"的作用。我们必须尽我们的所能珍惜它、热爱它、发展。在所有生物中，只有人才能够将爱的力量升华。人还能够通过这种力量将自己劳动和智慧的成果结合到一起。如果没有这种力量，人类所创造的一切都会带来混乱和破坏；如果没有这种力量，随着人类的发展，人类所创造的所有东西都将归于毁灭。

爱不是照亮黑暗的明灯，也不是传播声音的电波，它胜过人类已经发现和利用的任何东西。每个人的心理都具有这种爱的力量。虽然自然界赋予人类的这种力量有限而且分散，但它却是支配人类的所有力量中最为伟大的一个。每个婴儿降生到这个世界，都会给我们带来新鲜的力量。

爱的天赋就像是一种特别的恩赐。父母之爱，朋友之爱，长辈之爱，男女之爱，编织出了丰富多彩的充实的世界。正是爱让世界变得微妙而神秘。没有什么能比培养爱心更适合作为孩子的道德教育的终极目标了。爱的教育，就是发展孩子的爱心这一本能，让孩子懂得爱自己，爱家人，爱朋友，爱整个人类生活，值得一提的是，爱心本身就是孩子心智发展的一个核心内容，一个孩子敏锐的观察力和创造力正是源自对周围世界的好奇和热爱。相反，一个没有爱心的人，往往表现得冷漠、麻木，没有激情，从而陷入精神贫乏，失去了创造性和想象力发展的基础。

要为孩子设置适宜的环境

在进行新式教育之前,首先要改变的是学校的环境。我们不仅仅让老师改变职能,还要改变学校的环境,仅仅把教材引入普通学校,这还远远不够。学校本来就应该成为儿童自由活动的场所,在这里他们精神上会得到全面发展,而且身体也会得到很大的发育。学校除了要帮助儿童提高生活质量之外,还要在这里进行童装的改革,使新式服装符合整洁、简朴又适宜活动的要求,同时又能够使儿童学会自己穿戴。也没有什么地方比学校更适宜于实践和普及与营养有关的幼儿卫生学。这是一项社会性的革新,它可使大众相信,由于采取了节约原则,确实花费少而又优雅得体——对,他们所要求的就是既花费少,又优雅得体。以上原则尤其适用于住有学生双亲的"楼内学校",如像最初的"儿童之家"。

在这种相对自由的学校里,房间的要求相当特殊。我们按照心理卫生的要求,将房间面积大大增加,还根据呼吸的需要,用"求容积法"推算出了自由流通需要的空气及相应空间;因为同样的原因,厕所必须增加,洗澡间要设置;生理卫生学进一步要求修建混凝土的地板和可清洗的护壁板,并设有中央暖气系统,有饭食供应;同时花园和宽阔的阳台已被视为儿童身体健康不可缺少的;宽大的窗户可让光线自由进入体育馆宽敞的大厅以及各种各样结构复杂、价格昂贵的设备。其中最为复杂的是学生的课桌,我们提供的课桌是座位和桌子都能自动旋转的,以防止孩子因过于频繁地做相同的运动或长时间固定不动而导致畸形,总之,在学校正可以应用生理卫生学的知识,当然,这要求学校耗费更多的钱,但它能为儿童提供更大的自由活动的空间。不仅如此,如果要达到理想和完美的境界,还应该给孩子提供比"生理"教室大两倍的"心理"教室,以我们的经验,要达到舒适的目的,必须使房间的地面有一半是空着的，不得放置任何东西，这就是使孩子们感到舒服，并可以进行自由活动的空间，他们在这里的感觉肯定要比在一个塞满家具的不太大的房间要好得多。

家具的缺乏的确在卫生学中是一个强有力的因素；这使生理和心理卫生学的要求合二为一。在我们的学校，我建议使用"轻便的家具"，这种家具既简单又非常经济。如果它很容易洗，那就更好了。特别是对儿童来说，他们将"学会清洗它"，同时又进行了一种既愉快又具有教育意义的练习。以上所提到的"轻便"的家具，从根本上讲应该是"艺术的美"。在这种情况下，美不是产生于臃肿或奢华，而是家具的浅绿色的高雅、和谐与简单、轻便、洁净融为一体。如像儿童们的新式服装一样，比以前的更精致、更简单、更经济。

位于帕利戴罗乡村的"儿童之家"是为纪念古尔瑞尔·贡冉嘎侯爵而建立的。在那个儿童之家里，所摆设的各种家具，桌子、椅子、餐具柜、陶器的形状和颜色、纺织品的图案以及其他装饰，都与古老的乡村艺术格调一致，它们显得那样简单、古朴、优雅、自然、美观、大方。于是我们突发奇想，如果能使这种乡村艺术复活，也许会形成一种新的时尚。如果能制造出如此简单、典雅而得体的家具以代替目前学校的桌椅，而且也不必用那样复杂而又昂贵的材料来制造家具。这样，既讲实用又富于革新精神。

如果有那么一天，意大利各地的乡村艺术都得到了同样的挖掘整理，我们将看到每一省区具有其独特艺术传统的"各种各样的家具"纷纷出现，它将会极大地提高我们的欣赏力和改变我们的一些不良习惯，并将导致一种全球性的"启蒙教育模式"。由此，人们现实的艺术情感与远古文明的结合，也许将给在生理卫生学烦扰下受到窒息而对疾病无能为力的现代人注入新的生命。

艺术的人性化，将使孩子们脱离目前那种丑恶与黑暗的教学环境。的确，一进卫生间就让人感到恐怖，那毫无装饰的墙，加上雪白的家具，一看就像医院。学校呢，说它像一座坟墓一点儿也不过分，在那里，黑色的课桌像灵柩一样排列着。他们之所以选择黑色，仅仅是为了遮盖学生在学习时不可避免造成的污迹。教室里只有黑色的课桌、光秃秃的比太平间更缺乏装饰的那些灰色的墙，这样安排的结果是为了使儿童饥渴的心灵"接受"我们授予的难以消化的知识食粮。换句话说，凡是可能分散学生注意力的东西都必须从教室里搬走，以便教师运用他的演说艺术并在其煞费苦心的帮助下，成功地使他的学生那难以捕获的注意力集中在他身上。

其实，一旦孩子真正被自己的工作所吸引，就不会有任何东西或装饰可以分散他的注意力，而美的环境既有助于他集中思想，又可使他疲惫的精力得到恢复。可以说，最适合生活的地方也是最美丽的。因此，如果我们希望学校成为观察人类生活的实验室，就必须把美的东西都凝聚于此，就像在生物学家的实验室里，为了培养杆菌就必须准备好炉子和土壤一样。

儿童的用具、他们的桌子和椅子应当是轻便的，不仅使它易于搬动，同时更具教育性。出于同样的考虑，我们给儿童使用瓷碗、瓷板和玻璃杯、玻璃吸管，因为这些物体最易打破，它们本身就意味着对粗鲁和漫不经心行为的警告。这样，儿童被引导纠正自己，训练自己行动细心、准确，不碰撞、不打翻、不摔坏东西；使自己的行动变得越来越文明和有节奏，并逐渐地成为各种器皿、用具的完全自由和沉着的管理者和爱护者。同样，孩子们将习惯于尽力做到不弄脏、弄坏他周围那些洁净、漂亮和常用的东西。于是，他便在自我完善方面取得了进步；他们的各种动作将保持统一与协调，他们的活动更加灵活、自由。我们可以经常让儿童聆听恬静、优雅的音乐，在接受过这种熏陶后，他们就会对噪声和吵闹感到厌恶，同时也会约束自己不随意发出这类不和谐的声音，也尽量避免与别人争吵。

另一方面，在一般的学校里，那些沉重的、坚固的，甚至搬运工人也难以搬动的课桌，即使碰撞上一百次，即使在这样的黑色桌椅上洒上千百个墨迹，即使把这种金属盘掉在地上一百次，它们既不会破损，也看不出污迹！然而，却使孩子们长期沉浸在自身缺点的海洋里而毫无觉察。由于他们的环境有利于隐藏自己的错误，且鼓励他们施展魔鬼般的伪装伎俩。

孩子需要运动，这已是人们普遍接受的原则。所以，当我们谈到"自由的儿童"时，一般是指孩子们能够自由地运动，包括自由地跑跑跳跳。经过不断地努力，到今天，差不多所有母亲都接受了儿科医生的建议。就是让孩子们到公园去，在草坪上玩耍，在室外自由地活动。当我们谈到学校儿童的自由时，立刻联想到儿童身体自由的某些生理学的概念。我们往往把儿童的自由想象成为孩子跳上课桌做各种危险的动作，或者疯狂地碰撞墙壁，或者是在宽阔场所自由活动。由此我们假设：如果将儿童禁闭在一个狭小的房间里，将不可避免地在暴力和障碍之间产生冲突；紊乱是不能与有秩序的工作共存的。

在心理卫生领域，自由运动并不仅仅局限于身体的自由这种非常原始的状态。当我们讨论如何看待儿童的自由活动时，可以与一只幼犬或一只小猫的活动作为对比，无论幼犬还是小猫，都可以自由地跑和跳，而且它们也有能力这样做，孩子们经常在公园和田野里又跑又跳的情形也是如此。如果我们以这种自由运动的观念对待鸟儿，我们的许多做法就会对鸟儿有利，比如，我们会在鸟笼里的合适位置绑上一根或两根交叉的树枝，以便于鸟儿自由地上下跳跃。当然，不管我们做出怎样周到的安排，对于一只曾在广阔无际的平原上自由飞翔的鸟儿来讲，被关在笼子里总是不幸的。

我们怎么从来没有想过：如果为了保证一只鸟儿或一只爬行动物的运动自由，为它们提供不同的环境是必要的；那么，为我们的儿童提供与小猫和小狗类似的自由不会是一种错误吧！实际上，在一般情况下，让儿童自己去做练习时，他们会表现出不耐烦，容易吵闹和啼哭；大一点的孩子则企图发明什么；或者让他们去做那些毫无兴趣的为步行而步行、为跑而跑的练习时，他们会感到难以忍受，甚至感到屈辱。因此，让儿童循规蹈矩地活动很少有良好效果，也无助于儿童的发展。它只有一个好处，那就是对于儿童的消化及生长发育有点帮助，而更多地使他们的行为变得粗野，发明一些不适当的跳跃和蹒跚步态以及各种危险动作。很明显，他们完全不像自由的小猫那样，在它们的运动中显得优雅迷人，通过自然而轻松的跑跳来完善自己的动作。儿童的运动本能表现不出任何优雅，以及任何对于完善其动作的自然冲动。所以，我们可以肯定，能满足小猫的活动是不能满足儿童的，如果儿童的本性与猫不同，他们自由活动的方式也必须是不同的。

如果儿童在运动中没有智能方面的含义，也没有人对他们的运动进行有效的指导，那么，他们在运动中就会感到厌倦。这是可以理解的，当我们被迫去做一些漫无目的的动作时，就会感受到一种可怕的空虚。我们知道，为了惩罚奴隶，人类曾发明了一种残酷的刑法，那就是强迫他们在地上挖深坑，然后又让他们把刚挖好的坑填平，这种惩罚的目的就是让他们从事毫无目的的工作。

对疲劳的实验表明，与等量的无目的的工作相比，伴随智力上的有目的的工作较不易使人疲劳。因此，今天的精神病医生建议，不是通过"户外锻炼"，而是通过"户外工作"来治愈神经衰弱。

查清这两者的差别很重要。前者没有什么目的，它只是一种持续的活动。比如除去灰尘，擦洗一张小桌子，扫地，洗刷鞋子，铺地毯，这些都是为了维护主人的东西所从事的工作，与技术工所做的工作截然不同，技工是用智力去生产产品的。前者只是一种简单劳动，它不需要投入多少智力活动，它只需要做一些简单的动作；

后者则是一种建设性的工作，它需要一些最基本的智力准备，需要协调一系列与练习有关的肌肉运动。

最主要的是，这种简单工作适合于儿童，儿童必须"进行"自我训练，从而学会协调自己的动作。这种工作是与"自由运动"的心理原则相一致的所谓的"实际生活训练"所构成的。因此，它必须准备"一个适宜的环境"，就像我们应在鸟笼里放置树枝一样，让儿童自由地发挥自己的模仿和活动的本能。儿童生活环境设施及用具应与儿童的身体和力量成比例：能搬动的轻家具、手臂能够到的低食品柜、容易操作的锁、带有小脚轮的柜子、易于开关的轻便门、墙上高度合适的衣夹、小手能握住的刷子、大小适度的肥皂块、大小适合的脸盆（适于儿童盛水与倒水）、轻巧的圆柄扫帚、容易穿脱的衣服。这些都是足以刺激其自发活动的环境。在这样的环境中，儿童可以逐步完善其协调动作而不感到疲劳，并学会人类活动的优雅与灵巧，如像小猫完全在本能的引导下学会优雅和灵巧的动作一样。

给儿童提供一个可以自由活动的场所，有利于他们进行自我训练和发展，同时也是形成人的一个重要条件。儿童通过与其他人一起活动，逐渐形成自己的社会意识。他们非常满意自己所做的一切，身处在受保护和控制的环境之中，他们的意识得到了升华。儿童在个性发展过程中，培养了自己的品格和意志，在全心全意完成工作任务的同时，得到了一种理性的快乐和升华。在这种环境中，儿童可谓是如鱼得水，充分享受着精神上的满足，同时身体又可以健康成长。

独特的育儿方法

"任性"的儿童或许会声嘶力竭地哭闹，不让别人帮他洗澡、穿衣或梳头。这种戏剧性的冲突表明，儿童想靠自己的努力成长。

有关儿童的运动

我们都知道，生命在于运动。儿童作为一种"动物"，也就是说他必须要活动。"动物"一词在原初的意义上，已然包含了一层重要的含义，那就是它具有与石头、树木等事物相区别的一种活动能力。正如大自然的动物在生存竞争中的跑动、追逐和逃窜，这些活动都是对动物生存能力的训练，对于儿童来说，同样如此。儿童需要运动，儿童需要运用他们的双手来促进自身的发展，他们需要能让他运动的东西，并给他提供活动的机会。为了促进心智的发展，儿童在周围的环境中寻找用来看和听的东西。

儿童的运动并不是偶然的情况。他在自我的指导下，对这种有组织的运动进行必不可少的协调工作。经过无数次的协调经验，他的心智不断发展，他的表达能力也在不断地自我协调、组建和统一。因此，儿童必须能自由地决定和完成他想做的事。由于他正处在自我塑造的过程中，所以他的运动有一个特征，就是这种运动并不是出于偶然和漫无目的。

儿童想要去扫地、洗盘子、洗衣服、倒水、洗澡、梳头、穿衣，等等。儿童在做某件事之前，已经知道他想做什么。他看到另一个人在做某件事时，他自己也渴望去做。

儿童并不仅仅是在漫无目的地跑、跳和拿东西。他们的建设性活动是从别人的活动中得到的启发，他们努力地去模仿成人使用或处理物品的方式。他们还试图在使用同一个东西时，和成人做得一模一样。只不过他们使用东西的方式对成人来说，常常是不可理解的。儿童通常在 1 岁半～ 3 岁之间会发生类似的情况。

例如，一个 18 个月大的儿童发现一叠刚刚熨平的毛巾整齐地叠放在一起。这个小家伙会拿起其中的一块毛巾，极小心地捧在手里。他把一只手放在毛巾上面，以便毛巾不会散开。他就这样托着毛巾，走到房间斜对面的角落，把它放在地板上说："一块。"然后又像他来的时候那样走回去。

等他穿过房间之后，又用同样的方式拿起第二块毛巾，小心翼翼地捧着它并沿着同样的路线走到角落里，把它放在第一块毛巾的上面，又说了一遍："一块。"他不断地重复着这项工作，直到把所有的毛巾都拿到那个角落为止。然后，他把这个过程倒过来，又把所有的毛巾一块一块地放回原先的地方。虽然这些毛巾不像最初放置得那样完美，但仍然折叠得相当好。这对儿童来讲是幸运的，因为在这个漫长的调换过程中，没有其他的人打扰他。

还有一项令儿童着迷的活动，是取下瓶盖，然后再把它盖上。孩子们特别喜欢玩能反射出七色光的瓶上的盖子。取下瓶盖再盖上瓶盖，似乎是他们最喜欢的一项工作。还有一项儿童喜欢的工作是，把水瓶和盒子的盖子拿下来再盖上去，甚至是打开再关上橱柜的门。

这些东西对小孩有一种天然的吸引力，但父母会禁止孩子碰它们。这种冲突会导致儿童发脾气。但实际上，儿童并不是真想要一个瓶子或墨水瓶，他们只是想要一个能有同样玩法的东西而已。这样的行为可以被看作是人类第二次不够成熟的努力。

节奏不可以随便改

在日常生活当中的一个普遍现象是，成人之所以对儿童生气和恼怒，不仅是因为他们认为儿童所做的一切都毫无用处，还因为儿童行动的快慢和行为方式都与他们不同。然而行动的快慢，几乎就像一个人的体型，是儿童的特征。通过观察我们自己的经验就能发现，当别人的行动速度与我们接近时，我们就会高兴，而当我们被迫去适应别人时，就会感到不耐烦，甚至痛苦。

而当一个儿童动作缓慢时，成人就会有一种干预的欲望，总是无意识地极力改变儿童进行缓慢的、不慌不忙的活动的节奏，他们就像赶苍蝇一样，想摆脱掉这种烦恼，于是出手替儿童解决问题。但这种帮助有害无益，对儿童的心理需要没有丝毫的帮助，反而阻碍了儿童做他们自己喜欢的事。成人随意改变儿童自由活动的节奏，因此就成为儿童自然发展的一大障碍。

"任性"的儿童或许会声嘶力竭地哭闹，不让别人帮他洗澡、穿衣或梳头。这种戏剧性的冲突表明，儿童想靠自己的努力成长。谁会想到，对儿童的毫无必要的帮助，会成为他成长中的一个心理压抑呢？事实上，成人仍然没有做到尊重孩子。

我们总是试图强迫孩子们遵从我们，乃至专横、粗鲁地对待他们，以使他们表现得服服帖帖、规规矩矩。但孩子真正的内心需要却被我们漠视，甚至粗暴地否定了。

给予儿童自由和独立，其前提就是在坚持一定原则的基础上，尊重孩子的选择，不擅自干涉儿童的行动，即使他的行动显得笨拙、缓慢，看上去似乎无法完成。在儿童面前，成人需要做的只是：在某个地方细心地观察，并耐心地等待，随时准备分享他们所经历的困难和快乐。

当孩子需要我们同情时，我们应该积极而热情地回应他。让我们对他的缓慢进步保持无尽的耐心，并对他的成功表示热心和兴奋。如果我们能够说"和孩子在一起时我们是谦逊的，我们像要求别人对待我们那样来对待孩子"，那我们就掌握了最基本的教育原则。

就我们自己来讲，我们不也是希望在工作中不受打扰，在努力的过程中没有阻力吗？我们不也是希望在需要的时候，朋友能随时提供帮助吗？看到朋友们和我们一起快乐，是我们快乐共事所需要的。同样地，孩子们应该是比我们自己更需要尊重的人，我们需要的，他们同样也需要。

在儿童准备进入社会生活的第一阶段，成人如果对儿童进行干涉也可能会起到负面作用。儿童们排成一列向前行进时，可能会有一个孩子跑出来向相反方向走，于是矛盾就不可避免地发生了。我们成人的做法往往是把孩子抓住，带回到原来的队伍中来。但是，儿童会照顾自己，他们会解决自己的问题。虽然他们的方式可能与成人不一样，但他们所选择的方式最能够满足自身的需求。儿童发展的各个阶段都会遇到这样的问题，它给儿童们带来了很大乐趣。如果成年人对他们进行干涉，他们会感到不快。如果我们让他们自由选择，他们会有自己的行事方式。儿童就是通过这些获得社会经验的。这种经验的积累可以使儿童能够正确处理所面临的问题，并且社会秩序感的建立也是通过这些日常经验形成的。

可能有人会问："儿童怎么会自己解决问题呢？"关于这个问题，有必要做一下讨论。事实上，如果我们不对一群儿童进行打扰，只在旁边进行观察时，我们就会发现一些奇怪的事情，那就是儿童们互相帮助的方式与成人不一样。如果一个孩子拿了一个很重的东西，别的孩子不会来帮助他。

他们都会尊重他的努力，只有在必要的情况下才会向他提供帮助。这对我们来说很具有启示意义，它说明孩子下意识里对别人的需求非常尊重，不会给予不必要的帮助。在"儿童之家"，有一次一个孩子把所有的木质几何图形和卡片弄到了地板上。这时学校窗外的街上来了一个乐队，所有孩子都跑出去看，只有这个孩子没有去，因为在没有把东西整理好之前他是不会去的。这个孩子努力把所有的东西放到应该放的地方，而其他孩子没有向他提供帮助的意思。这时他哭了起来，因为他也非常想看那个乐队。

有些孩子注意到了这一点，就回来向他提供帮助，但对于成人来说当紧急情况出现时，就没有这种辨别能力。成人很多情况下提供的都是不必要的帮助。我们经常会见到男士出于礼貌为女士挪椅子或扶女士下楼梯，这些都不是女士真正需要的。

很多情况都是这样：当他人亟须帮助时可能会没有人向他提供帮助，但当别人不需要帮助时，帮助可能又来了。儿童在潜意识里留有他们早期的一些东西，那就是只有必要时才向他人提供帮助。

另一方面，孩子们喜欢模仿成人，但我们为何不能友善地对待他们呢？我们不也希望帮助他们培养这种友善的态度吗？难道我们会认为第一次见面就拥抱我们的人是粗鲁的、粗俗的、没有教养的吗？友善包括了解且适应别人的愿望，在必要时牺牲自己的意愿。这就是我们必须展示给孩子们的友善精神。我们应当随时准备提供孩子们所需的帮助，但永远不要成为孩子及其行动的障碍。

平淡乏味的课程，或许会减弱孩子的求知热情，而保持孩子的求知热情是真正能够引导孩子的关键。这不是一项难以完成的任务，只要我们能够尊重孩子，冷静和耐心地对待孩子，在孩子做练习或行动时任由其行事而不过多地干预他。

接下来我们会注意到孩子有一种极力向外扩展的个性，他们有主动性，他们选择自己要做的事并坚持做下去，他们根据自己内在的需要来改变它。他们不逃避做任何努力，相反是努力探索并满怀喜悦地靠自己的能力克服困难。他们热情地要和每个人分享自己的成功、自己的发现和自己那些小小的胜利。因此，我们没必要去干预。"静观其变"是教育者的箴言。

要懂得孩子们的需要，我们必须科学地研究孩子，因为他们的需要常常是无意识的。那是来自生命内部的呼喊。这其中带着自然创造的神秘性。我们对这个非凡过程的干预是间接的，我们给这个小生命所提供的是必要的成长手段，做完这些，我们必须谦恭地等待孩子的成长。因此，让我们任由这个生命在他的极限内自由成长，让孩子们经历些艰难困苦吧，让我们仔细地观察其成长过程！

这是我们的全部使命。

儿童的秩序感

孩子的心灵是神秘莫测的，我们有时很难理解他们的内心世界。在很多情况下，婴儿会出人意料地哭泣，并且排斥大人们的安抚。这究竟是什么原因呢？其实很多情况是因为，孩子发现原来的秩序感遭到破坏，于是会觉得身心不舒服，从而哭闹起来。当一件物品放错了位置时，孩子会最先发现，并把它放回原处，而成人往往注意不到这种细节问题，例如，当一只鞋子放在不恰当的地方或者毛巾没有放回卫生间，一个 2 岁的孩子会突然注意到它，并把它放回原处。

孩子对秩序的敏感是如此强烈，让大人们不得不为之叹服！而且这种对秩序的敏感性在他们很小的时候就表现出来了，一个不到 2 岁的孩子在表现这种对秩序的敏感和不满时，用的不是语言而是他们唯一用来表达不满情绪的方式——哭闹。在这段特殊的时间，对他已经熟悉的秩序作出敏感反应成了指导他们行动的指南。

孩子对秩序的敏感，在他们出生后的第一个月就表现出来了。当他经常看到的东西总是放在恰当合适的地方时，他会高兴。一旦发现东西摆放的秩序混乱，他们就会感到不舒服，甚至哭闹。这就是孩子所特有的对秩序的敏感表现。父母如果意识不到这一点，就很难理解孩子莫名其妙的行为。

在成长的过程中，孩子们都存在一个对秩序极其敏感的时期，这种状态从孩子出生后第一年就会有，而且会一直持续到第二年。当孩子们看到有些东西不在原来的位置上时，他就仿佛受到了强烈刺激，非常希望那个东西回到原来的地方。对于孩子来说，当这种秩序感的需求得到满足时，就会感到快乐和满足。

有一次，一个老师不小心打翻了一个盒子，里面装着 80 种颜色不同的小方块。当时老师很窘迫，因为要把这么多颜色不同的小方块再重新排列起来很困难的。几个孩子看到后跑过来，迅速地把小方块按正确的颜色顺序排列起来。这种自由选择排列的能力让老师大为惊讶！还有一次这位老师迟到了，到教室一看孩子们竟然自己拿挂在墙上的钥匙打开柜子，拿出了玩具，而且各自挑选自己喜欢的玩具在玩。

后来老师让他们自己去做，结果发现他们非常乐意去把自己的东西放置好，并且每件物品看上去都摆放得很整齐。3～4岁的孩子，最乐于做的事情就是把小东西放回到过去习惯放置的地方。他们在自己适应环境的同时，还能够掌握周围的事物，而且在这样的环境里生活，他们会感到平静和快乐。

仔细想想，大人总是喜欢把一些东西搬来搬去，孩子们无法理解和判断这些举动，为什么眼前的东西总是这么混乱呢？在孩子们的这段秩序敏感期内，他所感知到的混乱很可能会成为他们成长的障碍和产生心理疾病的原因。

孩子对秩序的需要犹如鱼儿需要水，马需要陆地一样。就算闭着眼睛行走都能找到他熟悉的东西，这一点对孩子来说十分重要。秩序感使他们意识到每样物品都应该有自己合适的位置，而且他们也能记住每件东西原来的位置。这能让他们感觉到这个世界所带给他们的稳定和安全。

有关"宁静"的训练

有一个非常重要的练习，可以让孩子尽快地注意到声音之间的特殊联系，它与听觉训练不同，它不是制造声音，而是尽可能地消除周围环境中的各种声音。我们教孩子"不要动"，要求孩子尽量抑制住运动神经冲动，以促成身心真正的"宁静"。但我们也不能单靠嘴说"静静地坐着不许动"，要给孩子做个榜样，给孩子示范如何能够绝对一动不动地坐着：脚不动、身体不动、手臂不动、头也不动。呼吸运动也应该放轻，避免发出声音。

孩子要学会做好这个练习，最基本的条件就是找到一个舒服的姿势，即保持平衡的姿势。所以，当孩子要坐下来做这个练习时，无论他是坐在小椅子上，还是坐在地上，都必须让自己坐着舒服。同时，让房间内的光线保持柔和，否则孩子会闭上眼睛，或用自己的小手蒙住眼睛。

当一切都安静下来时，孩子仿佛发现了一个充满声音的新世界，但这些声音虽然侵袭了这深沉的宁静，却并没有扰乱它。当孩子熟悉"宁静"后，他们感觉声音的能力也更强了。对于感受过"沉静之美"的孩子来说，那些过于喧闹的声音逐渐变得令人讨厌了，他的心灵，也希望从喧闹中解脱。

在"儿童之家"，当老师点过孩子们的名字后，"宁静课"就算结束了。老师或者其中一个孩子，坐在班级后边或是在隔壁的房间里，一个一个点名，来唤醒那些处于沉静中的孩子。点名时，注意要小声些，声音不能太大。当孩子听到别人点他的名字时，他就站起来，向传出声音的那个地方走去。

自此，孩子们继续完善自我，他们走路时动作轻微，注意不要碰到家具，移动椅子时不弄出一点声音，小心翼翼地在桌子上放东西。教育的效果可以从孩子们举止的优雅上体现出来。还可以非常肯定地说，这个练习能够培养孩子的社会精神，让孩子获得更多的与他人合作的意识，克制能力也由此得到增强。

一堂宁静课，它证实了能够达到安静的最成功的教育方法。一天，当一名老师走进一个"儿童之家"，在院子里碰到一位母亲，她抱着她4个月大的孩子，这小家伙还在褓褓中裹着。这个安静的小家伙像是平静的化身。这名老师把他接过来，抱在自己怀里，他仍很安静。她抱着他走向教室，从教室里跑米的孩子们伸开双臂，拉着她的裙子，几乎要把她撞倒。她向他们微笑着，让他们看这个小家伙。他们懂得这个意思，在他身边跳着，闪着快乐的眼睛看着他。她与簇拥着她的孩子们一起走进教室。她们坐下，老师坐在一张大沙发上，不像平常那样坐在他们的小扶手椅上。她是严肃地坐着的。他们带着既温柔又高兴的神情看着她抱着的小孩,谁也没有说话。

最后她对他们说："我给你们带来了一位小老师。"孩子们立刻投以惊奇的眼光和愉快的笑声。她接着说："是的，一位小老师，因为你们谁都不知道怎样做到像他这样安静。"这一下，孩子们都变了姿势，变得安静了。

"还没有一个人的手脚像他这样安静。"每个孩子都认真注意自己的手脚姿势，老师微笑着看着他们，"你们总要动一下，但他一点也不动。"

孩子们严肃地看着。关于这位小老师比他们更行的想法，看来已为他们接受了。老师说道："你们谁也不能像他这样安静无声。听他的呼吸多么微弱！你们踮起脚走近点听一听。"

有几个孩子站起来，踮着脚尖慢慢走到婴儿跟前，弯腰听着。更加安静了。

孩子们惊奇地看着周围，他们从未想到，即使他们安静地坐着仍会发出声音，也从未想到，小婴儿比长大的人更能保持安静！他们几乎停止了呼吸。

老师这时站起来，说道："悄悄地走出去，踮着脚尖走，别出声！"她跟在他们后面说："我还是听到一点声音，但是只有他，这个婴儿和我一起走，没有发出任何声音。他无声地走出来了！"

孩子们笑了，他们理解了老师说的真理和笑话。老师走去开窗户，并把婴儿递给了看着他们的那位母亲。这小家伙似乎留下了他微妙的魅力，占据了孩子们的心灵。事实上，自然界没有什么东西比新生婴儿的呼吸更优美。在这个人类的小生命中，凝聚着力量和新奇，体现着人类生命的威严。孩子们也在这个人类新生儿生命的安静之中感到了诗情和美意。

无逻辑和目的性的活动

成年人的活动往往都带有一定的目的性和逻辑性，儿童在此之前就已经有了一定的目的性活动了。只是我们成年人对那些东西的使用方式与儿童大不相同。

为了发展自己的心灵，儿童必须通过自身的运动，通过手的活动，才能发展自我，因此，孩子需要有一些能使他工作的物体，以便让自己获得活动的动机。当孩子的小手第一次机灵地活动，意味着他想把自我融入到世界中去。对于这样的活动，成人应该加以赞美。但在许多家庭里，孩子的需要被粗暴地拒绝了。婴幼儿周围的东西属于成人所有，并为成人所用。对婴幼儿来说，这些东西成了禁忌。大人害怕那些小手伸出去拿一些他们所爱护的东西，并无意中将其损坏。基于这种顾虑，大人筑起了一道防线，他们千方百计把这些东西隐藏起来，或放在孩子够不着的地方，他们老是说："不许碰！"正如他们曾对孩子的呵斥："别动，快安静下来！"

然而这种"不许碰"能带来什么效果呢？我们知道，手受大脑的控制，与智力的发展密切相关，如果手得不到运用，他的性格形成就会处于一个很低的水准，而这样的孩子也往往表现得不听话、懒惰和情绪低落。而能够使用手的儿童，比不能使用手的儿童发展得更快，性格也会比不能使用手的儿童明显要坚强。

因此我们应该热切地期待着孩子朝外界伸出小手，这是小手第一次有智慧的举动。这个动作的最初意义代表孩子自我进入了外部世界之中。正是通过手的活动，孩子发展了自我，丰富了自己的心灵。

孩子手的运动的最早象征是抓取或拿。随后，动作有了新的发展，它已经不再像以前那样是一种本能的动作，而是变成了一种有意识的动作。10 个月时，婴儿对周围世界的观察唤起了他对抓取的兴趣，且渴望掌握。在这种渴望的驱使下，婴儿不再是单纯地抓捏东西，而成了手的练习。他们此时做的不仅仅是一种简单的抓的动作了，而是通过挪动物体来充分表现自己手的能力。

还不到 1 岁时，婴儿的两只小手就开始忙个不停。橱柜和有盖的箱子的开关，衣柜的抽屉拉出和推进，瓶塞的取出和塞回，篮子里零散的东西的拿进拿出等等。正是通过这些努力，婴儿就越来越能够控制他的双手了。在 1 岁半时，儿童开始希望用手拿一些重东西，这就需要腿来对他进行支撑。作为人类活动工具的腿可以把他带到任何想去的地方，但带到目的地之后，具体工作则要由手来做。

理论上讲，儿童这种渴望运动来锻炼自己的心理应该很容易被理解，但在现实生活中去难以实现。其原因是成人心里存在着极深的障碍。因而一个成人，即使表面上同意儿童自由触摸和搬运东西的要求，他也将会发现自己无法化掉内心禁止这个儿童的冲动。

有一位母亲，虽然没有限制她 3 岁半的孩子搬东西，但却总想替他做点儿什么。有一天，她看到儿子把一只装满水的水罐拿到客厅里去。她注意到，他处于高度的紧张之中，并缓慢地、费力地穿过房间。他一边走一边对自己说："小心，小心！"这罐水很重，孩子的母亲终于忍不住要去帮他了。她拎起水罐，把它拿到他要去的地方，但这个孩子看上去十分伤心。孩子的母亲承认说她也很难过，但她依然认为她这么做是对的。许多家长或许都有跟她一样的想法，亦即虽然孩子正在做的事是有意义的，但却又认为让孩子搞得精疲力竭，并且浪费很多时间是不值得的。

但后来这名妇女完全承认了自己的错误。如果深入研究，就可以发现，妇女之前的表现，正是对孩子的吝啬，它产生于要保护自己财产的欲望。不过这里面并非存在什么本质性的冲突，因为妇女不是反对孩子拿取某个东西，而是害怕孩子把珍贵的东西弄坏。因此，妇女完全可以走一条折中的路线，在家里放置塑料杯，或质量很好的玻璃杯，让孩子拿一个这样轻巧的东西，再来看看会发生什么事。

妇女确实这么去做了，她发现她的孩子拿着杯子时十分小心，每走一步都要停一停，最终，他安全地把杯子放到了目的地。整个过程中，孩子的母亲由于两种感情激动不已，一种是为她儿子的工作感到高兴，另一种是为她的杯子担心。但她还是让儿子完成了这项工作，因为孩子非常渴望做这件事，这对孩子的心理发展极为重要。

一个成人如果不理解儿童喜欢活动的重要性，他就会对儿童第一次表现出这种本能惊讶不已。对于成人来说，为了满足儿童的需要，必须做出牺牲，必须抛弃他

233

的某个脾性，降低对环境的要求。如果不让儿童接触他周围的环境，就会阻碍孩子的成长。

事实上，有心的父母都不难找到解决冲突的办法，那就是给孩子准备一个"有准备的环境"，让孩子能在其中实现自己强烈的渴望。孩子想要从事活动，就得要有东西来配合，这样的东西能够"刺激活动"。

3～6岁年龄段通常也被称为"玩的年龄"。这个年龄段的儿童需要接触各种不同的东西。人们认为借助大量玩具，就能满足儿童的需要，但儿童真正的需求并不是玩具。在"儿童之家"，专门有一个为3～6岁的儿童设计的"有准备的环境"：一个小房间，使儿童能够像在他们家里一样玩耍——房间里的小桌子、小椅子、小盘子和小碗都是为儿童准备的，他们可以自己清洗碗碟，自己摆桌子，自己打扫卫生，并且可以自己穿衣服。

儿童将要进入的社会生活，对于他们来说是非常新鲜的，这些类似于现实生活中的东西比玩具更有意义。在玩具业不发达的国家，儿童们也表现出不同的活动兴趣。尽管没有玩具，他们同样保持着对外界事物的敏感和快乐。他们的唯一想法就是融入周围环境中去。他们与成年人一样做着几乎同样的事情。当他们的母亲洗衣服、做面包或蛋糕时，他们也会参与其中。虽然这些行为也带有模仿性，但这是一种有选择性的、聪明的模仿。儿童想通过这些行为为自己参与周围环境做准备，也是为了满足自我发展的需要。

因此作为老师或父母，应该向儿童提供各种各样能够模仿周围事物的东西。这些东西是为孩子特制的，大小、轻重对于孩子来说都非常合适，甚至设计一个房间，专为满足儿童的需要，让儿童在里面自由玩耍。

在"儿童之家"，儿童获得了他们真正需要的东西，而正是这些东西，使儿童得到了真正的快乐，并改变了他们的性格，让他们具有了独立的倾向。这些孩子好像在说："我要自己做事情，不要你们的帮助。"他们似乎突然间就成了一个不需要帮助、能够自给自足的人！儿童在这个小环境里获得的巨大收获，将帮助他们逐步适应社会生活，并逐步形成自己的性格。这样做不仅仅给儿童带来了快乐，还打开了他们成长的大门。

读书和书写教育方法

我记得那时还是在罗马心理矫治学校当教师的时候，就不断地尝试着用各种教学方式来读写实验。在此之间，我从没这么干过。

伊塔德和塞昆没有提供教孩子们书写的任何合理方法。那么，塞昆是如何进行字母教学的，在此我引用塞昆关于书写教学的一些说法：

"要想让一个孩子从画图案过渡到书写——这也是画图案最直接的应用——我们只需说'D'是一个圆的一部分，然后将这个半圆两端放在垂线上；'A'则是两条斜线在顶端交会，中间被一条水平线截断，等等。"

"我们再也不需要担心孩子将如何学习书写：他会画图案，就会写。不用说，我们应该让孩子根据对比和类比规律来画字母。例如，在 O 旁边是 I，在 B 旁边是 P，在 T 旁边是 L，等等。"

"既然是这样，是不是没有必要教孩子写字？只要会画图案的孩子，就能够写。可是，书写就意味着要写字母！塞昆在其书中的任何其他地方也没有解释他的学生们是否应该用任何其他方式进行书写。相反，他用大量的篇幅描述了如何画图案——既为书写做准备，其本身又包括了书写。但这种方法到处是困难，只有把伊塔德和塞昆的尝试结合起来才能够进行。"

"第十一章：画图案。画图案时得到的第一个概念就是画图案所需要的平面。第二个概念就是画线或描画。所有图形和线条的产生都有赖于这两个概念。"

"这两个概念是相关的，它们之间的关系产生出构思或者说画线条的能力；只有当线条遵循着确定的方向时，才能够称其为线条；没有方向就不是线条；随意画出来的不能称为线条。"

"相反，一个有意义的符号拥有一个名称，因为它有确定的方向，并且由于所有字或图案都是不同方向的线的复合。因此，在开始一般意义上的书写之前，我们必须坚持这些关于平面和线条的观念。普通的孩子通过直觉获得这些观念，但为了使智障儿童在运用这些观念时能做到仔细而敏感，就必须向他们强调这些观念。通过有条不紊地画图案，智障儿童就会与平面有合理的接触，并且通过模仿，可以画出一些起初比较简单、而后逐渐复杂起来的线条。"

"应该这样来教孩子：第一步，描摹各种不同种类的线条。第二步，描摹不同方向的线条，并且在平面上的不同位置进行描摹。第三步，把这些线进行组合，形成从简单到复杂的各种图形。因此，我们必须教会学生区分直线和曲线、水平线和垂直线以及各种斜线；最终要让孩子们弄清楚两条或者更多条线的交汇点在构成一个图形中的重要作用。"

"这种对图画的理性分析在各方面都是如此重要，以至于一个已经学会了写很多字母的孩子花了 6 天时间学习画垂直或水平线，在能模仿画曲线和斜线之前花了 15 天时间。确实，我的大多数学生在尝试向一个确定的方向画线之前，甚至无法模仿我的手在纸上的运动。即使最具模仿能力或者最不笨的孩子也将我画给他们看的图形画反了，而他们所有的人都把相交点弄混了，无论这些相交点有多么明显。事实上，我已经教给了他们关于线条和结构方面的详尽知识，这些知识本来应该能够帮助他们在平面和各种不同的标记之间建立起联系，但我的学生都是有缺陷的，他们在垂直线、水平线、斜线和曲线上面所能取得的进步是由他们在理解方面面临的困难以及他们在画这些线的时候其智力的高低和手的运动是否稳定决定的。"

"在此，我不是说我仅仅是让孩子们在进行一件很困难的事情，因为我已经让他们克服了一系列的困难，因而，我问自己，是否有些困难还不够大，是否因为这些困难不像数学中的定理那样环环相扣。下面就是我的一些想法。"

"垂直线是可以用眼睛和手直接上下追随的直线，水平线对于眼睛和手来说位置比较低，并且要追随一条曲线，就像地平线一样，也正是从地平线那里得到了水平线这个名字，就不那么自然。"

"斜线显示着更加复杂的相对概念，并且相对于平面来说变化更多，因此，研究斜线是浪费时间。那么，最简单的线就是垂线。下面就是我们将这一概念教给学生们的方法。"

"第一个几何公理是：从给定的一点到另一点只能画直线。"

"从这个原则出发，我在黑板上画两个点，然后用一条垂直线把它们连接起来。我的学生也在他们自己的纸上尝试着和我做同样的事情，但有的学生把这条垂线画得斜到了位于下面的点的右侧，有的则斜到了左侧，更不用说那些将线斜向各个方向的学生了。出现这种错误经常是由智力或者是视觉方面的缺陷造成的，而不是手的缘故。为了减少出现偏差，我认为对平面的范围进行限定是明智的，我在点的左右两侧各画了一条垂线，这样孩子们就能够在这个封闭的区域内通过画这两条线的平行线将这两点连接起来。若这两条线还不够用的话，我就在纸的两边各放上一把垂直的尺子，这就绝对能够防止偏差的出现。然而，这种限制并不能长时间地发挥作用。我们先禁止使用尺子，并回到使用两条平行线的方法，智障儿童也学会了在这两条线之间画出第三条垂线。然后，我们随便擦掉一条线，只留下或者是左边或者是右边的线，后来我们将留下的线也擦掉，最后把那两个点也擦掉，先擦掉的是标示了这条线的起点和手的起点的上面那个点。这样，孩子们就能够学会不使用辅助手段，而且在没有点的比较的情况下画垂线。"

"在水平线的教学中用同样的方法，同样的指导方式，也面临着同样的困难。如果偶尔在开始时画得很好，我们还必须要等待，孩子会由于我在前面解释过的原因自然而然地在将其向两边延伸的过程中将其画成曲线。若这两个点还不足以使孩子们画出一条水平线的话，我们就可以像上面一样使用平行线或者是尺子来避免偏差。"

"最后，让他画出一条水平线之后，我们就把这条水平线和垂直的尺子放在一起形成直角。这样，孩子就会开始明白究竟什么是垂线和水平线，当他画出这样一个图形的时候，也就会明白这两个概念之间的关系了。"

"在教孩子们画线的过程中，表面上看来应该在孩子们学会画水平线和垂线之后，立即教他们画斜线，但实际上并不是这样！因为如果垂线发生偏斜，或者水平线的方向发生变化，都会与斜线相似。因此，如果在没有任何准备的情况下就教孩子画斜线的话，对他们来说就太复杂而无法理解了。"

塞昆对不同方向的线条用了较大篇幅来论述。他让学生们在两条平行线中练习。他同时还提到了四条曲线的问题，并让学生们在垂直线的左右、水平线的上下画线。他总结道："我们找到了解决问题的方法——垂直线、水平线、斜线和四条曲线，这四条曲线的结合构成了一个圆。这样就包含了所有线，也包含了所有书写。"

"进行到这一步之后，伊塔德和我停顿了很长时间。孩子们已经了解了线条，下一步就是要让他们画一些规则的图形，当然，应该从最简单的开始。根据一般的看法，伊塔德建议我从正方形开始，我按照他的建议进行了 3 个月，但是却无法使孩子们明白我的意思。"

塞昆在自己的有关几何图形的思想指引下，经过长时间的试验，开始意识到三角形是最容易画的图形。

"当三条线相交时，总是形成一个三角形，而当四条线从各个不同方向相交时，如果不能保持平行，就不能呈现出一个完美的正方形。

"从这些实验和许多其他的实验中，我得出了对智障儿童进行书写和画图案教学的首要准则，该准则的应用是如此简单，以至于不用再做进一步的讨论了。"

这就是我的前辈们对缺陷儿童所使用的书写教学方法。至于阅读，伊塔德采取了如下方法：在墙上钉上钉子，然后挂上各种木制几何图形，比如三角形、正方形和圆形。接下来，他在墙上画出了这些图形的精确图案，然后拿走木制几何图形。伊塔德通过这种设计构想出了平面几何教具。最后，他制作了一些很大的木质字母印模，并按照同样的方式做出了许多字母印痕。他在墙上画出这些图形的精确印痕，然后再拿走这些图形。伊塔德通过这种设计构想出了平面几何教学用具。他利用墙上的印痕，将钉子进行排列，使孩子们可以将字母放在上面，并且可以自由地取下来。后来，塞昆用水平面替代了墙面，将字母画在一个盒子的底端，然后让孩子们在上面加字母。

在我看来，伊塔德和塞昆所使用的阅读和书写教学方法是不必要的。这种方法存在两个根本性的错误，使得这种方法不及对正常儿童所使用的方法，那就是：写印刷体的大写字母以及通过对几何的学习来为书写做准备，我们认为只有中学生能够做到这一点。

塞昆突然从对孩子的心理观察、从孩子与周围环境的关系，转换到了直线的产生和直线与平面的关系，完全混淆了概念。他说因为"自然的命令"，孩子们乐于画垂线，而水平线会很快转变成曲线。这种"自然的命令"是通过人们将地平线看成曲线表现出来的。塞昆举这些例子的目的是为了说明特殊训练的必要性，它使人们能够适应观察，能够指引理性思维。观察必须绝对客观，换句话说，必须排除先入为主的见解。而在这个例子中，塞昆存在着几何图形一定是书写的准备这样一种先入为主的见解，阻碍了他去发现一种对于书写准备来说非常必要的自然过程。另外，他还事先主观认为存在直线的偏差，并且认为这种偏差的不准确性都是由于"头脑和眼睛"，而不是"手"。

所以他花了几个月煞费苦心地给痴呆儿童讲解线的方向，指导痴呆儿童的视觉。看上去塞昆好像认为一种好的方法必须要从高起点——几何——开始；孩子们的智力只有在与抽象事物有关系时才值得关注。这不就是一个很常见的缺陷吗？

让我们观察一下平庸的人们，他们很傲慢地认为自己十分博学，并蔑视那些简单的东西。再让我们研究一下那些被认为是天才的人的清晰的思想。牛顿在室外静静地坐着，一个苹果从树上掉了下来，他看到了并且问"为什么？"这种现象从来就不是微不足道的，从树上落下的苹果和万有引力在天才的头脑中是比肩而立的。

如果牛顿是一位儿童专家的话，他一定会让孩子们仰望布满星星的夜空。然而一位博学的人却很可能会认为让孩子们理解对于天文学来说很重要的微积分是必需的。但伽利略通过观察悬挂在高处的摇摆的吊灯，就发现了钟摆定律。

在智力领域里，简单就在于要摆脱头脑中的各种先入之见，这会导致新事物的发现，这就像在道德领域里，谦卑和物质贫困能够指引我们达到精神上的高境界一样。

如果研究一下人类的发现史，我们就会发现它们都来自于真正客观的观察以及逻辑思维。这些都是非常简单的事情，但却很少有人能发现。

比如，在拉韦朗发现能够侵入红细胞的带疟疾的寄生虫之后，尽管我们知道血液系统是一个封闭的管道系统，但是我们仍质疑注射疫苗预防疟疾的可能性，这看起来难道不奇怪吗？相反，认为邪恶来自于低地、来自于非洲风的吹送、来自于潮湿的荒谬观点却被人相信。然而，这些都是模糊的概念，而寄生虫却是个确定的生物种类。

大量的时间和智力都在这个世界中损失了，因为错误观念似乎很强大，而事实却如此渺小且无关紧要。

我说所有这些的目的在于为这样一种必要性——通过更加理性的方法来教育未来的几代人——而辩护，我觉得这正是我们所面临的情况。正是从这些后代开始，世界要取得巨大进步。我们已经学会了利用我们周围的环境，但我相信我们已经到了这样一个时刻——通过一种科学的教育来发掘人类的力量的必要性已经显现出来了。

再回到塞昆关于书写教学的方法这一话题上来，这一方法说明了另外一个事实，也就是在教学上我们所走的是一条曲折的道路。这也是一种使事物复杂化的本能，类似于我们倾向欣赏复杂事物的本能。塞昆给孩子们讲授几何是为了教孩子们进行书写，让孩子们努力去学习抽象的几何却仅仅是为了写出一个印刷字母"D"。孩子不是必须要再做出努力去忘记印刷体而去学习手写体吗？

即使是现在，我们依然相信为了让孩子们学会书写，必须首先学写竖直的笔画。这一坚定的信念相当普遍。然而，为了写出字母表中丰满匀称的字母而从直线和锐角开始练习，这看上去并不自然。

说实在的，对一个初学者来说，想要写出一个由漂亮的曲线构成的字母"O"而没有棱角和僵硬，将是很困难的。然而，我们为了强迫孩子们写一页又一页的直线和锐角付出了多少努力啊！是谁提出首先应该书写的必须是一条直线这一由来已久的观念的呢？为什么我们如此回避曲线和角呢？

让我们暂时抛开此类先入之见，以一种更简单的方式来进行。我们也许能够减少未来几代人在学习书写上所付出的努力。

有必要从竖直的笔画开始学习写字吗？片刻清晰而富有逻辑的思考就足以使我们回答"不"。孩子们在这样的练习中会痛苦不堪。最初的几步应该是最简单的，而上下的笔画是所做的所有运动中最难的之一。只有专业书法家才能够把这种笔画整齐地画满一页纸，而一个写字水平一般的人也只是能画出一页大体上令人满意的笔画而已。的确，直线是唯一的，它代表着两点之间的最短距离，而任何偏离这一方向的线都表明它不是直线。因此，画出这些无限多偏离方向的线比画出那一条直线要容易得多。

如果我们让一些成年人在黑板上画一条直线，他们会画出各种方向的直线，有的从这边开始，有的从那边开始，但几乎所有的人都能够把线画直。可是，如果我们要求他们从某一确定的点画一条特定方向的直线，那么他们起先表现出来的那种能力就会大打折扣，我们就会发现许多不规则或者错误。几乎所有的线都很长，因为每个人为了把线画直都必须如此。

如果我们要求把线画短，并给出准确的限制范围，错误就会增加，因为这样就会妨碍使线保持确定的方向。而正是在针对书写教学通常所采用的方法中，我们加入了限制，同时还要以一种特定的方式对书写方法作进一步的限制，而不像人的本能所促使每个人去做的那样。

因此，我们是在以一种有意识的最严格方式教孩子们开始本应是自发的书写行为。在最初的书写中，我们仍然要求笔画要保持平行，使孩子的任务变得很困难而且很单调，因为这一要求对那些不理解其含义的孩子们来说是毫无用途的。

　　我曾经注意到法国的一些缺陷儿童在他们的笔记本上所画的竖直笔画，尽管一开始是直线的样子，但是最后却成了"C"的样子。这表明这些缺陷儿童相较于正常儿童来说缺乏坚持的能力，他们为模仿做出的努力在一点一点耗尽，一种自然的动作逐渐取代了强迫性或者是刺激性动作。因此，直线慢慢变成了曲线，越来越像字母"C"。这种现象之所以在正常儿童的练习本中没有出现过，是因为他们能够通过努力进行坚持，直到把一页练习写完，因此，就像经常发生的那样，这一现象把教学中的错误隐藏了起来。

　　但是，让我们来观察一下正常儿童自发的绘画过程。比如，当他们拿起树枝在花园里的沙地上画的时候，我们从来没有看到过短直线，而是一些长而交织的曲线。

　　塞昆也观察到了这一现象——当他让他的学生画水平线的时候，水平线很快就变成了曲线。但他却把这种现象归因于对地平线的模仿。

　　认为竖直笔画是为写字母做准备，这看起来极其不合乎逻辑——字母是由曲线构成的，而我们却通过学会画直线来为之做准备。

　　"但是，"有的人也许会说，"许多字母当中确实有直线呀！"没错，但这也不是我们应该选择字母中的这种细节来作为初学书写练习的理由。我们可以用这种方法来分析字母符号，来找出字母中的直线和曲线，就像我们通过分析语句来找出语法规则一样。但我们说话时都是脱离语法规则的，那我们为什么不能在写字时脱离这种分析呢？

　　如果我们只有在学习了语法之后才能说话，那是多么悲哀呀！这就与要求我们在仰望天空中的繁星之前必须学习微积分是一样的。同样，如果我们认为在教一个智障儿童书写之前，就必须让他明白抽象的直线和几何，也是愚蠢的！

　　如果为了书写，我们必须对构成字母的各个部分进行分析，我们也真是太可怜了。事实上，我们所相信的为了书写而必定要付出的努力是一种纯粹虚假的努力，这种努力与书写无关，而是与教授书写的方法有关。

　　让我们暂时把各种教条都放在一边，也不考虑文化或者习惯。在此，我们没有兴趣了解人类是如何开始书写的，对于书写本身的起源也不感兴趣。让我们把经过长时间使用所得到的观念——学习书写必须要从画竖直笔画开始——放在一边，让我们像正在寻求的真理那样清楚而没有偏见吧。

　　"让我们观察一个正在书写的人，让我们去分析他在书写时的动作"，也就是书写当中的技术性操作。这会涉及书写的哲学研究，而且我们所要调查的是进行书写的个人，而不是书写本身；是主观而不是客观。许多人都从客观开始考察书写，并且许多方法是通过这一方式得以建立的。

但从个体开始的这种方法绝对是开创性的，与之前的许多方法有很大不同。这确实代表着建立在人类学基础上的书写方面的一个新时代。

事实上，在我对正常儿童进行试验时，如果我想给这种新的书写方法命名，在不知道实验结果的情况下，我会称它为"人类学方法"。当然，我在人类学方面的研究促成了这种方法，但我的经历使我想到了另外一个令人吃惊而在我看来又很自然的名称，即"自动书写法"。

在教缺陷儿童时，我偶然观察到这样一个事实：一个 11 岁的智障女孩，她的手拥有正常人的力气和运动神经能力，但却学不会缝纫，甚至学不会缝纫的第一步——织补，这包括把编织针从线上面穿到线下面，时而跨过几条线，时而留下几条线。

我让这个孩子编织福禄贝尔垫子，在此过程中，要让一张纸条横向穿过一列纵向纸条，这些纵向纸条的上下两端都是固定的。然后我就开始思考这两种练习之间的相似性，并对这个女孩的观察变得更有兴趣。当她对编织福禄贝尔垫子很熟练时，我让她再做缝纫，并且非常欣喜地发现她此时会织补了。从那时起，我们的缝纫课程就从编织福禄贝尔垫子开始了。

我看到手在缝纫中的一些必要动作不经过缝纫就能够做到，那么，我们在让孩子进行一项任务之前，就应该能找到教孩子如何做的方法。我特别注意到，通过反复的准备性练习，而不用通过任务本身，就能够进行准备性活动并形成一种机制。然后，孩子们就可以进行真正的任务了，即使是以前没有直接用手接触过，他们也能够完成这一作业。

我想也许我可以以这种方式为书写做准备，而且这一想法使我非常感兴趣。我惊奇于这种方法的简单性，同时为以前从未想到过这种通过对一个不会缝纫的小女孩的观察而得来的方法而深感懊恼。

事实上，我已经教给了孩子们如何去触摸平面几何嵌块的轮廓，而现在所要教给他们的仅仅是用手指去触摸字母的形状。

我让人制作了一些很漂亮的字母，都是流畅的手写体，小写的字母高 8 厘米，而大写的字母的高度相应增加。这些字母都是木质的，厚 0.5 厘米，元音被涂成了红色，辅音被涂上了蓝色的瓷釉。

这些字母的另一面没有上色，而是覆盖着黄铜，这样就会更加耐用。我们只有一套这种木质字母,但是却有许多卡片,其上画着与木质字母同样大小和颜色的字母。卡片上的字母是按照字母形状的对比性和相似性分组排列的。

相应于每个字母,我们都做了一个图片,图片中是一些其名称以相应字母打头的物品。在这些图片的上方,相应的字母是很大的手写体,其旁边是这个字母的小得多的印刷体。这些图片为的是帮助孩子们记住字母的发音,而与手写体字母相对应的印刷体字母是为了有助于孩子们从认字母过渡到读书。这些图片确实并不是一种新观念,但构成了以前并不存在的一种新方法。

我的实验中有趣的部分是,在我向孩子们展示了如何把木质字母放到卡片上印的字母上之后,我让他们以一种流畅的书写方式反复触摸这些字母。

我以各种方式重复这些练习,孩子们因而不经过书写就学会了做出书写字母所需要的手部动作。

我被以前从未想到过的一个观念震惊了——在书写时,我们有两种不同形式的动作,除了写字母的动作之外,还有一种控制书写工具的动作。确实,当缺陷儿童能够很熟练地按照字母的形状来触摸所有的字母时,他们还不知道如何握笔。稳定地握住并控制一个小棒子是与获得一种特殊的独立于书写动作的肌肉机制相对应的,它在书写时必定会对写出各种形状的字母所需要的动作构成支持。

因而,这是一种必须与图形符号的运动神经记忆共存的截然不同的机制。我在让缺陷儿童用手指触摸字母以激发他们的书写动作时,是让他们锻炼了一种心理——运动神经的通路,并强化了对每个相对应字母与肌肉记忆的关系。对于尚未得到锻炼的把握和控制书写工具的肌肉机制,我是通过在前面描述的阶段之后再加上两个阶段来激发的。在第二阶段,孩子不仅用右手的食指触摸字母,还同时使用食指和中指去触摸。在第三阶段,孩子用一根小木棍来接触字母,就像握笔那样拿着这根木棍。我真正的意思是让孩子重复这一动作,时而握着书写工具,时而不用握。

我说过孩子的目光会追随着字母轮廓移动。尽管孩子的手指通过触摸几何图形的轮廓已经得到了锻炼,但这种锻炼并不总是一种充分的准备。的确,即使是我们成年人在透过玻璃或薄纸描摹图案时,也不能完美地追寻我们看到的线条并画下来。为了准确地描摹出实际上只有眼睛能够感觉得到的轮廓变化,应该设计一些控制和指引装置。

因此,缺陷儿童无论是用手指还是木棍,都不能总是很准确地描摹图案。在这项练习中,教学用具没有提供任何控制,或者说仅仅是通过孩子们的一瞥——只是看一看手指是否仍然在图案上——提供了不确定的控制。我此时想，为了让学生们更准确地进行练习，并为了更加直接地提供指引，我应该让所有的字母都带上沟槽，这样就可以让小木棍在里面行走了。我设计了这种器具，但是由于造价太昂贵我没能实现我的计划。

在用这种方法进行了大量试验之后，我在国家心理矫正学校给教学法班的人们作了详细介绍。尽管有超过 200 名小学教师已经采用了这些讲义，但他们没有从中获得一点有帮助的观念。费拉里拿授在一篇文章中对此表示惊奇。

此时，我们拿出了一些上面印有红色元音字母的卡片。孩子们看着这些不规则的红色图形。我们还把红色的木质元音字母拿给孩子，并让他把这些木质字母叠加到卡片上的字母上。我们让孩子以书写的方式触摸木质元音字母，并把每个字母的名称告诉他。元音字母是根据形状类比排列在卡片上的：

o e a
i   u

然后，我们对孩子说，比如"找到 O，把它放到相应的位置"，然后说"这个字母是什么？"我们发现，如果孩子们只看字母的话，许多孩子都会犯错误。

然而，他们却能够通过触摸来说出字母。这是最有趣的一个发现，揭示了不同的个体类型——视觉型和运动神经型。

我们让孩子触摸画在纸片上的字母——一开始只用食指，然后用食指和中指——最后是手中像握笔一样拿着一根小木棒。必须用写字时的方式来描画字母。辅音字母是蓝色的，并根据形状类比排列在卡片上。这些卡片都附有一个蓝色木质字母，让孩子把这些木质辅音字母叠加到卡片上的相应字母上。另外，这套教学用具还包括另一套卡片——在辅音的旁边还印着一或两个其名称以这个字母开头的物体的图形。在手写体字母旁边，是一个颜色相同但小一些的印刷体字母。

我们根据发音方法读出这些辅音，先指着字母，然后指向卡片，读出印在卡片上的物体的名称，并要强调第一个字母，比如"p-pear：给我辅音 p，把它放在相应的位置上，触摸它"等。我们就用这种方法对孩子们的语言缺陷进行了研究。

以写字的方式来描画字母，就开始了为书写做准备的肌肉练习。受过这种方法教育的一个小女孩已经用笔写出了所有字母，尽管她还不能全部认出来。她把这些字母写成 8 厘米高，并且非常规则。她的手工也非常好。以书写方式来看、识别并触摸字母的孩子就同时为阅读和书写做着准备。

在触摸字母的同时看字母,就能通过感觉官能的协作更快地强化对字母的印象。这两类动作在后来发生了分离,看变成了阅读,触摸变成了书写。根据个人的类型不同,有的人先学会阅读,有的人先学会书写。

我大约是在 1899 年发明了现在仍在使用的阅读和书写的基本方法。有一次,我给一名缺陷儿童一支粉笔,他竟然在黑板上写出了字母表中的全部字母,要知道这可是他的第一次!这种能力让我深感惊讶。

书写的实现比我预想的快得多。正如我所说的那样,有的孩子能够用铅笔写出字母,尽管他们可能一个也不认识。另外我也注意到在正常儿童当中,肌肉感觉在婴儿时期最容易发展,这使得书写对孩子来说非常容易。而对阅读来说则并非如此,阅读需要长时间的教育,需要更高等级的智力发展,因为阅读需要是对有关符号进行解释,需要嗓音的变化调整,这些工作目的在于理解话语,所有这些都是纯粹智力性的工作。在书写时,孩子们在教学法的引导下,将声音转变成符号,同时进行手部活动,这对他来说是一件容易而愉快的事情。儿童书写能力的发展总是伴随着简便性和自觉性,口头语言的发展也一样。口头语言的发展是一种声音的听觉运动神经型转换。相反,阅读部分却关系到抽象智力文化,它是对来自符号象征系统的概念所做的解释,只有在儿童期之后才能获得。

针对正常儿童的第一次实验始于 1907 年 11 月上旬。在圣洛伦佐的两所"儿童之家",我从孩子们入学之日起(一部分孩子是 1 月 6 日,另一部分是 3 月 7 日)就只使用实际生活以及感觉训练游戏。我并没有让他们进行书写练习,因为,我像其他所有人一样,认为应当尽可能地推迟这种练习,就像教授阅读和书写一样,应该在 6 岁以前避免。然而孩子们似乎需要总结这些练习,因为这些练习已经使他们以某种令人吃惊的方式获得了智力发展。他们知道如何穿衣服脱衣服,如何洗澡;知道如何扫地,给家具除尘,将房间收拾整齐;知道如何打开或关上盒子,照顾花草;知道如何观察事物;如何用手去"看"东西等。他们中的许多人跑到我这里来,直接要求学习阅读和书写,即使是在被拒绝之后,仍旧有孩子来到学校骄傲地表示他们知道如何在黑板上写出"O"。

最后,许多孩子的母亲来到学校请求我们教孩子们书写,说:"在'儿童之家'里孩子们的心智被唤醒了,他们非常容易地就学会了那么多东西,如果你们教他们阅读和书写的话,他们也一定很快就能学会,并且能够节省下需要在小学中为学习书写和阅读所付出的努力。"母亲们的这种信念:认为孩子可以从我们这里不费力气地学会书写和阅读——给我留下了十分深刻的印象。考虑到我在缺陷儿童学校里所取得的成果，我在8月份假期期间决定在学校9月份开学时进行一次实验。经过重新考虑之后，我决定最好在9月份继续我们被假期中断的工作，而在小学10月份开学之前不进行书写和阅读的任何教学。这还有一些额外的优点，使我们可以把小学的孩子取得的进步与我们这里同时进行同样指导的孩子进行比较。

因此，我在9月份开始寻找能为我们制作教具的人，但却没有人愿意做。我希望能有一套精美的字母，像在缺陷儿童学校里所使用的那样。后来我打消了这个念头，但我对在商店橱窗上使用的普通釉质字母感到很满意，可是我到处都找不到这些字母的手写体形式。这让我很失望。

10月份过得真快！小学里的孩子已经画了许多篇垂线，而我们还在等待着，这时我决定去掉大个的纸质字母。我想到可以用砂纸剪出这些字母，因为孩子们要触摸这些字母。把剪出的字母粘在光滑的卡片上，这样它们就更接近那些用于触觉练习的基本训练用具了。

我在制作完成了这些简单的用具后，才注意到这些字母与原来那些为缺陷儿童所设计的大号字母相比所具有的优势。而我却在那些大字母上浪费了两个月！如果我很有钱的话，就会拥有那些漂亮但是却无用的字母了——我们总是喜欢一些旧的东西，却不理解新的东西，我们总是寻求衰落了的事物的美，而认识不到在新观念的简约之中会萌发出我们的未来。最终，我发现纸质字母非常容易制作，并且可以让许多孩子同时使用，它们不但可以用来认识字母，而且可以用来组合单词。在使用砂纸字母进行触摸的时候，我发现了孩子们手指的寻找动作。这样，不单是视觉，而且还包括触觉都可以直接用来帮助教授书写的准确性。

放学后的一个下午，我和两位老师开始用书写纸剪字母，其他老师用砂纸剪。第一步，我们把字母涂成蓝色；第二步，把它们粘在卡片上。当我们工作时，关于这种方法的一幅全面而清晰的画面出现在我的头脑中，这种方法是如此简单，以至于当我想到以前从未意识到这种方法时就忍俊不禁了。

我们的第一次尝试非常有趣。有一天，一位老师病了，我让我的一位学生——师范学校的教学法教授安娜·费德莉——去代课。在那天结束时，我去看她，她给我看了她对这套字母所做的两个改动。其中一个是在每个字母的后面横穿了一个白纸条，这样学生就能够认出字母的方向，因为学生经常会把字母颠倒。另外一个改动是做了一个纸板盒，这样就可以从每个字母所属的小格子里将它取出来，而不像以前那样堆在一起。一直到现在，我仍然保存着这个由旧纸板盒做成的盒子，这是费德莉在院子里找到的，她还用白线缝了几针。通过触摸学习写字和阅读。左边的孩子正在描画砂纸字母，学习通过触摸来认识字母。中间的男孩和女孩正在用纸板字母组词。

费德莉笑着把这些给我看，说这是她的拙作，但我却表现出极大的兴趣。我立刻就发现装在盒子里面的字母对教学是一个非常实用的帮助。的确，它可以让孩子们用眼睛比较所有的字母，并选择自己所需要的字母。这里需要强调一点，圣诞之后的半个月到一个月期间，普通学校一年级的孩子们还在努力地忘记那些恼人的直钩直线并未学写"O"及其他元音字母的时候，我的两个只有4岁的学生就以他们的每个同伴的名义给西格诺·爱多阿多·塔拉莫先生写去表达祝福和感谢的信了。这些祝福和感谢是写在便笺上的，没有任何污点和涂改，这相当于小学三年级学生的水平。

富裕家庭儿童的兴趣

其实还有一类儿童他们的情况也比较特殊，那就是那些富有家庭的儿童。人们普遍认为这些孩子可能比前面提到的经历过墨西哥大地震的孤儿要好教育得多。事实上究竟是怎样的呢？富裕家庭的儿童正如他们的家庭一样，被社会所提供的奢侈品所包围，似乎享有特权。只要引证欧洲和美国的一些教师的经验就足以说明问题，这些教师们向我谈到了他们最初的印象，并描述了他们在反对那种错误观念时所遇到的困难。

诚然，这些孩子们有宽阔的后花园，但是这些东西却无法引起孩子的兴趣。他们对那些能使贫困家庭儿童着迷的东西也不感兴趣，而只选择自己偏爱的东西。因此，他们的教师常常感到非常棘手，不知道如何对待这些公子哥们。

在一般学校里，那些出身贫寒的儿童常常满足于老师给他们准备的各式各样的东西，而富有家庭的儿童什么都见过，对那些玩意儿看都懒得看一眼。

一位来自美国的 G 小姐给我们讲了她的困惑："这些儿童从其他人手里争抢教具。如果我拿教具给他们其中的一个人看的时候，其他人就会丢掉他们手中的教具，吵吵嚷嚷和毫无目的地围住我。我对一个教具解释结束时，他们就会为它而争吵起来。他们对各种各样的感官材料并没有表现出真正的兴趣。他们的注意力从一个教具到另一个教具，没有片刻的留恋。"

"还有一个孩子，他比较喜欢来回走动，他常常无法坐在座位上，这种走动大多时候是毫无目的的。他们丝毫不关心屋子里的东西，只是漫无目的地走动。他们甚至会掀翻桌子，脚踩我们给他提供的那些教具。时而在一个地方玩会儿，不久便离开了。他又去捡起掉在地上的教具，把玩一会儿又扔到地上。"

巴黎的 D 小姐也来信介绍了她工作中遇到的一些情况。她在信中说："我很遗憾，我的教学不成功，这让我很沮丧。这些孩子表现得没有主动性，而且也不能持久。他们对任何事物的专注都无法超过一分钟。他们就像一群羊一样，常常相互跟来跟去。当一个人拿着某件教具时，其余人也会要这件教具。有时，他们甚至会在地板上打滚而把椅子弄翻。"

还有一份简单的报告是来自罗马的一所招收富裕家庭儿童的学校，"这些儿童在工作时乱搞一通，并拒绝接受指导。所以，我们主要关心的事情是纪律。"

美国的 G 小姐继续交流她的教学经验："感谢上帝，这些让人头疼的家伙们不再那么不守纪律了，他们似乎开始自己指导自己了，开始对那些起初被他们当作傻乎乎的玩具、对那些先前不在乎的教具产生了兴趣。"

"因为这种新兴趣，他们开始作为独立的人而行动。一个教具可以帮助他们和其他学生一样去关注，不再是过去那样东张西望，他们显然找到了自己的兴趣所在。"

有些时候就是这样，孩子之所以显得毫无纪律性，主要是那些能够吸引他们的东西尚未出现。一旦他们找到了适合自己兴趣的教具，他们无疑就是胜利者。这种兴趣的来临是无法准确预测的。我也曾尝试着用所有教具引起一个孩子的注意，但结果证明这是徒劳。偶然有一次，我给他两块写字板，一块是红色的，另一块是蓝色的，要他注意这两种不同的颜色，他立刻伸出手来。在之后的几堂课中，他逐渐认识了 5 种不同的颜色，此后他对教具的兴趣也大增。

有一个孩子起初对任何事物的关注度都很短暂。后来当他接触到"长度"这种最复杂的教具之后，他表现出了极大的兴趣。他的状态也越来越好，不断地玩这个教具，学会了如何数数和做简单的加法。然后，他又开始用那些较简单的教具进行工作，变得对这个教育体系中的各种教具都感兴趣了。

"儿童一旦发现自己感兴趣的某种教具，就能克服那种不稳定性，学会全神贯注。"这位女教师还就如何激发两个女孩子兴趣的经验作了分享：

有姐妹俩，一个 3 岁，一个 5 岁。3 岁的女孩根本没有自己的个性，在所有的事情上都模仿她的姐姐。如果姐姐有一支蓝色铅笔，妹妹就会不高兴，直到她也有了一支蓝色铅笔；如果姐姐吃黄油面包，妹妹就除了黄油面包什么都不吃。她对学校里的任何事情都不感兴趣，只会尾随自己的姐姐，模仿姐姐所做的每一件事情。

然而，她有一天突然开始对红色立方体发生了兴趣。她搭起一座城堡，并多次重复这项练习，完全忘记了姐姐。她那迷惑不解的姐姐喊住她问道："为什么我在搭圆圈时你却在搭一座城堡?"从那一刻起,她的"跟屁虫"生涯结束了,她完全按照自己的兴趣去发展自己,不再刻意地去模仿姐姐,她的个性逐渐彰显出来了。

巴黎的 D 小姐还给我们讲述了一个 4 岁女孩的故事。这个女孩的协调性比较差,总是在倒水的时候使水从杯子里溅出来,如此反复多次都是一样。因此,她不敢再尝试做此类事情。

但是,在成功地完成了自己感兴趣的另一项练习后,她开始能够毫无困难地拿几杯水,给正在画水彩画的同伴们送去时,也能够做到不溅出一滴水。

远在澳大利亚的 B 小姐给我们讲述的故事更是妙趣横生。在她所教的班级里,有个小女孩还不会说话,只会发一些简单的音节,他的父母心急如焚。无奈之下,父母带着孩子去医院做智力检查,他们认为这个孩子反应过于迟钝。后来孩子对立体的镶嵌物感兴趣了,于是,她就用大量的时间把那些小的木质圆柱体从它们的洞孔里取出来,再放回去。她以强烈的兴趣做了一遍又一遍之后,跑到我们面前说:"你来看!"

B 小姐在工作中充满乐趣。她给我们来信说:我们感到当他们向我们出示一些真正的新东西时,儿童会表现出自豪感。当他们学会做一些非常简单的事情时,会在我们身边手舞足蹈,并伸出手臂抱住我们的脖子,还会告诉我:"全部是我自己做的。没想到吧!今天我做得比昨天好。"

D 小姐兴高采烈地说:"我们这个班在圣诞节之后发生了惊人的变化,孩子们越来越忙碌,秩序也自然建立起来了,这中间我丝毫没有干预。他们竟然主动走到柜子边上,找出自己以前十分反感的那些教具来,认真地琢磨它,研究它,乐此不疲。我想,班级中已经形成了这种愉快的学习氛围,过去对于教具的选择大多是一时冲动,现在却是真正的内在需求。他们都把精力投入到那些精密且有条理的工作上来,一旦能够克服困难取得成功,那种欢喜不言而喻。这种工作直接影响他们的性格,也使自主性加强了。"

让 D 小姐印象最为深刻的,是一个 4 岁半的小男孩。这个小家伙非常聪明,想象力极其丰富。每次给他教具的时候,他总能把这个东西给人格化。他只是滔滔不绝地说着,但是从不注意教具的形状、大小等等,显然他的注意力没有在教具上。因为心理紊乱,在活动中就表现得比较笨拙,他甚至不会系纽扣。

然而,某种奇迹突然降临到他的身上。D 小姐说:"这一点都不惊讶,他就是那样的人,只要喜欢上某种工作,就不厌其烦地去做,变得更加沉静和智慧。"

深刻认识生命之初

实际上，孩子智力上的每一个进步都能给他带来快乐。这是一种高层次的，有别于动物的快乐，一种可以将我们从悲伤与黑暗的孤寂中拯救出来的快乐。

选择是一种高级的智力活动

很多事情都有着一定的局限性，人的心理感觉也不例外，它始终是建立在选择的机制上的。在儿童思维形成的过程中，选择就是要走的重要一步。因为在迈出这一步之前，感官要对信息进行加工和筛选，然后通过思维做出选择，这实在是一个非常复杂的程序。在以上选择活动的基础上，便形成了某个具体的选择。这样，他的注意力才能够集中在特定的事物上，而不是在所有的事物上，然后经过意志的控制，就能从众多可能的行动中选择必须完成的行动。高级智力活动是通过人自身的注意力和内在意志活动，提炼出事物的主要特征，并通过对意象的联想，使之形成意识。

这是一个去粗取精的过程，大脑舍弃那些多余的东西，将独特的、清晰的、敏感的和重要的东西留存下来，尤其会保留那些对创造有用的东西。如果没有这项独特的活动，智力就不能称为智力了。如果一个人的注意力处于飘浮不定的状态，他的意志在确定某一行动时，也就会迟疑不决；如果一个人的注意力是分散的，他就会浮光掠影，对任何事情都不能够深入钻研。

我们之所以可以对事物加以区分和鉴别，是因为我们能够将信息进行接收限制，这是一个神秘的法则，每一个生物都有其生活的形式和范围。我们的内在活动只是使这种限定更加明确、更加集中，也正是因为如此，我们的内在活动才得以挣脱原始的混沌状态，并得到不断地雕琢和改造。毫无疑问，选择就是对事物进行区分和鉴别，然后做出合理的判断。

例如，我们通过观察一个圆柱图，可以知道它是一个支撑物。这一结论是建立在对它的各种特征进行选择的基础之上的。只有具备了这样的选择能力，我们才能够进行推理。通过这种内心活动，才会形成个人的倾向性。

儿童总是会做出一些很有趣的选择。一个不到 2 岁的孩子，有时候会毫无原因地去拿一个他们根本拿不动的东西。比如他们总是喜欢帮助成人摆桌子。他们会不停地把东西拿来拿去，直到累了为止。成年人总是怕孩子劳累，但心理学认为，成年人这时对儿童进行帮助会阻碍儿童的行为，进而影响儿童的心理。很多精神上有问题的儿童都可能受到过类似的打扰。

一件儿童经常做的事情就是爬楼梯。成人爬楼梯是有目的的，儿童爬楼梯却没有任何目的。儿童爬到楼顶之后还没有满足，他们会跑到下面再爬上去，如此循环反复。儿童爬楼梯的目的是在劳累中寻找乐趣。

通过研究发现，儿童的行为本身并不是他们要达到的真正目的，他们只不过是要满足内心的某种欲望。儿童只有完成准备工作之后才能对成年人进行模仿。只有到了那时，周围环境才能激发他。如果他发现有人在清洁地板或做糕点，他就会自己去做。做一些新鲜事可以激发孩子。

在"儿童之家"，一位教师有一天迟来了一会儿，事先她又忘了锁柜子。当她到教室后发现，孩子们已经把橱柜门打开了。许多孩子围着它，还有些孩子正取出教具，并把它们拿走。这位教师立即把这看作是偷窃，并认为他们对学校和老师极不尊重，应该严肃处理这件事，还通过讲一些道德原则来引导这些孩子。事实上这件事恰恰表明了一点：儿童已充分认识了这些教具，并且已经能自己做出选择！这使儿童开始了一种新的、有趣的活动。孩子们已经可以根据自己的爱好来选择不同的工作。孩子们在能做这种自由选择的时候，正是了解他们的心理需要的最佳时机。

在"儿童之家"，教师们做了一个较矮的橱柜，以便孩子们能拿到与内心需要相符合的教具。一个有趣的发现是，这些儿童只选择提供给他们的教具的一部分，而不是所有。他们总是去选择一些同样的东西和一些自己偏爱的东西，而很少去留意其他物件。这无疑表明，对孩子们来说，每一样东西都应适合其内心需要。只要让教具不发生混乱，并且淘汰不需要的用具，儿童的兴趣和专注就会被激发。

另一个有趣而重要的发现是，尽管儿童能玩到十分精美的玩具，但没人愿意去玩。老师们因此决心帮助他们玩这些玩具。她们向孩子演示如何拿小碟子，如何在玩具娃娃的厨房里点火，并且在它附近放一个美丽的玩具娃娃。但孩子们的兴趣只持续了一会儿，就各自走开了。这使老师们认识到，在儿童的生活中，游戏也许只占很小的分量，他们之所以选择玩具，是因为没有更好的事可做。当儿童感到有更重要的事去做时,他们是不会去做那些在他们认为是琐碎的活动的。在孩子们的眼里,做游戏就像下象棋一样,只是闲暇时的消遣。如果强迫他们长时间地做游戏,他们就会痛苦。

在"儿童之家",正是由于手上总有重要的事情要做,孩子们对游戏就不特别感兴趣了。这正是孩子的心智从较低的阶段向较高阶段迈进的一种表现,由于儿童在不断成长,他们会对所有有益于自身发展的活动着迷。

实际上,孩子智力上的每一个进步都能给他带来快乐。孩子们一旦享受到了这种快乐,就不会再去喜欢蜜饯和玩具,连虚荣心也随之消失了。正是有了这种变化,才使他们在别人眼里显得了不起。而且与我们所见到的那种歇斯底里的傻笑相比,它是一种高层次的、有别于动物的快乐,一种可以将我们从悲伤与黑暗的孤寂中拯救出来的快乐。

如果有人对我们这种提高孩子快乐层次的方法加以指责,那么受到伤害的将是这些孩子,丝毫无损于方法本身。成人之所以会有这样的指责,关键就在于他们并不把孩子当人来看待,在他们的心目中,孩子的快乐也就只是满足于贪嘴、玩耍甚至其他更溺爱的事情。实际上,这些快乐都不可能使孩子坚持多久,只有当他感受到作为人的快乐时,才会像前面那位向父亲宣布,她已经从多年毫无活力的阴暗生活中走出来的女孩一样,感到自己的生活是多么愉快。

我们从孩子身上看到的这种转折,正是他们智力上的天才表现,也正是他们发现真理之时!难道这不是代表了一种自然的心态生活吗?难道这种天才的表现不是充满了激情的人生的表现吗?只有这样,一个人才能通过自己独特的个性,揭示出人类的真正共性。我们观察到,孩子们积极塑造自己个性的道路与我们所熟知的天才所走过的道路是相同的,他们是那么专心致志,全力以赴,这使他们免遭外界环境的干扰,而且他们付出努力的强度及坚持的时间与精神活动的发展是一致的,正像天才们的努力一样,他们的这种持之以恒也不会没有结果。它是智力升华的源泉,是使思维能力拓展的源泉,同时也是使外部表现张力勃发的源泉。

所以,在我们看来,天才就是将束缚自己手脚的镣铐挣脱的人,使自己享受自由的人,在众人面前坚持他所认定的人生标准的人。为了培养这种专注的精神,一个人还必须学会陷入沉思。我们有过这样的体会,大量地、连续不断地读书反而会削弱我们的思维能力,不断地重复着背一首诗,直到将它牢牢地印在脑中,所有这些都不是沉思。培养孩子天性的方法就是沉思,因为没有别的更好的办法,能使他如此持久地专心致志,并且有利于内心逐渐成熟。每一个树立了自己目标的孩子,都有一种强烈的内在活动需要,会努力培养和发展这种内在活动,使其成为习惯。

孩子们就是在这种追求中不断地成长,使自己的智力得到协调的发展的。因此,当他们学会了沉思之时,就等于走上了充满光明的进步之路。

正是经过了沉思的锻炼之后,孩子们才会乐于安静地练习。接下来,他们会努力做到在行动时不发出声音,尽量显得举止优雅,使自己陶醉于精神集中后所呈现的愉悦状态之中。这类练习也巩固和加强了孩子们的个性,他们会越来越习惯于用这种正确的方法去认识外部世界,并能自发地运用这种方法去观察、推理和判断,用它来修正意识中的错误。

从此以后,他们能够自发地活动,主动选择并继续自己的工作,从周围环境中获得专注的能力,他们按照自己的内在动力去活动,而不受外界的任何干扰,包括我们以及比他们年龄大的同伴的影响,即便有人恫吓这些刚被引入正途而仍然幼稚无知的学生,学生们也不会因此而害怕。

让孩子由创造者变为劳动者

如前面所说，我们一直在探讨儿童的一个发展阶段，这个阶段直到 3 岁时才告一段落。儿童在该阶段的发展与胎儿在子宫里的生活有很多相似之处。这是一个极富创造性的阶段——会发生许多重要变化。但是，尽管如此，这部分记忆终将被忘却。我们把这段时间称之为"精神胚胎"，以便于和生理胚胎区分开来。

这段时间内，儿童的各种能力，如语言、手臂动作如腿脚动作等的发展是彼此独立、互不相依的。一些感知觉能力也开始形成了。此即胎儿期的情形。在胎儿期，身体器官正在独立自主、自由自在地发展。我们发现，在该心理胚胎期，各种心理控制能力正在独立地产生。因此，倘使我们忘记了所发生的一切，那么请不要感到惊诧，因为人格尚未统一，只有各部分皆已齐备的时候，它才能统一。

正因为如此，儿童 3 岁时候的生命将重新进入一个新阶段。因为意识在这个时期出现，并开始发挥作用，儿童的心理出现了一个明显的界限，区分开无意识和有意识两个阶段。无意识阶段被忘记，成为过去。3 岁前的阶段是儿童各种功能的建立时期，3 岁后是各种功能的发展时期，在这两个阶段之间存在一条遗忘河。一个普遍的心理现象是：人们大都记不起 3 岁前的事情。心理分析专家一直在努力，试图唤起人们 3 岁前的记忆，但他们的努力落空了，没有人能想起这个时期发生的事情。这是多么富有戏剧性的事情！人经历了一个从无到有的创造过程，却对此完全缺乏记忆。

3 岁之前，各种功能尚处于被创造的阶段，而 3 岁之后，它们即处于发展的阶段。这两个阶段之间的分界线使我们联想到了希腊神话中的那条遗忘川。我们发现，没有谁能将其记忆推回到比 3 岁更远的时期。所以，即使某种情境很激动人心，身历其境者也不能告诉我们有关它的任何情况，因为此时造化正在从无到有地创造我们。该潜意识的创造者，即被忘却的生活，恰似从人类记忆中被抹去了。

因而我们发现，3岁时来向我们致意的儿童，是一个我们无法理解的人。把我们与他联结在一起的纽带被本性的利刃割断了。成人摧毁本性正在试图从事的工作之所以极其危险，其原因就在于此。因为我们必须记住，在生活伊始的初期，儿童是完全依附于我们的。他尚不能自我照料、自谋其生。因此，除非我们成人熟知其心理发展方式——无论是由于本性的启迪，还是由于科学的启示，否则我们就可能成为其进步的最大障碍。

儿童在3岁之后，开始具备保护自己的能力。只要他感觉受到约束，就会用语言抗议，或者搞恶作剧。儿童反抗的真实目的并不是保护自己，而是要获得自由，以便了解周围的环境，促进自身的发展。那么，儿童发展什么呢？儿童所争取发展的，就是前一阶段形成的各种能力。从3岁到6岁，儿童将有意识地介入周围的环境，对它们进行研究，进入一个真正具有建设性的阶段。他们身上的各种潜在能力逐渐展现出来，这些都离不开意识取得的经验，这些经验不再是玩耍或者盲目行为，必须从环境中获得。

儿童那双灵巧的手开始从事人类特有的活动。如果说在第一阶段，儿童只能被动地观望世界，只能默默地打好心理基础的话，那么在第二阶段，他就能实现自己的意愿了。于是，儿童那双智慧的手忙开了，他将自己动手改造这个世界。

刚刚开始的另一种发展就是各种习得能力的完善。语言就是一个明显的例子，因为它的发展要持续到5岁左右才告一段落。在儿童2岁半的时候它就出现了，但要到此时它才发展成熟，因为儿童现在不仅能构造词语，而且还能使用语法正确的句子。但是，那种特别的敏感性（我们称其为语言的敏感期）仍在驱使儿童去更加准确地掌握语音，尤其是驱使他去扩大词汇量。

因而，存在着两种倾向：一是通过作用于环境的活动来延伸意识；二是完善和丰富习得的各种能力。这说明，3～6岁是一个通过活动进行"建设性的完善工作"的阶段。

在上一个发展阶段，儿童的大脑依靠感觉能力感知周围环境，如今这种吸收、学习的能力还在，当然已经脱离了无意识状态，在主动经验的帮助下发挥作用，因此更加丰富了。儿童不仅感知环境，而且亲自参与其中，手的使用延伸了大脑的功能。以前，儿童只能在成人的带领下接触周围环境。现在，他们能够介入这些事物，并对它们进行鉴别。所以，这个年龄的儿童总是非常忙碌，他们不停地忙碌着，兴奋不已。此时，儿童的智力发展已经走出发生阶段，迈上了形成阶段。由于儿童对世界的强烈要求，这一阶段还将出现进一步的心理发展。人们称它为"幸福愉快的游戏时期"——人们对此已有所了解，但只是最近才开始对它进行科学的研究。

在欧洲和美洲，文明生活的飞速发展扩大了人与自然之间的分裂，为了适应这种需要，人们就给儿童堆积如山的玩具，但他们真正需要的是与此完全不同的刺激物。在此期间，儿童应该触摸和把玩各种事物，然而人们几乎没有给他们任何真实的物品由他们支配，而且他们能见到的物品，大多数又禁止他们触摸。唯有一种物质是可以允许现代儿童自由触摸的，那就是沙粒。

但是，我们发现，在那些玩具制造业不甚发达的国家里，儿童们的情趣大不相同。他们更镇静、更明智、更快乐。他们唯一的念头就是参加周围正在进行的活动。他们和一般的人没有什么区别，因为他们使用和操纵的东西与成人的并无二致。母亲洗涤衣服，或制作面包和蛋糕的时候，儿童也参加。虽然他的行为是一种模仿性行为，但这是一种有选择的理智的模仿行为，儿童就是通过此种行为为在世界中发挥作用做准备的。无疑，儿童所做的这些事情都是为其内部的，与自我发展有关的目的服务的。在我们的学校里，我们给儿童提供所需的一切事物，以便让他能够模仿他在家中或居住国所看到的一切行为。另外，我们还有一些专为儿童制造的器具，其大小刚好与儿童的身材和体力相称。有一间专供他用的房间，他可以在里面自由走动、说话及从事一些智力性的和形成性的工作。

在现在的西方人看来，上面这些观点是不言而喻的，但在我开始提倡这些观点时，人们却奇怪地打量着我。我和助手特意为 3 ~ 6 岁的儿童准备了一个游艺室，这是一件很平常的事情，周围的人竟然感到不可思议。

游艺室的小桌子、小椅子、小碟子、小碗都是根据儿童的特点制作的，这样，孩子们可以自己动手做这些事情，摆放桌椅、洗刷碗碟、打扫卫生，并且给自己穿衣服。这在当时引起过争议，人们认为这是一种过于新奇的教育改革。

在这种环境中生活过的儿童会显露出一些意想不到的倾向和爱好。儿童们更喜欢与同伴在一起，而不太喜欢与玩具娃娃在一起；他们更喜欢"真实"的小器具，而不太喜欢玩具。

著名的美国教育家约翰·杜威教授讲述了他的一次亲身经历。他想，在纽约这个美国生活的伟大中心，他一定能买到一些专供儿童使用的特制小器具。因而，他曾只身一人到纽约的各家店铺里寻找小扫帚、小凳子、小碟子，等等。但是，那里根本没有他要找的器具，人们根本没有想到过要制造它们。有的只是不可胜数的形形色色的玩具。于是他惊奇地喊道："儿童们已经被遗忘了？"

人们不只是在这方面把儿童忘记了，他们甚至忘记了儿童的权利。在儿童眼里，这个世界空荡荡的，他们得不到精神上的满足，只能打碎自己的玩具，搞一些恶作剧。在我所参加的学校，不存在这种界限。我向儿童提供他们真正需要的东西，希望他们能够从中得到快乐，结果得到了出乎预料的收获，儿童的性格发生了很大改变，他们的独立意识增强了，仿佛在说："不用你的帮助，我自己能做这件事情。"

弹指之间，孩子们已经逐步走向了独立。他们变得自力更生，并且瞧不起那些帮助他们的人。是谁让他们做出如此巨大改变的呢？又有谁曾料到成人将不得不扮演一个观察者的角色呢？儿童一旦被安置在这个世界里，他就会立即占领它。社会生活和性格形成就会随即自动产生。

所以说，在教育的过程中能够让儿童收获快乐是不错的。然而教育的目标不只是让孩子们变得快乐，还要他们具有独立的能力和性格，必须能够胜任工作，必须能够驾驭依赖他的一切，这样才能适应社会的需求。

发展障碍对语言的影响

我们认为，儿童的心理敏感性与大脑有着很大关系。为了更好地认知儿童潜在能力，我在下图中使用了一些表示儿童语言发展的符号，这有助于澄清我们的观念。

语法符号

三角形代表名词（事物的名称），圈代表动词，其他词类如图所示。如果我们知道儿童在某一特定年龄能够运用两三百个词汇，那么，通过我提供的这种方法，我们就能用图片把它表示出来，因而我们一眼就能看出语言是怎样发展的。因为，不论儿童的语言是英语、泰米尔语、意大利语，还是西班牙语，在图中，相同的词类总是用同样的符号表示。

图标的最左边有些模糊的东西，它表示婴儿最近所做的努力，包括呼叫、叹词等；接下来是两个声音组成一个音节的阶段；后面是三个声音组成一个句子的阶段；

表的右端显示了各种词汇的组合，包括儿童常用的一些名词；其后是由两个单词组成的短语，这种短语包含各种意思，可以做不同的解释；其后的一个时期词汇量激增，这是一个词汇爆发阶段，儿童吸收了大量新词汇。在表中，我列出了不同时期词汇的大概数量。在此之前，表中有一组单词，这些单词大都由名词组合而成，名词旁无序排列着其他词类。

儿童2岁后不久，开始了语言发展的第二阶段，词汇组合呈现有序的排列，这一阶段儿童使用句子大幅度增加，可以说这是一个语句爆发期。第一阶段是词汇的爆发，第二阶段是思想的爆发。

但是，在爆发出现以前，一定有某种准备过程。这种准备可能秘而不宣，但它的存在并非纯粹的猜想或假设。因为我们从儿童的行动中能够看到他为表达思想做出的努力。由于成年人并不总是能够理解小孩在竭力说些什么，所以，在这个时期，儿童会一阵阵地发脾气和抱怨。这在前面已稍稍提及了。在这个年龄，烦恼是儿童生活的一部分。如果他的努力没有获得成功，他就会生气。聋人和哑巴特别好争吵，这是众所周知的事实。这可能是因为他们不能用语言表达其思想的缘故。儿童丰富的内心世界亟须表达出来。然而，即使是正常儿童要找到恰当的表达方式也是非常困难的。

因此，这一发展阶段也是儿童的困难时期，因为他必须克服许多障碍，也就是来自环境和自身的限制。这是人对环境的适应中遇到的第二个困难时期，第一个困难时期是刚出生的时候，此时婴儿脱离了母体，必须自己启动身体的运行机制。我们前面已经对此进行了探讨，这一过程对于儿童极为重要，如果他们没有得到适当的照顾，就会形成心理创伤，导致成长衰退现象的出现。儿童的语言学习是逐步走向独立的过程，如果遇到障碍，也可能衰退。

读者还应该记住儿童在这一创造性阶段中的另一个特征，即儿童心理接受的印象和印象激起的情绪都会长期存在。这对学习口语和语法是有用的。但是，正如儿童在这个时期保留了他所学习的、对以后的生活有用的东西一样，他也保留了其心理障碍的消极影响。富于创造性生活的每一阶段都具有这一双重性质。奋争、恐惧、退化，能够造成严重后果。因为这些障碍的消极影响跟进步的积极影响一样根深蒂固。摄影时因为漏光在底片上形成的污点，在以后的每一张照片上都会出现。所以，在这个时期，儿童的性格可能会正常发展，同时其个性也会出现畸形和偏差。这种畸形和偏差在儿童以后的发展中变得更为严重。

正是在这一时期，儿童形成了行走和说话的能力，这个发展过程持续到 2 岁半，其后发展速度开始减缓。出于同样的原因，这些能力在继续发展的过程中，也会遇到各种障碍。这种情况与心理分析学说的发现一致，这个学说的一个重要论点是："成人的心理障碍来自幼年时期。"

同正常发展密切联系的困难属于"压抑"的总体范围。"压抑"是普通心理学上使用的术语，但同心理分析有着特殊的联系。我们现在所说的"压抑"来源于婴儿期。它广泛出现在人类活动的各个领域。仅仅是语言就能提供不胜枚举的例子。

儿童对语言的吸收发展到"爆发"期，就必须开始使用语言，因为随后他要用语句来表达自己的思想。今天，西方的教育开始重视自由表述，这将促使儿童的语言机制尽快投入使用，对他们的个性发展也有帮助。

有些孩子到了相应年龄，却没有出现语言爆发期。例如，有些 3 岁左右的孩子语言器官发育正常，却只能说低龄儿童所用的词汇，人们称之为"心理失语症"，因为这种症状是一种心理病态，完全是由心理原因引起的。

心理分析研究的其他类型的心理障碍也始于这个时期。"心理失语症"也许突然奇迹般消失，儿童出乎人们意料地口若悬河，镇静自如地开始谈话，同时还特别注意语法规则。不言而喻，一切都已在儿童的内心深处准备妥当，只是由于某些障碍而没有显露出来。

还有一些 3 ~ 4 岁的儿童从来没有说过话，就连 2 岁儿童那种"咿咿呀呀"式的话也没说过。可是经过专家的启发和激励，他们会突然说起话来。这是什么原因？这些儿童的心理曾经受到过挫伤，形成了阻碍，致使他们无法进行正常的语言表达。许多成人感觉说话很困难，为了表达清楚自己的意思，需要花费很大的力气。成人的语言障碍有以下几种类型：

1. 没有勇气说话；

2. 难以安排好句子；

3. 感到使用句子很困难；

4. 说话慢，不连贯。

这些都是心理自卑现象，目前仍旧没有找到很好的治疗方法。影响语言表述的心理障碍还有一些，如口吃、发音不准等。这种障碍不是出于心理原因，而是语言机制形成时出现的偏差。可见，在语言学习的每个阶段，都会出现不同形态的衰退现象。

第一阶段：词语形成机制的获得。相应的退化：发音不良、口吃。

第二阶段：句子形成机制的获得（表达思想）。相应的退化：造句时犹豫不决。

这些退化形式与儿童的敏感性有关。正如为了创造和增强他的能力而进行的活动，他特别容易接受一样，他还相当具有反抗性。结果，受到阻挠的创造性成为以后永生的缺陷。我们必须时刻记住，儿童的敏感性是我们的想象所不能及的。

不幸的是，经常妨碍儿童的恰恰是成人。对待儿童必须动作轻柔，可是我们的动作常常很粗鲁，而且自己意识不到。我们必须注意自己的行为，教育孩子要先教育自己。出于这个理由，我认为，对教师进行培训远比理论研究更重要，而且这种培训要注重教师个性的培训。

儿童有多种敏感性。但是他们对创伤的敏感都是相同的。伤害儿童是多么容易啊！

那些仍然习惯于把自己的孩子托付给保姆的父母，应该特别注意保姆说话时经常表现出的这种冷酷的权力主义的态度。一些上层人物，他们尽管信心十足，但说起话来也会战战兢兢，疑惑不定或者结结巴巴，原因就在于此。

我对孩子曾经很严厉，在《童年的秘密》一书中我提到过，而且还举过这样一个例子：我看见一个孩子把脏鞋放在床单上，就坚决要他把鞋拿走，然后我使劲掸床单，表示那儿不是放鞋的地方。事情过后的 2 ~ 3 个月，这个孩子只要看到鞋，马上把它放到别的地方，然后用眼睛盯着床单。我终于明白，这个孩子的反常行为是对我的抗议。换句话说，当我们伤害了孩子，他们不会说："不要那样对我，我高兴把鞋放在哪儿，就让我放在哪儿好了！"

对于成人的错误行为，儿童一般不会做出反抗性的反应，我认为，要是儿童对此发怒也许更好些，这表示他们在有意识地保护自己，维护自己的正常发展。相反，如果他们以改变性格的方式做出回应，很可能形成心理创伤。成人通常意识不到这一点，他们往往认为，只要孩子不哭不闹、不发脾气，就可以放心了。

成年人中间还有一种畸形，就是感觉不到的恐惧和"痉挛"。其中大多数也可以追根溯源到对幼儿的极端敏感性施行的粗暴行为。有些恐惧或痉挛反映了他们同动物，如猫或鸡的不幸经历，其他的源自幼儿对被锁在房间里的恐惧。无论是推理，还是规劝都无助于这些恐惧的受害者。医学上把这种恐惧称为"恐惧症"。有些恐惧症甚至还比较普遍，因而还有专有名称，例如"幽闭恐怖"，指对锁门或关闭房间的恐怖，等等。

可以证明儿童时期心理创伤的例子很多，我提到这些，只是想证明这个年龄的儿童心理类型，同时提醒大家注意自己对儿童的影响，因为我们的行为不仅会影响儿童的现在，而且还会影响他们的将来。

我们应该观察儿童的行为，以此了解他们的思想，要像心理学家研究人的潜意识那样研究儿童。当然，这不容易做到，因为我们听不懂儿语，难以明白他们的意思。我们必须对儿童有一个整体的了解，起码也要对刚发生的事情有所了解，这样才能帮助儿童解决困难。我们和儿童之间多么需要一个翻译呀！我一直在为此努力，希望自己能够了解儿童所表达的意思。我感到惊讶的是，每当我和儿童接近，试图了解他们的时候，他们就向我求助，似乎我真的能够帮助他们。

我对这个问题进行了长期的研究，竭力使自己成为儿童的解释者。我惊奇地发现，如果你能成为儿童的解释者，儿童就会跑来找你，似乎他了解有人能帮助他似的。

儿童对这些仅仅关心和爱抚他们的人的感情，与他对解释者的热情不同。儿童寄希望于一位解释者，因为解释者为他开启了被世界所关闭的"发现的花园"，因为解释者给儿童的亲密援助胜过了情谊——帮助是比安慰更宝贵的礼物。

我习惯早晨工作，一天清晨，一个1岁左右的男孩走进我的房间，我问他想吃什么东西，孩子的回答令我吃惊，因为我听到的是"小虫"，孩子看出我没有听懂，接着说了一个词"蛋"。我寻思，这孩子并不想吃什么东西，可是到底想要什么呢？这时孩子说"妮娜，蛋，小虫"，我一下子明白了，昨天，他的姐姐妮娜用水彩笔画了一个蛋形的圈，他当时想要那支水彩笔，妮娜就是不给，还把他赶了出去。

现在我知道男孩的做法了，姐姐拒绝了他，他不是与姐姐对抗，而是耐心地等待，找机会实现自己的意图。于是，我给了他一支水彩笔，孩子高兴了。孩子不能用平滑的线条画圆圈，就用波浪形的线画，结果画出了一些小虫子。想想这个孩子，为了实现自己的愿望，一直等到大家都睡了，只有能够听懂他话的人没有睡时，才去向她求助，而且相信她能提供帮助。

儿童这个时期的标志不是愤怒和暴行，而是耐心，等待机会的耐心。只有当儿童不能表达自己的思想，感到心理障碍阻止了其愿望的实现时，他才表现出愤怒和暴行。上面的例子也说明小孩是怎样试图像年长者那样表现自己的。如果一个3岁儿童着手做某事，1岁半的儿童也同样想做。他也许感到困难，但他还是要试试。

我的邻居有个1岁半的小男孩，他总想跟着3岁的姐姐学跳舞。舞蹈教师对我说："这么小的孩子，我怎么能教他歌舞剧呢？"我对她说，别管孩子能学到多少，只要尽力教就行了，教师勉强同意了。不料，那个小男孩突然跑上前，对我大喊："我也要！"在我们的要求下，教师摆出一个舞姿，可嘴里还在不停地叨咕，这样小的孩子不可能学什么舞蹈。这时候，那个孩子突然显得很生气，站在那里不动，教师说她早就料到会这样，但我知道孩子并没有注意教师的舞姿，他之所以生气，是因为教师把帽子放在沙发上。孩子还不会说"帽子"和"教师"这两个词，却一直气呼呼地重复"大厅""柱子"，他要表达的意思是：帽子不应该放在这儿，应该挂在大厅的柱子上。这使孩子失去了跳舞的兴趣，他急切要求改变眼前这种无序的状态。当我把帽子挂在柱子上以后，孩子们立刻平静了下来，并且开始跳起舞来。这件事表明，孩子对秩序的要求很强烈，超过其他方面的要求。

对词和儿童的敏感性的研究，使我们能够深入到心理学家很少涉猎的儿童的内心深处。

上面两个例子引起了我的兴趣，一个是有关儿童的耐心，一个是有关儿童的秩序感。还有一个同样有趣的例子，我在这里就不详述了，这个例子可以归结为"孩子不同意说话者的结论"。我们从这几个例子中发现，除了表中列出的情况之外，儿童心理还有许多我们并不了解。

对这一时期的儿童心灵的每一发现，都应该公之于众，因为这有助于儿童更好地适应环境。无论我们感到多么厌倦，只要是有益于人类生活，就有着相当重要的价值。

在婴儿期，儿童的助手有着崇高的任务。这个任务就是开始并协调儿童的发展，这种发展是未来的科学，心理的发展和性格的形成最终必须依靠它。同时，我们也应该挑起这副重担，以防止损害儿童个性的偏差和缺陷，以及因偏差和缺陷而产生质量低劣的成人的现象发生。最后，我们必须记住：

1. 最初两年的发展将影响人的一生；

2. 儿童具备很大的心理潜能，而且一直没有得到足够重视；

3. 儿童极为敏感，一点点粗鲁行为都会在他们的心里留下伤痕，进而影响他们的一生。

想象力与文化之间的关系

儿童的手受到智力的影响，手的活动是对大脑活动的最好表征。可以说，如果没有手的帮助，智力可以发展到一定水平，但是有手的帮助会发展到更高，性格也会变得更加坚强。儿童快乐地工作着，兴致勃勃，不知疲倦，他们的大脑会更加活跃，对获得知识的要求也更加强烈。

这是"书写爆炸"以后的事。此事使幼儿那不为人知的精神生活第一次受到了广泛的注意。但是，书写爆炸实际上只是"火堆里冒出的一缕轻烟"。真正的爆炸发生在人格内部。我们不禁联想起那些内蕴着熔炉的山岳。从外面看，它们似乎坚不可变。但是，某一天，轰隆隆的巨响和浓浓的火焰从巨大的岩石中喷涌而出。根据涌出的火焰、烟雾及陌生固体物质的特性，专家们就能推断地球内部的情况。

我们特意制作了许多小物件，这些物件非常适合儿童，这样，就能够使他们融入与实际相似的生活之中，其结果完全出乎我们的意料。我们应该对此有所理解，并且努力实施这种教育。正规的教育方式不曾取得如此显著的成果，当然，这些教育实验为我们提供了指导。我们不应该为儿童的发展设置障碍，要尽可能地为生命提供符合自然的条件，让儿童能够自由选择自己的行为方式，这就是儿童心理研究给我们的启示。著名北极探险家派利称我们的工作是对"人类心灵的发现"，他说，这不仅是在推行一种教育方法，而是找回人类的天性。

我们的研究发现了两个不同的事实。一组事实是，儿童能够获得文化的年龄比人们通常所想象的要早得多，但是他是通过某些含有动作的活动来吸收知识的。该年龄的儿童只有凭借行为活动才能进行学习。为了发展其正在绽开的自我，他必须从事某种活动。现在，既然我们已经知道他在 3 ～ 6 岁期间接受能力的大小，那么对此就再也不会有任何疑问了。第二组事实与性格形成有关，但是我将把它们留待以后去讨论。在此，我只集中讨论第一组事实，即通过自发的活动来吸收文化。

我们发现，儿童对曾经玩过的东西很有兴趣，他们很容易把注意力集中在这些事物上。比如，上文提到的"书写爆发期"，它的出现就与儿童特殊的语言感觉能力相关，这种感觉能力到6岁左右就消失了。因此，儿童在6岁之前对书写练习会很热情，超过这一年龄就失去了天性的帮助，必须做有意识的努力了。不过，由其他经验可知，流畅的书写不能仅仅依靠使用敏感期，还必须依靠儿童在早期所做的一种预备练习。在童年早期，儿童的双手正在忙于玩弄为锻炼其感官识别能力而精心设计的器具。因此，我们的教育方法中增加了一条新的原则，即"间接准备"原则。

大自然有自己的工作原则，不会随便创造一种东西而不使其发挥作用。第一阶段形成的能力，将在第二阶段发挥出来。因此，我们可以通过了解第一阶段，来把握第二阶段的发展。关于语言的学习，儿童在第一个发展时期经历了许多小阶段，这一系列发展的顺序类似学校的语法教科书。儿童先要学会发音，然后练习说出音节，其后分别是名词、动词、形容词、副词、介词、连词等。了解了这一顺序，就可以对儿童第二阶段的发展提供帮助，这就是说要先教儿童语法！先教孩子语法？在他们还没有学会读、写之前就教他们语法？许多人都觉得不可思议。

但是，让我们仔细想一想吧。有意义言语的基础是什么呢？难道不是语法吗？无论何时，只要我们开口说话，我们的讲话都是符合一定语法规则的。因而，他年满4岁以后，在他完善其语言机制、丰富其词汇的时候，如果我们给他提供一些语法上的帮助，那么我们就创造了一些促进其工作的有利条件。通过语法教学，我们能帮助他完美地掌握他正在学习的口语。经验告诉我们，幼儿对语法怀有强烈的兴趣，因此，这是让他们接触语法的良好时机。在第一个时期（0～3岁），语法形式的获得是潜意识的；而现在，语法形式的完善则是有意识的。而且，我们还注意到了另外一种情况：该年龄的儿童居然掌握了许多生词。他对单词特别敏感，它们激起了他们的浓厚兴趣，因而他自发地积累了大量的生词。

如果以上观点正确，另一个问题就出现了，这也是教育的老问题，即现在的幼师受教育较少。幼师们把单词写在卡片上，让孩子们朗读，可是问题很快出现了，他们发现自己掌握的词汇不够用，因为除了一些名称之外，他们知道得不多，不能满足孩子们的要求。我在教学实验中，在教一般名词之外，还教一些较专业的词汇，如几何图形的三角形、多边形、梯形等，孩子学会之后，又教他们另一些更专业的词汇，如温度计、气压计，然后就是一些植物学名词，如花冠、花萼、雌蕊、雄蕊等。孩子们对这些词汇的学习很有热情，学会之后又要我教更多的词汇。当孩子们进行户外活动时，他们往往争着告诉我们一些事物的名称，有的连我们也不知道，真是令人难为情。

该年龄的儿童对单词的渴望是永远得不到满足的，学习它们的能力是无穷无尽的。但是，第二阶段的情况就不是这样了。在第二阶段，其他官能正在产生，所以儿童学习这些单词时要困难得多。我们发现，早期曾学习过这些单词的儿童，在八九岁左右上了普通学校以后，以及在以后的岁月里，还记得它们，并且还能娴熟地使用它们。但是，让8岁及8岁以上的儿童第一次学习这些相同的单词，其结果要差得多。由此可见，3～6岁期间是教儿童学习科学词汇的最佳时期；当然，不是用机械的方式进行教学，而是与相应的物体联系起来进行教学，或者在其探索过程中进行教学，以便他们的词汇与其经验同步增长。比如，我们把一片叶子或一朵鲜花的各个部分显示给他看，或者把地球仪上的一些地理单位指给他看。获得一些供儿童们使用的固体模型、图画和图表并不困难。理解它们对儿童来说并不感到困难，但是，教师常常不知道使用标志，结果儿童在学习时，通常会很难记住这些词汇，且容易混淆它们。

我曾经遇到一个14岁的男孩，不清楚学校花坛里花的名称，一个3岁左右的孩子跑过来，指着一种花告诉他"这是雌蕊"，然后就跑开了。

还有一件有趣的事情。一次，我在墙上挂了一些图片，向学生讲解植物根茎的分类，一个小家伙跑了进来，问我图上画的是什么东西，我就给他讲解了一番。下课不久，我们发现花园里所有植物都被拔了起来，看来，小家伙对植物的根着了迷，就将其拔出来看个究竟。事情往往是这样，要是我因此建议使用图形或实物教儿童学习词汇，可能引起家长的不满。想一想吧，父母愿意看到自家花园的花草都被孩子拔出来吗？

儿童的心理只局限于他所见的事物吗？不，他还有一种超越具体事物的心理。他拥有伟大的想象力。只有凭借特殊的高级心理能力才能想象出那些没在眼前的实物。假若人的心理只局限于实际的所见所观，那么其视野就会极其枯燥乏味。我们并非仅仅用眼睛观看，文化也并非仅仅由我们所看见的一切所构成。拿我们关于世界的知识来说吧，即使我们的视野内没有碧蓝的湖泊和皑皑的白雪，但我们可以在"心灵的眼睛"中看到它们。不过，只有凭借某种心理活动才能看到它们。

我们都知道儿童有丰富的想象力,但究竟有多么丰富却无法知道。为了给出答案,我们对6岁儿童进行试验。我们给儿童讲解地理知识,不是从河流、海湾、海岛开始讲起,而是给孩子一个地球仪,告诉他们:"这是地球。"

儿童没有从周围环境里获得任何关于世界的感官印象。因此,即使他形成了关于世界的观念,那也只能归功于他那无形的心理能力即想象力。我们给儿童呈现一个小地球仪,地球仪上的海洋是一个湛蓝的平滑表面,陆地则是一个由闪亮的细粉做成的粗糙表面。地球仪上虽然没有通常的标记、名称或地点,但儿童们立即开始说:

"这是陆地。"

"那是海洋。"

"瞧,这是美国。"

"这是印度。"

地图很受孩子们的欢迎,大多数孩子都在房间里挂上了地图。3~6岁的儿童不仅能区分事物,还能想象出没有看见过的东西。在儿童的心理活动中想象力占有重要的地位。世界上的人都喜欢给儿童讲神话故事,好像在有意培养他们的想象力,可是,既然我们都认为儿童喜欢想象,为什么只给他们讲神话故事呢?既然儿童能够通过想象理解神话,为什么就不能想象美洲呢?与语言交流不同,观察地图可以给儿童一个直观印象。思想不是被动的,它永远需要灵感的火花。

有一次,一群6岁的儿童正站在地球仪四周讨论,这时,一个3岁半儿童挤上前来说:"让我瞧瞧。这是世界吗?"

"是的。"其他儿童回答,他们有点吃惊。

"现在,我搞懂了。我叔叔曾环行地球3次!"他并非不知道这是一个模型,因为他知道世界很大。他一定是从无意中听到的谈话中逐渐形成这一观念的。

另外一个5岁半的男童也要求看看地球仪。他仔细地观看了它,聆听了一些年长儿童关于美国的讨论,他们没有注意到他也在场,突然,他插话说:

"请问,纽约在哪儿?"其他儿童感到非常吃惊,不过还是指给他看了。接着他又问:"那么,荷兰在哪儿?"这使其他儿童更为吃惊,但是,他们指给他看以后,他说:

"噢,这就是海洋!"听到这,他们全都怀着迫切的好奇心开始询问他,于是,他讲述了下面这样一个故事。

"我爸爸每年都要到美国去两次,住在纽约,他一走,妈妈就说'爸爸现在在海上'，过了几天，妈妈就说'爸爸到纽约了'，再过一些天，妈妈又说'爸爸又到海上了'，当妈妈说'爸爸已经回到了荷兰，我们到阿姆斯特丹去接他'的时候，我就非常高兴了。"

这个儿童听到了很多关于美国的情况，因此，当听到别人把它和地球仪联系在一起的时候，他立即驻足观看，他的表情似乎在说："我发现美国了！"

如同看地图那样，儿童要将这些符号形象化需要一个过程。就像儿童以前认识物质世界一样，在这个过程中，儿童把抽象的词汇与真实的东西联系了起来。

正如他以前在物质世界中所做的那样，在思维世界中，他获得洞察力的尝试失败以后，想象客体事物对他肯定是一种巨大的安慰。在讲之前，他只能胡思乱想，胡乱猜测他所听到的单词，通常，儿童只能这样做。

人们向来认为，玩积木和听童话是该年龄儿童的两种主要需要。他们认为，第一种活动可以在儿童的心灵和周围的环境之间建立起直接的联系，从而使他能够认识它，驾驭它，使他能够得到长足的发展。第二种活动则表明，儿童游戏中倾泻出来的想象力极其丰富，但是，如果我们给儿童提供某种可以在其上运用此种强大力量的真实事物，那么我们就可以认为，他得到了巨大的帮助，因为此时他的心灵与外部世界也有接触了。

另外，这个年龄段的孩子对什么都觉得好奇，总是不停地问这问那，要求大人给他解释，这些问题接连不断，像空中投下的炸弹，常常把大人轰得晕头转向。只要大人不表示厌烦，一一给以答复，孩子就会非常高兴。不过有一点要记住：孩子不喜欢长篇大论。而成人却偏偏喜欢唠叨。

一个小男孩曾经问他爸爸，为什么叶子是绿色的。他爸爸认为这是智力高的一个标志，所以就给他冗长地讲述了关于叶绿素及其如何利用阳光进行光合作用的道理。但是，后来他无意中听到儿童自言自语地嘀咕："我想知道的仅仅是叶子为什么是绿色的，而不是有关叶绿素和阳光的大段废话！"

我们都知道，好玩、富于想象力、问问题是这个年龄孩子的主要特征。孩子们确实有很多不明白的事情，他们的问题也不是那么容易回答的。孩子可能会问："妈妈，我是从哪里来的呀？"一个聪明的母亲就会这样回答："你是我的孩子呀，当然是我生的啦。"

这个母亲的回答很简练，却又满足了儿童的愿望。也许过了一年，她会对孩子说，"我就要生另一个孩子了"，出了产房之后，她让孩子来看弟弟，并对他说：

"你看，他是你的弟弟，他和你都是妈妈生出来的。"

但是，到此时，该男孩要满 6 岁了，他提出了强烈的抗议。"你为什么不告诉我，我们到底是怎样来到这个世界的？现在，我已经长大了，我可以知道了。因此，你为什么不把真相告诉我？自从你告诉我你正在创造另一个婴儿时开始，我就一直在仔细地观察你，可你什么也没有做啊？"把真相告诉给他并不像看起来那么容易。教师和父母都需要具备知道如何发挥幼儿想象力的特殊机智。

尽管满足儿童的好奇心并不容易，但是我们和父母都要有足够的耐心和才智，使儿童的渴望得到满足。这需要进行必要的训练，因为儿童的问题很难用通常的方式回答，因此你必须放弃所有自以为是的做法，使用一些适合 3 ~ 6 岁孩子心理的技巧，而这恰恰是我们缺乏的。幸运的是，儿童自己从环境中学到的东西，远多于从成人这里学习的东西。

到目前为止，我们对很多问题的答复并不能满足儿童的要求，这表明我们对儿童心理存在着很多误解，还是用自以为是的方式去指导儿童，这种做法往往行不通，原因在于我们对儿童缺乏了解。我们必须放弃先入为主的做法，寻找了解他们的途径。方法其实很简单，只有儿童自己才能教我们如何了解他们——通过他们的行为方式。观察发现，儿童不仅渴望有趣的事情，而且也想知道怎样去做这些事情，由此可以推断，在儿童的广泛兴趣之中存在下意识的目的，这就是协调自己的运动，使之处于自己的控制之下。

另一个极端重要的观察表明，当儿童对一件工作着了迷的时候，他会一次又一次地重复相同序列的动作。再也没有什么比观看一个儿童津津有味地从事所谓"实际生活练习"更令人吃惊的了。比如，他全神贯注地擦拭铜质器皿，并且小心翼翼地按照指示去做，直到把它擦亮，紧接着，他又马不停蹄地全部从头开始把每一个细节都重复一遍，直到把擦得发亮的铜制器皿擦拭数遍方才罢休！这就说明，外部目标仅仅是一种刺激。真正的目标是满足潜意识的需要，这就是他的活动具有形成性的原因，因为儿童重复同样动作的目的是为了在其神经系统里建立一个崭新的控制系统，换言之，是为了建立肌肉之间的新协调，此种协调并非本性赐予，而需后天习得。

成人也是一样，我们需要通过各种游戏、运动来锻炼自己，我们打网球、踢足球，目的不只是从中得到乐趣或者提高球艺，而是通过这项运动提高我们的运动能力。我们把儿童的很多活动称为游戏，这些游戏对儿童的意义和运动对成人的意义相同，就是从中获得所需要的能力。适应生活环境的需求是生命的本能，这对任何生物都一样。处于发育时期的儿童必须培养自身的能力，以便适应生活的需求。儿童时期是培养生存能力的最好时期，正是基于这个原因，我们说儿童的模仿能力是他们完成自我建设的前提条件。

儿童天生具有完备自身的能力。周围人的行为能够激发儿童的兴趣，他们模仿这些行为，培养各种能力。那么，儿童通过行为到底培养了哪些能力呢？以语言为例，这些能力就像纺织机上的经线，这些经线并非所要织的布，而是织布的基础。形象地说，这些经线上布满了具有韵律感的词汇的声音，这些声音如同语法规律一样有序地排列着，经过一系列生活经验的促动，这些经线奠定了某一民族的基础，整匹布是在3～6岁织完的。所以，6岁以前的儿童阶段非常重要。这这段时间培育起来的各种能力将会伴随人的一生。人的行走方式、做事方式都是在此期间定型的，并且成为个性的一部分，它们将决定人是属于社会底层还是上层社会。不同阶层的人的差别不仅体现在社会方面，而且也体现在个性方面，就像民族的区别在于语言一样。

因此，一个出身卑微之人，即使环境改变，爬进了社会上层圈子里，也不能甩掉出身刻画的痕迹。同样，一位贵族即使把自己乔装成一位工人，其行为习惯和言谈举止中的某种东西也会使他原形毕露。就语言方面来说，该年龄阶段正是方言定型的时期。因此，即使某人是一位习惯于使用高度专业性词汇的大学教授，其口音也会千真万确地表明其原籍。

确实如此，高等教育可以大大丰富人的思想，却无法抹掉婴儿时期形成的东西。因此，这个年龄的经历对社会教育也非常重要。假如儿童在第一个阶段遇到了一些障碍，导致人格偏执，在3～6岁还来得及补救，因为这个时期处于儿童心理发展的收尾阶段。另外，如果使用科学方法，可以对这个时期的儿童进行教育，缩小不同国家、种族之间的差别，这样能使人类更加和睦地相处。

换句话说，人类创造的文明可以改变人类自己，就像人类能够改变创造自己的自然环境一样。同样，儿童的个性也将指引他的发展，这种作用会通过儿童的行为表现出来，我们也能在儿童的各种活动中发现它。那么，应当怎样培育儿童的感觉能力呢？感官是我们和环境之间的接触点，心灵可以凭借感官体验变得极其灵巧，正如一位钢琴家可以在同一批琴键上奏出最优美的旋律一样。比如，缫丝工人能够获得惊人的触觉辨别力，他们能够区别出其手指下的一股丝线是由一根丝还是两根丝所拧成。一个野蛮部落的成员能够听到一条蛇爬行时发出的沙沙声，此种声音微弱得几乎听不见。

人与生俱来的各种能力，都受到日常生活的影响。如果缺乏智力和运动的促进，对感觉能力的教育就无法进行。正是这些内在因素导致了不同的兴趣，不同兴趣带来的感觉经验形成了个体差别。换句话说，人生来就有某种兴趣倾向，它会根据自然规律促成个体的发展，形成不同的个性。

我们的感官材料能给我们的观察提供向导，因为它把每种感官所能接收到的印象进行分类：颜色、乐音、噪声、形状、大小、触觉、嗅觉和味觉。毋庸置疑，这也是一种陶冶，因为它使我们不仅要注意我们自己，而且还要注意周围的环境。作为一种熏陶，它并不亚于言语和书写，它完善我们的人格，充实我们的天赋能力。同时，和儿童的高级能力有关的一切都能变成一种刺激，此种刺激能开动其创造力，延伸其探索心灵的兴趣。

感觉器官是人获得知识的通道，人对世界的认识离不开它。为了训练儿童的感觉能力，我们专门为他们制作了一些小物件，以便他们能够了解更多事物的细节。现在，普通学校的教师们经常开所谓的"直观教学课"，这种课要求儿童枚举某一特定物体的各种特性，比如颜色、形状、结构，等等。但是，尽管世界上的物体形形色色，不可胜数，但它们的特性却屈指可数。因此，这些特性类似于字母表中的字母，它可以构成不胜枚举的单词。

西方学校有一门被称为"物体课"的课程，在上这门课时，我们要求每一个儿童举出某个物体的特性，例如物体的颜色、形态、纹理等。世界上的事物无穷无尽，但每一个只能具备某种物体的特性。这和词语的情况很类似，单词很多，而组成单词的字母却很有限。如果我们提供给儿童许多物体，而每一个物体具备不同的特性，这就像给了儿童一个认识世界的字母表，一把打开知识宝库大门的钥匙。因为，儿童不仅能够掌握这些东西的特性，而且还会从中发现事物的发展规律，这就为他们了解世界打下了基础。因此，可以说我们专门制作的小物件，是这个物质世界的"字母表"，其价值不言而喻。因为，正如前面已经说过的那样，文化不仅仅是知识信息的积累，同时也是人类个性发展的表征。这是能够直接感受到的，就拿从事教育事业的人来说，教一个感觉受过训练的儿童是一回事，教一个感觉没有受过训练的儿童又是一回事，两者之间的差别非常明显。对于感觉受过训练的儿童，一个物体、一种想法都会引起他的巨大兴趣，因为他们对事物的感觉很敏锐，能够区分细小的差别，如叶子的形状、花的颜色、昆虫的器官等。儿童的发展前景取决于所接触的事物，以及由事物引发的兴趣。就儿童而言，一个有准备的头脑就是一个优秀的教师，比其他东西都重要。由于教师制作的每个物件都有不同的特性，对儿童大脑的条理化也会有所帮助。

尽管程度上有所差异，儿童随着年龄的增长，都能够对事物进行区分，并且掌握事物的不同特性，这是自然发展的结果。

虽然没有受过任何专门的教育，但是，每个人都能鉴别颜色、乐音、形状等特性之间的差别。显然，这与人类心理本身的结构有关。人类心理具有如下特征：它不仅能想象，而且还能收集和重组心理内容，比如，它能从我们遇到的不可胜数的外界事物中抽象出一张"特性字母表"。它是凭借其抽象思维能力来进行此种抽象活动的，字母表的发明者运用的就是此种能力。因为他们选择和发出了组成所有单词的几个语音。因此，字母表是一个抽象系统，因为只有那些实际存在的语音才是单词。除非人类能进行想象和抽象，否则他就不可能很聪明；或者他的智力就会与高等动物的不相上下，就是说，它只能刻板地固守某种特定的行为，因而它的发展就会受到阻碍。

尽管我们在日常生活中很少运用抽象思维，但是会接触到各种各样的事物。要把握这些事物的特征和彼此之间的关系是离不开抽象思维的。而且抽象思维越准确，事物的价值也就越大。事实上，人类的思想来源于抽象思维活动。

想象力和抽象能力是大脑的两种主要能力，它们不仅能提供事物的本质特征，而且对人的心理发展起着重要的作用。语言学习离不开想象力和抽象能力，如果要丰富词汇或者提高语言的实用性，就需要不断地运用新的词汇，这些新词汇只能依照字母表和语法规则衍生出来，而这样的新词汇是无穷无尽的。其实，语言构建的规律也是大脑构建的一部分。

当你说"他是一个心理模糊的人。虽然他很聪明，但是却很模糊"的时候，你的言外之意是，虽然他的心理观念甚多，但却秩序混乱，模糊不清。关于另一个人，你可能说"他拥有一个像地图一样的心灵。他的判断无懈可击"。因而，在工作中，我们给这部分用精确性建造起来的心理取了一个名字，叫"精确的心理"。这个术语是我从法国哲学家、物理学家和数学家帕斯卡尔那里引用过来的。他说，人的心理天生就是精确的，一切知识和进步都来自精确的观察。

前面提到过，人脑的构建和语言的构建相吻合。如同语言的基础是语音和语法规则，大脑的活动也存在一定的规律。人们对一些著名的发明进行研究，发现在发明的开始阶段，发明家的思想也有一定的规律。这也不奇怪，诗歌和音乐创作主要依靠想象力，可是在这个领域也存在一定的规律，因为诗歌和音乐要遵循一定的韵律和节奏。

因此，我们的教育必须同时训练大脑的这两种能力。虽然对某种性格来说，这两种能力的作用并不平衡，往往是一个大于另一个。但是，可以肯定的是，它们同时存在，并共同发挥作用。如果我们在教育中仅发掘儿童的想象力，就会造成两者之间的不平衡，影响儿童的个性发展，成为他们现实生活的障碍。

3～6岁儿童都有追求准确的倾向，这种倾向会以很多方式表现出来。其实，只要我们告诉儿童怎样准确地做一件事情，单是这种准确就会引起他们的兴趣，促进他们的发展。儿童在学校的学习，主要是训练行为的秩序和准确。

现在，如果我们考察一下能够为儿童全神贯注的感觉器官（三四岁的幼儿表现得尤为明显），那么毫无疑问，不仅可以把此种感觉器官看作探索环境的一种帮助，而且可以把它看作精确心理的一种发展。

用这些幼儿做实验所得到的结果和下面这一事实形成了奇妙的对比：在学校课程中，数学常常被认为是一种折磨，而不是一种快乐。大多数人对数学都有一种"心理障碍"。但是，如果把它深深扎根于吸收的心理之中，那么一切都将迎刃而解。

儿童平常所能接触到的生活环境，很少有与数学相关的东西。大自然中有树、花、虫子，就是没有与精确性直接相关的东西，这样，儿童的数学天赋就得不到发挥，进而影响以后的学习。因此，我们的那些特制的小物件就可以被看作是"物质的抽象"，或基础数学了。对于儿童数学能力的培养和教育，我在另外两本书里进行了多方面的讨论，这两本书是专门讨论儿童学习心理的。

在第一个发展阶段，儿童从物质世界中吸收经验，这是一个为将来的发展打基础的阶段，儿童在这个阶段的发展类似于胚胎，因为胚胎的发展过程决定于基因。科学家考格西尔研究发现，儿童身体器官的发展和人的行为发展遵循相同的规律，发展的类型决定于来自物质世界的基础。

语言能力的发展，为儿童打下了另一个基础，这是一个准确的、固定不变的基础，因为这是由语音和语法系统组成的，这些东西是后天形成的，与特定的群体生活相关。社会群体还有许多行为规范，如习惯、传统、道德，这些都会成为儿童能力的一部分。这里说个题外话，进化论者认为"传统简化了人们的生活"，因为传统意味着对人的某些自然本能的限制，而我们发现恰恰相反，人的"自卫本能"不只寻求生命的最佳状态，还包括对文化与道德的需求。虽然传统限制了自然本能的发展，对生命而言是一种障碍，但是人们还是愿意牺牲与生俱来的本能，去适应传统。换句话说，人必须牺牲某些东西，否则就不能在这个特定环境中生存。在原始人中，这种限制性习惯成为某种禁忌，人必须遵守它们，甚至因此经常发生损伤身体的事情。古人对美的追求就是一个例子，为了获得美，古人经常要付出痛苦的代价。随便举几个例子，如非洲人在鼻子上戴装饰、欧洲人在耳朵上穿孔。还有对食物的限制。前几年，印度发生大规模饥荒，饿死了成千上万的人。令人惊讶的是，印度的城市和乡村到处牛羊成群，这里的人饿死也不愿意吃这些动物。由此可见，不宰食动物的传统在印度人思想里是多么根深蒂固。

　　道德属于社会生活的上层建筑，社会生活将它们作为一种确定的形态固定下来。我们一定不能忘记，这些形态也是由普遍同意所建立起来的，以便它们能发挥其作用。我们认为，各种宗教也是如此，因为即使是偶像也必须经过社会的普遍同意。宗教并不仅仅是人们建立在某些观念基础之上的相互同意。毫无疑问，它们产生于人类的精神需要——是导致宗教崇拜，而不只是导致对某些信仰的理智认可的需要。原始人因为对自然界的奥秘迷惑不解，所以就对自然界中某些深刻的方面产生了崇拜，并使自己的惊奇蒙上了一层感激和恐惧的色彩。因而，他们普遍同意后，就把这些情感反应附加在那些神圣的事件和事物上面。

　　人类对宗教偶像的崇拜，不仅依赖奇迹激发的想象力，思想也起了作用，思想在信仰活动中得到了满足，如同进行抽象思维时得到满足一样。人的心灵有多个层次，某种意识活动可以认识事物的特性，而另一种意识活动建立一些抽象符号，以此表达人类的崇敬之情。因此，崇拜偶像要成为一种社会符号，必须得到大众的认可，这样才能在社会群体中固定下来。几个世纪或者更长的时间过去了，这些崇拜活动已经成为一种习俗，宗教信仰已经烙进了人们的头脑，成为和道德一样固定的行为系统。共同的信仰把群体联合在一起，并且以此与其他群体区别开来。人类群体之间的差别和生物物种之间的差别在于生物差别采自遗传因素，文化形态的差别形成于一代代人的心理积淀。尽管文明包含很多想象的东西，但是人类生活的特征并非来自想象力，而是想象力和其他精神活动共同作用的结果。当然，这种抽象活动后来变得单一，并且形成某种特定形式，这些形式形成了简化的符号，具有精确性和稳定性，便于群体共同掌握这种超现实的想象。儿童成长到一定年龄，就开始吸收这些精神上的东西，但他们到底学到了什么呢？

由语言中的情形可以推知，他吸收的是一种模型，即他接受了从抽象中得来的稳定性和精确性，并按照精确心理的要求把它组织起来。这个模型成了他的一个组成部分，就像生物结构成为一个胚胎的组成部分一样。该模型很有效力和创造性。正如基因决定身体的遗传特征，或神经中枢的类型决定行为的模式一样，该模型赋予人格一定的结构形态。

在婴儿期(或心理期)，儿童从周围世界中吸收了一些独特的模型，这些模型受到其群体的社会生活的遵守。这就是说，他首先吸收的并不是其种族的实际精神财富，而仅仅是产生于这些精神财富的一些模型。因此，他吸收的只是基础的或概括的或精确的那部分——正因为如此，在人们的日常生活中，它才被多次重复。总而言之，他吸收的只是精确的部分。一旦这些模型在他内部建立起来以后，就变成了类似于其母语的固定特征。

在这里，我要将这种学习和语言学习进行比较。我们知道模式具备准确性和稳定性，如果人接受了某种模式，这种模式就将成为他的组成部分，从而发挥创造性的作用，这和基因决定个体特征、神经中枢决定行为模式是一个道理。婴儿出生后的第一个发展时期，属于心理发展阶段，此时婴儿从周围环境学来的主要是一种特定模式。也就是说，儿童在心理发展阶段首先吸收的不是直接心理经验，而是某种心理模式。这些模式的集中表现，就是日常生活中多次重复的那些行为。儿童一旦吸收了这些模式，就在它们的个性中固定下来。

儿童随后的发展可能没有第一阶段那么确定，因为出现了很多个性因素，但这些发展仍然离不开一定的基础。与此相似，由于环境的改变和文化因素的影响，儿童对母语的学习也会不确定，但是不会背离已经接受的语音和语法规则，因为这是在胚胎时期就确定下来的。儿童大脑的条理化和精确性呈现得很早，这不仅表现在他们对行为精确性的要求上，而且也出现在儿童对秩序、规则的要求上。儿童对秩序有很高的要求，他们对物件的摆放是否有规则、位置是否恰当很敏感。这一现象表明，儿童在通过自己的行为认知周围环境时，留在大脑记忆中的是具有一定规律的东西，否则，就无法把注意力集中起来。

历经上面的论述之后，相信我们已经发现，儿童心理的特征已经揭示出来了。精神其实是非常统一的一个有机整体，它的形成依据一种预定的潜在模式，不然，心理只靠思维能力和意志力来发展，这未免有点荒诞，因为这些能力都是后来获取的，而且是在心理潜能发挥作用的基础上形成的。

正如一个人不是凭借逻辑推理来创造其躯体的一样，他也不是按照逻辑论证的方法来创造其心理结构的。在这里，创造一词意指产生某种前所未有的东西的神秘活动，按照生命规律，此种事物以后一定会生长起来。但是，万物确实是从某种创造开始的，所有生命都是从受精卵开始的。

因此，人类心理是建立在一个本身就富有创造性的基础之上的，但是，这一过程是发生在出生以后；因为人类心理必须以来自外部世界的感官体验作为基础。它以此为基础，把每一个个体变成其种族群体所要求的一员。不同人类群体之间的差别就是如此连续传递下去的。在漫长的时间长河中，这些人类群体发展了他们的文明。

只有当诞生于环境中的新成员具有创造力的时候——此种创造力能使他适应环境，一切非本性所固有的、像社会形态一样逐渐发展起来的东西才能继续存在。这就是儿童真正的生物功能，正是此种功能促进了社会的进步。但是，正因为它是一种我们可以驾驭的创造性活动，所以它对我们才极其重要。

确定新的方向

时代在进步，生物科学也在不断地向前发展。过去我们研究生物，都是找成年的个体来做标本，研究人类亦是如此。无论是有关人的道德问题还是社会形成问题，所讨论的也都仅仅是成人。

人们最经常讨论的话题就是死亡，这对我们来讲是无须大惊小怪的，因为成人在其人生道路上的归宿就是死亡。整个的道德问题就是一个法律问题，或者是成人世界中的社会关系问题。现在科学已开始转向另一恰恰相反的方向。这几乎像是在倒退。如今，对包括人在内的所有生命形态的研究，重点都放在幼年个体，甚至更早的阶段，这个转变最先出现在对生物胚胎的研究以及对细胞生命的研究上。因为无论是对人的研究，或是对其他形式的生命的研究，其兴趣已集中到幼体标本，甚至集中到这些生命的起源。胚胎学和细胞学——细胞生命的科学已经产生，在这种一般水平的调查研究的基础上，有些像新哲学一样的一门学科正在兴起，这远远不是一门纯理论性的哲学。事实上它是建筑在观察之上，所以人们完全可以说它比过去通过抽象的思想家早期得出的许多结论更有权利称之为科学。因为这门哲学的展开正通过实验室里所获得的新发现而一步步地继续下去。

胚胎学把对成年个体的研究带回到了生命的起点。人们发现，生命的早期阶段与成年阶段存在很大差异，这些研究表明了过去思想家对生命的无知，也为儿童性格的研究带来了曙光。幼体与成体的不同可以用一句话来表达：成体在走向死亡，幼体却在走向生命的巅峰。人也不例外，幼儿要做的是把自己塑造成一个完善的人，一旦完成这个过程，长大成人，也就不再是原来那个孩子了。所有儿童期的生命是向着完善的方向发展的。

由于以上这些理由，我们可以断言，孩子们都很乐意做这些使自己得到完善的事情，而且生命的这一过程充满了快乐。与此相反，成人的生活却充满了压抑和苦恼。

生活的过程，对儿童来说，就是一种自身的外延与加强。年龄越大就会变得越强壮、越聪明。他的工作和活动使他获得了这种力量与才智。但是对成人来讲，岁月的流逝会产生相反的结果。再者，童年时期不存在竞争，因为没有人能够替儿童做那种为建筑他成为一名成人而做的工作，而这种工作是儿童必须做的。

总而言之，没有人能代替儿童成长。但是如果我们更进一步把儿童的生活追溯到出生前的那个时期，我们又会发现儿童与成人的联系，因为儿童的胚胎期是在母亲的子宫里度过的。在此以前，子宫里存在着第一个细胞，这个细胞就是由成人提供的两个细胞的结合而产生的。因此，无论我们追溯人的生命的起源，还是追随儿童的成长过程，我们总会发现成人离儿童不远。

生命的自然规律要求成人照料自己的孩子，孩子来自于爱情，也离不开爱情，爱情是他们的源泉。孩子一生下来，就受到父母的精心照料，父母是孩子的第一道防线。

父母对孩子的爱是无私的、伟大的，这是生命的一种本能。正是由于这种与生俱来的爱，所有父母都会全心全意地为孩子服务，不惜抛弃自己的生命来保护孩子。父母在做这种奉献的时候，并没有牺牲感，反而会体验到一种本能的快感。父母在为孩子尽心时会感觉到快乐，这是生命的天性，所有生物都是一样。孩子所能唤起的美好情感，在社会关系中是找不到的。一个商人绝对不会对交易伙伴说："我放弃这些利益，都归你吧。"可是，一旦出现食物短缺，他会毫不犹豫地把唯一一片面包留给自己的孩子。

因此，我们看到有两种生活，成人有幸都能够分享：在一种生活中是作为父母，在另一种生活中是作为社会的一员。两种生活中更好的一种是同儿童在一起，因为与儿童接近能够表现出我们最高尚的一面。这两种不同的生活在动物中也是显而易见的。

最凶残的野兽对它们的幼仔也会变得温顺。狮子和猛虎对它们的幼仔是多么的温柔；雌山羊在保护它的羊羔时又是多么的凶猛！似乎看起来所有的动物在它们的幼仔面前所表现出的本能与其惯常本能正好相反。好像动物所表现出的特性本身压倒了其惯常本能。甚至比人更温顺的动物也具有自卫本能，如果它们的幼仔需要保护，这些本能就会变为侵略性本能。

鸟类也一样，面临危险，它们会本能地飞走，但要是它们正在孵小鸟，就不会轻易离开鸟巢，而是一动不动地待在窝里，伸开双翅挡住鸟蛋。有些鸟儿则冲出草丛，把靠近巢穴的猎狗引开，尽管它们很可能被咬死。科学家们通过研究发现，动物和人一样具有两种本能，一是自我保护，一是保护幼崽。

法国人法布尔是世界上最伟大的生物学家，他在结束自己的巨著《昆虫记》时说，无论什么生物都应该感谢伟大的母爱，如果不是母亲为它们提供保护，几乎所有幼小的生命都无法活下来，因为它们还不具备生存所需的技能。老虎刚生下来没有牙齿，无法捕食，鸟儿出壳时没有羽毛，不能飞行，要是生存只依赖自身的强壮，那么物种早就消失了。所以，父母对幼崽的保护，是物种延续不可缺少的条件。在对自然的研究中，最为神奇的就是对生存智慧的研究。自然是多么奇妙，任何生物都有自己的生存智慧，即使是最为温和的动物，这种生存智慧也不难观察到。

人们知道，即使最低级的生物，也被赋予了自我防卫的本能，但是自然科学家们发现，生物的生存智慧集中在对幼体的保护上。而用在自我保护行为上的相对较少，并且显现出的智慧也不如保护幼体程度高。

因此，如果我们要研究生命的不同类型，就有必要对两种本能、两种生活方式进行研究；如果我们要断言人类的生活，就有必要去研究儿童，因为他们对成人有着很大影响，因此要想充分地研究人类生活，我们就必须从研究人的生活的起源开始。

学会尊重生命

即使一个成人确实爱他的孩子，但他的内心依然会有一种自我保护的本能。当儿童长大到能够独立行动的时候，他与成人之间的矛盾也就开始了。

怎样认识儿童

我们前面讲了那么多，无非就是围绕着一个重要话题展开论述：儿童的内心世界微妙至极，我们成年人至今还没有注意到这个方面，以至于不经意间就会破坏他们的发展。很显然，成人的环境并不适合儿童，这是儿童发展的真正障碍。这些阻碍是出于对儿童的防御而设立的，它使儿童的性格变得古怪，容易被成人的暗示所摆布。

儿童心理学作为一门非常重要的课程，并没有针对儿童的特性来进行研究，而是一直从成人的角度进行研究。因此，从根本上重新审视它们的结论是十分必要的。我们常常看到，儿童每一个不寻常的反应，都可以作为一个有待解决的问题来研究，每一次儿童的愤怒都是内心思想冲突的外部表现，简单地说成是对不相容的环境的一种防御机制是解释不通的，我们应该得出他们寻求展示更高的品质的结论。

发脾气就像是大暴雨之前的电闪雷鸣，它往往预示着儿童内心的愤怒，而这种愤怒的根源是由于自己的发展受到了阻碍。现在，我们把儿童内心的秘密全部曝光了，儿童真实的心灵已经被隐藏了太久。儿童不能展示他的真正个性，自我实现的努力被发脾气、反抗等反常表现掩盖了。他的个性是由许多特性构成的。个性藏在这些互相矛盾的外部表现背后，它应该是从一个精确心理发展模式发展起来的个体精神胚胎。一个尚未被认识的儿童，是一个充满活力的、被隐藏在这些表面现象背后的人，毫无疑问，他必须获得自由。教育所面临的最紧迫的任务，就是去深入了解儿童，从所有的障碍中解放儿童。自由意味着能去发现未知的东西，自由意味着一个人知道自己可以做什么就大胆地去做。

有人会说，现在难道还没有有关儿童心理分析的研究和分析吗？但是我要说，那有着本质的区别。成人的秘密是自我约束的藏在潜意识中的某种东西，而儿童的秘密几乎暴露在他的环境中。帮助一个成人就像帮助他解开在漫长的时期中形成的一团心理乱麻，帮助一个儿童就必须给他提供一个自由发展的环境。

我们应该完全为了儿童的发展打开心窗，给他足够的自我创造空间。他们正处于从不存在到存在、从潜在性到实际性的过程中。儿童在这个过程中不可能是复杂的。儿童的能力日益增强，就用不着艰难地展现自我。在一个自由的环境中，儿童的心灵在自然发展的情况下会把秘密自动地揭开。脱离这条原则，所有的教育都会更深地陷入一种无穷的混乱之中。

新式教育的主要任务便是发现儿童，彻底解放他们，其次是根据特定需要适当改变环境和生活方式，再次是给日趋成熟的儿童提供必不可少的帮助。也就是说，我们必须给予儿童发展过程中所必需的成长环境，尽可能地将所有的障碍物拿开，为他们的自由发展提供帮助。成人既然也包含在环境之中，就必须要遵循这个环境中的原则，努力适应有儿童的环境。成人不要越俎代庖，要给予孩子自由发展的空间，不要"好心"去帮他，其实那是害了他。

替换性人格

成人往往喜欢以权威来代替孩子的活动，甚至代替他们思考。这种将自己的意志强加给孩子的行为，实在是荒谬。比如一位父亲年轻时候没有考上某名牌大学，他就要求儿子或女儿一定要报考这所大学，从来不管孩子是否像你一样喜欢那所学校。总之，孩子们完全处于弱势，没有什么决定权。

夏洛特有一所著名的精神病医院，他进行的实验研究引起了轰动，即通过催眠可以实现替换癔病患者人格。他的实验改变了之前认为人是自己行为的主人的观念。夏洛特的实验证明，某些暗示可能使被试验者接受催眠者的人格，失去自己的人格。这些数量很少仅在诊所里进行的实验开辟了一个新的研究领域，即从这种现象发现了双重人格。

儿童在童年期处于一种创造性特别容易受到暗示的状态，因为他开始意识到自我时正处于一个个性形成的阶段。成人的人格能够在这个时期悄悄地潜入儿童之中，用自己的意志激发儿童的意志，并使其产生变化。

成人必须学会控制自己的行为，在对待孩子方面，体现为不干涉孩子的举动，同时在生活方式上，减少乃至取消强制性措施，避免粗暴的命令、呵斥，甚至暴力威胁，而是要以和蔼的态度加以引导。显而易见，这样的态度是许多家长知道的，但他们并不见得就理解了其深刻的内涵。实际上，这跟儿童的发育和心理密切相关。

不难发现的一个情况是，当儿童长大到能够独立行动的时候，他与成人之间的矛盾也就开始了。当然，没有一个人能够完全控制儿童的视听，进而征服他的世界。但是当儿童开始独立行动、走路、触摸各种东西时，情况就另当别论了。即使一个成人确实爱他的孩子，但他的内心仍然会有一种自我保护的本能。正在成长的儿童与成年人各自不同的心态的确差别很大，如果双方不作些调整，他们就无法和谐地生活在一起。我们不难看到，这些调整是对儿童不利的，儿童弱小无力，只好任人摆布。儿童的行为如果与成人的需要不一致，就会不可避免地遭到限制。尤其是当成人没有意识到自己的自我保护心态时，他们反而会相信自己确实给了孩子深厚的爱和奉献。

但是，成人的这种无意识的自我保护，并不是以它的真实面目表现出来的。成人具有一种贪婪的心态，这使他小心翼翼地保护自己拥有的任何东西。然而这种贪婪却被"有责任正确地教育儿童"的信条掩饰起来了。成人害怕儿童打扰他的安宁，就找来一个借口："为了保证儿童的健康，应该让他多睡些。"

成人会心安理得地说："儿童不应该到处乱走。他不应该碰不属于他的东西。他不应该大声说话或叫嚷。他应该多躺一会儿……"这个发号施令的人似乎不是家庭一员，对孩子也没有特殊的爱。那些懒惰的父母会选择最省力的方法，他们干脆打发自己的孩子去睡觉。

谁会在让孩子睡觉这一点上犹豫不决呢？但是，如果一个儿童是那么机灵和那么快地服从了，从本质上来看，他应该不是一个"睡眠者"。当然，他需要也应该得到正常的睡眠时间，但必须区分什么是适宜的睡眠，什么是人为强制的睡眠。一个强者可以通过暗示把自己的意志强加给弱者。一个成人如果强迫儿童超时睡眠，他就是在通过暗示的力量，无意识地把自己的意志强加给儿童。

成年人，不论他们是有学问的或没有学问的父母，还是照顾婴儿的保姆，都联合起来促使这个充满生气的、活跃的婴儿去睡觉。在富有的家庭里，甚至2岁、3岁或4岁的儿童都要被责令过量睡眠。然而贫困家庭的孩子却不是这样，他们整天在街上跑，没人让他们去睡觉，因为他们并不是母亲厌烦的根源。通常情况下，这些贫穷家庭的孩子，比富家子弟要更平和一些。

能够给予儿童心理发展的一个最大帮助，就是给他一张满足他需要的床，以及不让他的睡眠超过必要的时间。只有当他困了、累了的时候，才让他去睡觉。当他睡够了就醒来，想起床时就爬起来。

像所有有助于儿童心理生活的新东西一样，一张矮床是非常经济的。儿童需要的是简单的东西，复杂的东西往往更容易阻碍儿童的发展。在许多家庭里，常把小床垫铺在地板上，上面再盖一条大毯子，由此改变了儿童的睡眠习惯。这样，一到晚上儿童就可以自己高兴地去睡觉，早晨起床也不会打扰任何人。

　　这些例子表明，成人是怎样错误地将自己的意愿强加给儿童，并在照顾儿童上费力不讨好。实际上，由于他们自我保护的本能，使他们违背了儿童的需要。其实，这种本能是可以轻易克服的。因此，成人应该努力去理解儿童的需要，这样就可以给他们提供一个适宜的生长环境，使他们得到满足。成人不应该把儿童当作没有生命力的物体，不应该在他小的时候随便支配他，在他长大以后又让他唯命是从。成人必须确信在儿童的发展方面，他们只能起一个次要的作用。他们必须努力地了解儿童，这样才能适当地帮助他们。由于儿童要比成人弱小得多，如果儿童要发展自己的个性，那么成人就必须控制自己，倾听孩子的心声。

自发建立纪律

生活中处处存在着偏见和无知，有时让人哭笑不得。比如说，明明有些缺陷十分明显，成年人却认为那是好的表现，是优点。在他们看来，不爱说话、不爱走动、消极而缺少活力的孩子才是乖孩子；那些吵闹不停、胡思乱想的孩子则被认为天分过人，大有前途。社会陈旧的观念往往简单地将孩子分为以下几类：

1. 那些不正常的儿童需要进行教育，使其改正；

2. 那些守规矩的孩子才是好孩子，他们是其他孩子学习的榜样；

3. 那些性格异常的孩子与众不同，比一般孩子要强。

后面两种观念非常普遍，这两种类型的儿童总能得到父母们的夸奖。虽然除此之外，再没有人喜欢他们，尤其是最后一种类型的儿童。

关于这一点，我已经多次指出，这是误导了人们几千年的一种偏见。可是，在我所办的第一所学校以及其后的学校里，当孩子们被某项工作吸引的时候，他们原有的这些性格特征都消失了。也就是说，这些儿童身上所有与众不同的东西都消失了，不论这些东西被认为是坏的还是好的，至少是可以改变的。

这又一次说明了，我们在对待儿童性格发展上有着太多的偏见，这甚至已经成为了一种习惯。上面的问题也许根深蒂固，一时无法根除。鉴于这种情况，我不由得想起一句宗教格言："真理只掌握在上帝的手中，我们看到的都是虚幻。"通过教学实践，我们发现儿童很想自己动手。人们以前完全忽视了这一点，他们没有注意到儿童会和自己一样，会有选择地去做一些事情，认为儿童只会玩耍。其实，儿童在心理的支配下，总忙于做事，因为他们能够从中获得快乐。

成人可能没有发现，这些每天都忙碌的小家伙儿们已然形成了纪律性。怎样培养孩子的纪律性而又不伤害他们的创造力呢？这里首先要理解纪律的概念，它与普遍接受的观念不同。只有当孩子成为自己的主人并遵循一些生活规则时，才能管住自己的行为，我们才认为他是一个守纪律的人。它不同于旧式教育里那种绝对的、不容辩驳的高压政策下的"不许动"的原则，换句话说，纪律不是让一个人默不作声或一动不动，如果是这样，就只会让孩子失去自我。

想让孩子终身受益，并不断完善他们的自制能力，我们就要有一些引导孩子遵循这些纪律的特殊技能。一旦孩子们学会了走动而不是坐着一动不动，那他就不是为学校而学习，而是为自己谋生活了。他将通过自己的习惯和实践变得很能干，在社会或社团活动中谈吐自如、举止得体。

当然，孩子的自由应限制在集体利益之内，这一集体可以是班级，也可以是家庭。从行为方式上看，孩子要达到的是有好的教养。因此，我们必须观察孩子是否有冲撞或激怒他人的行为，是否有粗鲁或不礼貌的行为。至于其他的行为，不管是怎样的行为，表现为怎样的行为方式，我们一方面要允许，另一方面还必须进行观察。这是最重要的一点。不管是老师，还是家长，都要去训练自己的观察能力，并且应作为一个被动的观察者，而不是一个主动并施加影响力的观察者。这种被动性表现为：一种带着渴望的好奇心，绝对尊重观察到的一切。

这一原则肯定适用于学校里那些首次展示出自己心理的孩子。人类在幼年时期所表现出来的智慧就如初升的太阳。我们必须虔诚地尊重孩子个性的初次展现。无论任何教育行为，如果行之有效的话，它就只能是帮助生命充分发展。要达到这样的效果，我们就非常有必要避免那些抑制自发行为和任意强加的行为。那些已习惯了普通学校旧式教育方法的人，尤其有必要接受这样的训练。

但把这种观察训练付诸实践并不容易。这是一个积累的过程，如果我们在心理学方面的科学文化知识和实践经验越广泛，我们就能越快地适应这个工作。渐渐地，我们就可以辨清哪些行为应该制止，哪些行为应该进行观察。

在干涉孩子之前，我们首先要注意观察和识别孩子行为的性质。有这样一个例子：一个小女孩把她的伙伴们召集到身旁，她站在他们中间开始一边讲话，一边打手势。教员立即跑向她，抓住她的手臂，告诉她不许动，但这个小女孩，其实是在扮演教师或母亲的角色，教他们做祈祷，向圣人祈祷和画十字架。她已经把自己当作一名教员了。

另一个孩子，他经常做一些无组织和捣蛋的行为。有一天，他非常小心地开始搬动桌子。不久，他就被教员要求站在那里不要动，因为他弄出了太大的噪声。然而，这是孩子第一次想好好表现，这本应该是值得尊重的行为。

在"儿童之家"经常发生这样的事情，当女教员把教具放回到盒子里，一个孩子就会走近，拿起这个教具，模仿教师。但教师的第一想法就是让孩子回到座位上，便对孩子说："别动，回到你的座位上。"然而，孩子只是想通过这个来表达他们想成为有益的人的欲望，对于教师来说，这本是教会孩子东西要摆放有序的一个好时机。

在"儿童之家"，最初的日子是教员们最困难的。为了能够积极遵守纪律，孩子们学会的第一个思想就是能辨别好与坏，而教员的职责就是观察孩子们有没有混淆好与不好、坏与不坏这些概念。我们的目标就是建立一个积极的纪律、工作的纪律和有益的纪律而不是一个不动的、被动的和顺从的纪律。

当建立了个性化纪律后，我们将安排孩子各就各位，让他们到自己喜爱的位置，保持秩序。我们要尽力让他们明白这样的道理，即这样的安排看起来很好，这样的井然有序是件好事，房间的布置非常好并令人愉快，他们为此应保持秩序，安静地待在教室里。后来，他们就安安静静地待在自己位置上了，这是一种教育的结果，而不是强迫接受的结果。让他们明白道理，而不是强迫他们去做，这才是最重要的。事实上，这种行为也是在训练孩子的反省能力。

孩子们经过这样的训练后，他们就在一定程度上有了可以选择自我行为的倾向。这种倾向一开始与不自觉的活动相混淆，但只要这样进行下去，孩子将能清晰地表现自己的个性。

也有一些孩子，他们静静地坐在座位上，显出毫无兴致或昏昏欲睡的样子。有的孩子则会离开位置，去同别人争吵、打架或打翻各种各样的木块和玩具。后来则有另外一些孩子开始做明确的判断性行为，如，把一张椅子搬到一个特殊的地方，然后坐在上面，把一些不用的桌子搬过来，像他们玩游戏一样布置它们。

由于孩子生来具有的不能自立的特性，以及作为社会个体的性质，孩子总是被镣铐限制着自己的活动。我们必须采用以自由为基础的教育方法，来帮助孩子克服这些各式各样的束缚。尽管儿童看起来行为自由，但他们给人的印象总是非常有纪律性的。每一个儿童都安静地、全神贯注地进行自己的工作。他们取出或归还教具时，走路的声音很轻。他们离开教室时，在院子里张望一下就回来，从不久留。他们对我们的要求执行迅速，这位教师告诉我："儿童这样听话，使我开始注意自己所说的每一句话，为每一句话负责。"我们要求儿童安静地进行练习，在她提出要求之后，他们就会带头表率。这种纪律的服从不仅没有阻止儿童的独立行动，更没有给他们按自己爱好安排每天的活动造成障碍。他们各取自己工作所需要的教具，并保持整洁。如果我们来迟了，或只有儿童们留在教室里，一切都照常进行。他们把秩序和自发的纪律结合在一起，这是最吸引参观者的表现。

他们十分安静，同时也表现出极好的纪律性，在我们提出要求之前就表现出服从。原因是什么呢？儿童工作时，教室里非常安静，没有人试图破坏过这种安静气氛，也没有人能通过虚假的形式来获得这种安静，可能是这些儿童找到了适合他们的生命的道路吧，就像星星在运行中不停地闪光一样。这种自然规律已经与环境无关，并成为宇宙规律的一部分。人们应该具备这种观念，自然界的规律肯定为所有其他形式的诸如社会生活的规律提供了基础。事实上，能激起最大的兴趣，并更能为教育理论提供营养的事情，就是阐明了自由只能诞生在秩序和纪律的基础上，很多人很难理解这一观点。

一天，意大利总理的女儿陪同阿根廷共和国大使来"儿童之家"参观访问。这位大使要求不要预先通知，他觉得耳听为虚，眼见为实，所以要更确切地证实一下。但当他们到了学校时，才知道那天是假日，学校不开门。院子中的一些儿童马上走过来，其中一个儿童和他们解释说："虽然今天是假日，但这没有关系，我们都在这幢大楼里，可以到门卫那里取钥匙。"于是，这些儿童跑到各处把他们的小伙伴集合起来。他们打开教室的门后，自动工作起来，向客人证实了他们令人惊讶的自发性行为。包括意大利国王、王后以及一些名人都来了，访问者到院子里看望孩子，引起这些住在公寓大楼里的家庭的惊讶，因为这种场面他们以前从未见过。儿童们的母亲经常会跑到我这儿，高兴地反映她们的家里所发生的事。悄悄地告诉我："如果不是我们的小孩，这些三四岁的小孩所说的话会令我们惊讶的。例如，他们会说：'该洗一洗你的脏兮兮的手了。'或者会说：'你是不是该把衣服上的脏东西擦掉。'听到他们的这种话时，我们不仅不恼火，而且觉得像在梦中一样。"

如今，儿童们使这些贫困的家庭变得更清洁，更整齐。孩子们把破碎的锅罐从他们的窗台上清理掉了，把窗户玻璃擦干净，在阳光下闪闪发光，他们又把院子花坛中的天竺葵也侍弄得花枝乱颤了。一些妇女经常把天竺葵放在学校的窗台和地板上，并做一些孩子喜爱的好吃的饭菜送到教室，以表达他们的感激之情，而且还不让我们知道是谁干的。

教育有哪些原则

教育应该通过什么手段才能更好地实现呢？下面我将通过对某些事情和印象的简单描述，来阐明自己的观点。

我们通常所看到的只是儿童，而非方法、通过对比你就发现，那些没有障碍物约束的儿童内心十分敞亮，他们能够按照本性而活动。我们前面所列举的那些童年期特征全是属于儿童生活的，它们根本不是任何"教育方法"的产物，就如鸟的羽毛、花朵的芳香一样。

可是，儿童的自然特性也会在某种意义上受到教育的影响，因为教育要做的就是帮助儿童发展或成长，用自然发展的方式去培养儿童。这有点类似于花园里的园丁，只不过他们培育的是植物，我们培育的是活生生的人。

"儿童之家"的种种现象表现了儿童的某些天赋的心理特征，这些心理特征不像植物的生理特征那么明显。儿童的心理生活是非常善变的，所以他的某些特征若不是在固定的某种环境中，就会消失殆尽，还有可能被别的东西所取代。所以，在探讨教育理论之前，我们要先创造一个能促进儿童天赋正常发展的适宜环境。为了实现这一目的，首要的就是消除障碍物，这是教育的基础和出发点。我们要做的不仅仅是发展儿童的现有特征，首先应当去发现儿童的本性。只有如此，才能促进儿童的正常发展。

在所有能够促进儿童发展的措施中，首要条件就是布置一个相对舒适的环境，这是重中之重。这个环境不一定要金碧辉煌、奢华至极，但一定要住着舒服，儿童在里面不会感到压抑。那些家庭条件不好的儿童，定然会喜欢上他们的新环境——洁白整齐的教室，那些为他们特制的小桌子、小板凳或者小型生活用具，以及院子里每个角落都能感受到的暖暖阳光。

至于第二个条件，则在于成人所起的作用是否积极。尽管儿童的父母没有什么文化，但我们的老师绝对不会轻慢家长，不像普通学校老师那样带着一股傲慢与偏见，这就产生了一种"理智的沉静"。人们早就认识到教师必须沉静，但是这种沉静常常被视为一种性格和神经质。然而，那种更深沉的沉静是指一种没有杂念的、更好的和畅通无阻的状态，它是内心清澈与思考自由的源泉。组成这种沉静的是心灵的谦虚和理智的纯洁，它是理解儿童所不可或缺的条件。因此，教师准备活动的最必要的部分就是获得这种沉静。

最后一个重要条件就是给儿童提供针对性的感官训练。这种训练的教具要有吸引力，能够引起儿童的极大兴趣。儿童被这些可以感知的东西吸引，并对他们逐一分析和研究。这些教材还可以帮助他们训练注意力的集中，注意力仅仅靠老师耳提面命是不够的，因为起决定作用的是内因，外部力量很难奏效。

适宜的环境、谦和的教师外加丰富的教具，这是我们教育方法的三个外部特征。现在，我们就去发现儿童各异的表现方式吧。连续的活动就像是一根魔法棒，能够叩开儿童心灵上的大门，这样就能更好地展现儿童自我发展的天赋。这种活动要求将受心理指导的手的运动专注于一项简单的工作上。儿童特征的发展显然来自于某种内在的冲动，像"重复练习"和"自由选择"这样的活动是儿童乐于进行的。我们发现，一个儿童会不知疲倦地从事他的工作，因为他的活动就如一种心理的新陈代谢，而这种新陈代谢与他的生命和发展是息息相关的，儿童自己的选择将成为他的指导原则。他热情地对诸如安静一类的练习做出反应，他喜爱那些能导向荣誉与正义的课程，他急切地想学会使用那些能发展他的心灵的工具。然而，他厌恶诸如奖品、玩具和糖果之类的东西。向我们表现出秩序和纪律也是他所关心和需要的。但是他仍是一个真正的儿童，充满活力、真诚、欢乐、可爱；高兴时会叫喊着，拍着手，到处奔跑；喜欢大声迎接客人，反复感谢，以呼唤和追随来表示激动；他友好，喜欢看到的东西，并使一切适合自己。

我们不妨列出一张表来，这样儿童自己喜欢的东西和他所抵制的东西就会显得一目了然。我们也许能够从这个方法之中寻觅到教育方法的端倪。总之，儿童本身已经对教育方法的构建提供了切实可行、清晰明确的轮廓。儿童自然本性能够自觉地遵循这种原则的指导，他们会本能地规避错误的原则。

第一项 儿童喜欢的东西	个人工作　　　　　重复练习 自由选择　　　　　控制错误 运动分析　　　　　安静练习 社会交往的良好行为 环境秩序　　　　　个人整洁 感官训练　　　　　书写和阅读 复述　　　　　　　自由活动
第二项 儿童抵制的东西	奖励和惩罚 拼字课本 玩具和糖果 教师的讲台

　　认识到这一个点，那么这些原则就会在教育方法的构建过程中始终处于核心地位，实在让人惊叹不已。如果你熟悉脊椎动物的胚胎的话，就一定能想象到：在这种胚胎之中，我们能看到一条将来的脊椎柱的模糊线。在这条线的内部有一些点，它们慢慢地发展成互不相连的椎骨。为什么要说这个话题呢？我发现这种胚胎分成了头部、胸部和腹部三部分，和我们的教育三大原则差不多。它具有一些将会如脊椎一样渐变的特征。这种整体也包括三部分，即环境、教师及教具。

　　如果对这种基本轮廓的演变步步紧跟的话，你会发现这是一个非常有趣的过程。人类社会最初的工作是受儿童指导的，这表明了这些原则起初表现为一些人们从未料到的新发现。这种特殊的教育方法不断发展最好被看成是一种演变，因为其中的新东西来自生命本身，而生命的发展是依靠它的环境。儿童成长的环境就成了某种特殊的东西，虽然它是由成人提供的，但在本质上却是一种与儿童生命发展所展现出的新模式的积极互动。

　　这种新式的教育方法，很快就得到了广泛应用，这也给我们提供了大量丰富的素材，这使我们能够发现共同的特征和趋势。所以说，自然规律是构成教育的基本因素。

教育方法是如何来的

　　很多人关心，我们的教育方法是如何得来的。其实，我们只是比较注重环境的功效，然后强调的是教师的指导作用。传统教育中，教师已经成为禁锢儿童自由发展的枷锁，他们往往倚仗自己的权威，缺乏主动性。当然，其中也不乏好的教师，看到儿童取得进步时，会感到高兴，会给予他真诚的赞美，但那毕竟不多。我们的老师可以做到这些，每个人都可以。因为我们尊重儿童的人格，这在教育界算是开了先河。

　　以上三个原则是我们"儿童之家"办学的根本宗旨，我们希望打造最具亲和力的"家庭"，而不是一个充满铜臭味的教育机构。就像关注新教育运动的人所了解的，新教育方法受到广泛地讨论和关注。这种教育方法把儿童和成人的角色重新定位——教师并不是教学的主体；把儿童当作活动的中心，让他们可以独立学习，随意地走动和选择自己想做的事情。人们把这看作是一种乌托邦，这样的说法是夸大其词。

　　下面我们再来谈一下有关环境设施的问题。我们的环境设置都是为孩子们量身定做的，一切设施都那么精确而舒适，因此也赢得了不错的口碑。装饰着花朵、低矮窗户的教室干净明亮，有仿制的现代家庭中的家具，比如各种小桌子、小扶手椅子、好看的窗帘、儿童可以自由开合的矮橱柜，橱柜里摆满了儿童可以随意使用的教具。总之，这一切看来都是有助于儿童发展的一种真正实际性的改进。我相信，方便的外部条件会被更多的"儿童之家"保持，这种令儿童喜悦的改进是"儿童之家"的一个主要特征。

　　当然我们也不会驻足不前，我们没有停止过对"儿童之家"教育理念的反思工作，因此我重新阐释儿童教育方法的起源。我们先是对儿童进行了细致的观察，然后才根据需要建立了这个学校，创造特殊方法，还认为儿童有神秘的本能，这是毫无根据的。一个人通过一种模糊的直觉去观察某种未知的东西，几乎是不可能的；凭空想象儿童具有两种本性，企图用实验把它们展现出来更是不可能的。这其实也很正常，新生事物往往在刚刚出现的时候遭受到的质疑最多，因为这个世界上还有很多人骨子里就拒绝新生事物。不过不能气馁，虽然有些东西至今尚未被人们所认识，但它会不断地前行，直到最终被人们心悦诚服地接受。人们最终会被新的东西震惊，最终接受它，并会坚定地欢迎它，甚至为它奉献自己的生命。

我们都知道，发现新的东西是困难的，要让自己相信一些新生事物更困难，因为我们感官的大门在新生事物前总是关闭的。但一旦有机会发现并承认它，我们就变成了《圣经》中那个寻找宝珠的商人，为了能找到一颗价值连城的宝珠竟然卖掉所有的家产。

我们的心灵就像是一扇窗，里面摆满了珍奇异宝，生怕陌生人进入。即便有陌生人想进入，也得有个可靠的人引荐才行，这是因为从已知到未知的过程中人们总是重复上述行为。一个没有人介绍的人就会砸坏紧闭着的门，或在门虚掩时偷偷地溜进去。他最终进入这间画室，就成为一个神奇的人物。当伏特在注视着四肢被剥皮的青蛙还能抽动时，他的神情很惊讶。但是他没有让这个瞬间流失，而是迅速跑回实验室，终于发现了静电的作用。有时伟大时代的开启，就源自于一件极其微小的事情。

物理学和医学都对于新的发现有着严格的审定标准。在这些领域的一个新发现，可能会揭示出一个人让人震惊的事实。这种可能被发现的事实，似乎并不存在，这种事实并不依赖于个人的直觉，它总是客观的。这其中有两个重要的步骤来证实新的事实：

首先，必须在被分离的状态下进行研究，但是还是要在不同条件下进行。

其次，必须使新的发现在这个研究环境中得到确认，必须可以再现和真实存在。新的发现必须先解决这个基本问题，然后才能开始研究，并在新的起点发现新的东西，才能为研究者带来真正的发现成果。

我相信，没有人肯研究一些自己无法证实存在的东西。探究者很可能只能得到一种幻象而非真相。一种研究方法总是与一种发现的再现、保存和控制紧密相连，因此它不会在电光石火间消逝，最终肯定能够实现自身的价值。

关于儿童的自尊

我们应该更加了解孩子的人格。不论教养的是新生儿还是年龄大一点的孩子，教育者的首要责任是察觉孩子的人格，并予以尊重。当我们因为怕孩子吵而不让孩子和我们在一起时，我们所表现出来的就是对孩子的不够尊重。

举个例子，如果我们正在吃晚餐，孩子此时却在另一个房间里哭哭啼啼，他为何会哭？那是因为他被单独隔离在外，而我们对成人显然就不会用这么不尊重的态度把他一个人关在房里。就像对待任何其他人一样，我们应该觉得孩子能和我们坐在一起吃饭是我们的"荣幸"；我们应该乐于见到孩子，并让孩子和我们接近。

有一些人相信，让孩子在成人的吃饭时间吃成人吃的食物，对孩子的健康不利，但我们实在不必太担心这个问题。重要的是，如果我们忽视了孩子，我们就伤害了孩子，而我们却常常未向孩子致歉。

对儿童来说，擤鼻子并不是易事，由于他们屡屡遭成人责备，所以他们在这一点上十分敏感。孩子们听到的叫嚷和辱骂强烈地刺伤了他们的感情。更让他们觉得难堪的是，在学校里穿戴整齐后，还要把手帕别在引人注目的围兜上，以免手帕丢失。但很少有人真正教他们怎样擤鼻涕，一旦有人这样做时，孩子们便感受到了从前受的羞辱得到了补偿。他们得到了公正的对待，而且也使他们获得了新的地位。

长期的经验表明，事实的确如此，儿童是有着一种强烈的个人尊严感的。通常，由于成人没有意识到这一点，便使儿童很容易受到伤害和遭到压抑。而要在孩子与成人之间建立一种和谐的关系，作为强势一方的成人，就必须首先去尊重孩子，深入了解孩子的真正需要。具体说就是，父母、长辈或教师与孩子的关系应是互相尊重，时时想到对方的愿望。因此当遇到某个问题时，例如在家庭内部出现的问题，不论是做出什么行动，都应当征求孩子的意见。作为父母或教师，不只是努力做一个有道德的人，更要消除使孩子对他感到不可思议的那些无形的阻力。如果成人对于孩子的要求违反了他们内部发展的不可改变的规律，孩子就不可能服从。孩子的顽皮和不服从往往就是由于他建构自己的内部力量和不了解他与成人之间的矛盾造成的。

可以说，孩子的最大障碍正是成人的权威和骄傲。孩子虽然还意识不到这种不公平，但他会感觉到精神上受到压制，从而给孩子的个性和心理发展造成影响。假如成人能做到尊重和了解孩子，不粗暴地拒绝孩子的请求，并从他们心理发展的规律中得到启示，便会知道孩子的心理和成人的心理是完全不同的。

睡眠问题

当小孩能独立行动时，他与大人的矛盾就开始了。不过由于孩子弱小，大多时候都任凭大人摆布。大人具有一种贪婪的本性，他们习惯于小心保护自己的私有财产，不允许孩子破坏任何东西。而且，他们讨厌孩子打扰他们做自己手头的事情，于是就找来借口：为了健康，小孩应该多睡觉！然后，打着为孩子健康的旗号，强行把孩子按在床上，让他多睡觉。

在现实生活中，我们总可以看到这样的景象——某些没有受到太多教育的妇女，为了不让孩子扰乱自己，就会对玩闹的孩子大骂，把他从家里轰赶到野外去。孩子大哭着离家出走。然而，等孩子回来后，又把他拥在怀里热烈亲吻。这样一来，孩子被搞糊涂了，他不知道自己怎样做才是对的，也不知道父母对待自己究竟是怎样一个态度。

城市里的父母对待孩子的情况似乎好了很多，然而事实上真的如此吗？他们总是习惯花钱请保姆，把孩子放心托付，让保姆带着孩子去散步，或想尽一切办法哄骗他们在床上酣睡。孩子真的需要这么多的睡眠吗？对他来说，太多的睡眠是一种浪费，浪费了他们锻炼和开发智力的时间。

父母就是这样只看到了孩子的身体需要，让他们吃喝和睡觉，他们总认为孩子不应该到处乱走，不应该碰房间里的任何东西，他们就应该做一个听话和服从的睡眠者，仿佛孩子一觉醒来，身体就可以突然间长高，大脑也变聪明了。他们都忽视了孩子更重要的心理需要。

我们要分辨出什么是应当的睡眠，什么是人为强制的睡眠。如果一个大人总是习惯强迫孩子超时睡眠，那他就是将自己的意愿强加在了孩子身上。在一定程度上，就对孩子的心理造成了看不见的创伤。

不管是父母还是保姆，他们总是想让本来活蹦乱跳的孩子睡觉，不管是穷人还是富人家庭，这种现象都普遍存在。相对而言，由于穷人的孩子很少受管制，像野孩子一样到处乱跑，比富人家孩子的情况要好一些。

我曾接触过一个 6 岁左右的富人家的孩子，他伤心地告诉我，自己从来没有看见过星星。我问他是什么原因？他说因为爸爸妈妈总是让他天一黑就上床睡觉。正因如此，他每一次都错过了看星星的时间。他给我说了他内心的一个愿望——想在夜晚的时候，爬到山上最高的地方，躺在那里，安静地看整整一夜的星星。

这个孩子真是太可怜了，看星星竟然成了他不可企及的奢望。这对他认识世界的活动，是怎样的一种限制和阻拦。很难预见，这种限制将对他未来的能力造成多大的障碍。正因如此，床成了孩子最大的痛苦。每一次入睡都要发生一次争执和战斗，而最后都是以他们屈服而告终。事实上，床应该成为孩子快乐的园地，我们应该考虑到孩子的心理需要，什么样的床才是最适合他们的？提供一张他需要的床，是对孩子心理发展的重要帮助。这种床不要像成人的床那样高，是一张低矮的床，不需要有花边，不需要华丽的装饰、披挂，他要的是最简单的东西——自己控制入睡和起床的时间。这样一来，当他困了、疲倦了，自然就会想到睡觉；等睡够了，就自然醒来，可以随心所欲地在床上玩，或者起来到处活动。要知道活动就是他们的工作，对他们的智力开发和心理成长有着重要作用。

我们要理解和倾听孩子内心的需求，提供他们所需要的成长环境，使他们的需要得到满足。只要有适当的帮助和环境，孩子自己就会发展自己的个性，靠自己的努力成长为一个有能力的人。

孩子如何迈出人生第一步

从运动的角度看，行走实际上是一种全方位的锻炼。它能改善人的呼吸，并且各个器官也都会参与进来，从而促进人的整体发展。对于孩子来说，行走是很自然的需求，是成长中必须学会的一种基本能力。这种能力的重要性不亚于运用双手。

儿童掌握行走的能力，靠的不是等待行走能力的降临，而是通过学习获得的。尽管人像其他动物一样有肢体，但人必须用两肢而不是四肢来行走。人走路时，先用一条腿支撑着自己，然后再换另一条腿支撑。动物是本能地学会行走，而人类是通过努力才学会。

幼儿的第一步是对自然界的一种征服，它通常标志着幼儿从 1 岁进入 2 岁。学会行走，对儿童来说几乎是第二次出生，正是因为行走，儿童从一个不能自助的人变成了一个积极主动的人。成功迈出第一步，是儿童正常发展的主要标志之一。但在这之后，幼儿仍需反复实践，因为取得平衡和稳健的步伐，是持续努力的结果。

通过观察可以发现，当孩子学行走时，他们似乎受到某种不可抑制的冲动所驱使。他们勇敢无畏，甚至在尝试中有点莽撞，不管遇到什么困难，他们都试着迈出步伐。可以说，喜欢行走和到处跑动是儿童的天性。

然而，尽管父母确实盼望着看到孩子迈出的第一步，但孩子追求目标的这种强烈渴望，使成人用防护设施把他们围了起来。这样，便无疑成了抑制孩子行走的障碍物。即使孩子的腿已经强健有力，父母有时候也把孩子关在学步栏或婴儿车内练习走路。当成人带孩子外出时，即使他能够走路了，成人仍把他放在手推车里。如此一来，虽然孩子的安全得到了保障，他内在精神的发展却被抑制。

实际上，孩子的行走冲动绝不是偶然。他们是在自我的指导下对这种有组织的运动建立协调性。依靠无数的协调经验，儿童的自我用他们正在发展的精神协调、组织和统一了他们的表达器官。因此，孩子必须自由地决定和完成行为。

有些父母似乎不明白这一点。有一位母亲在小孩一次学习行走的过程中发了脾气。她的孩子刚开始学走路，但她一看到楼梯，就会尖叫起来，当有人抱她登上楼梯或下楼梯，她就眼泪汪汪，她母亲认为这种心理紊乱可能仅仅是一种巧合。事实上，这孩子并非如她母亲所想，她只不过是想靠自己的能力爬楼梯。

成人认为儿童不能走很远的路，但1～2岁的孩子能走上2公里的路。曾经有一对夫妇，其最小的孩子1岁半。夏季的时候，他们为了去海边，必须走大约1公里，陡峭的下坡路使手推车或马车都无法通行，年轻的夫妇想带孩子一起去，但他们发现将孩子抱在怀里太累了。最后，小孩自己解决了这个问题，他时而走路，时而奔跑，并走完了整个路程。他还不时地停下来，站在花旁，或坐在草地上，或站着看一些动物。每天，这个小孩都自己缓慢地走过这条漫长而又坎坷的路，却没有疲倦感。

儿童的腿没有成年人的长，他们往往就不得不向那些不肯放慢脚步的成人妥协。保姆会以自己的速度径直走向户外的目的地，小孩被放在手推车里，仿佛推的是装满蔬菜的小推车。只有到了公园以后，她才让小孩从手推车里出来，让孩子在草地上走动。她则坐在一边两眼始终注视着他，这个保姆所做的一切仅仅是为了避免发生意外。但当我们了解了儿童的需要之后，我们就既不要求他们跟上我们，也不会像这名保姆那样，把孩子"困"在小推车里。

儿童天生喜欢行走和到处跑动。在幼儿园里，滑梯上总是挤满了儿童，他们登上登下、爬来爬去，而那些生活在闹市区的穷孩子，则能在街上跑来跑去，毫不费力地躲开车辆。尽管这是危险的，但他们却不会由于羞怯变得迟钝，甚至变得懒散。

人类能够行进需要经历四个阶段。第一个阶段是坐起来。第二个阶段是翻身，然后爬行。如果在这一阶段幼儿抓住成人的指头，他就会试着用脚来走路，但仅仅是脚尖接触地面。然后是独自站立，并且整个脚掌着地，完成人的正常站立姿势。不久之后，他就会达到第四个阶段，不需要别人的帮助自己走路了。所有这些都反映了儿童的内部成熟过程。

当儿童学会了行走，在这方面他便取得了独立。独立的意义就是自己能够做事情。给予孩子独立发展的空间，儿童就能少受外在力量的抑制，从而更快地发展自身，其内在需要也更容易得到满足。这一观点对于成人是一项最重要的指导。虽然帮助儿童是成人的一种习惯，这种习惯往往是来自对儿童的怜爱，但它并不利于儿童的独立。

不要向儿童提供过多的、不必要的帮助。如果儿童想自己独立行走，我们必须允许他们，因为所有的发展力量都必须通过实践才能得到发挥，在具备了基本能力之后仍然需要实践的帮助。如果一个儿童长到 3 岁时我们还把他抱在怀里，他的发展就一定会受到限制。如果已经达到了真正的独立，成年人的帮助只会成为障碍。

当儿童手的技能和腿保持平衡的能力联合起来后，他们不仅仅要求走路，还要走很长的路。儿童还喜欢攀爬，喜欢抓住某样东西走向高处。这些活动都无疑锻炼了孩子的力量和协调性。当儿童已经能够走路，身体不再摇晃，并形成了一定的节奏之后，儿童的信心也会自然地生成，此时的他们，便成了自我的征服者和胜利者。他们可以独自行动，而不再完全听任成人的摆布了。因而儿童可以通过行走去拓展自己的世界，结交玩伴，做游戏，去往更多的地方，发现新奇的事物……这一切，都是为了满足他们成长过程中强烈的内在需求。

"儿童之家" 的建成

1907 年 1 月 6 日，注定是个值得纪念的日子，因为这一天第一所 "儿童之家" 成立了。我们当时招收的学生大多在 3 ~ 6 岁之间。那时还没有专门的教育法，我在 "儿童之家" 推行的是我自己的家教法。"儿童之家" 当初十分艰苦，除了 50 多个衣衫褴褛的穷孩子之外，再没有别的东西了。当初那些送孩子来的家长，大多是没时间带孩子的文盲家庭。

我们最初的想法也很简单，就是把这些孩子聚集在一起，免得整天在楼道闹哄哄的，而且把墙壁画得乌七八糟。我受邀请来负责这个教育机构后，有种说不出的感觉，在这种感觉的推动下，我们开始筹划办 "儿童之家"。我当时信心满满，觉得这是一项崇高的事业，最终会得到全世界的尊重。

主显节那天，我在教堂里读到《圣经》上的那段对我来说像是预言的话："看到地球被黑暗所笼罩……但是，太阳将在东方升起，它的光辉将成为人们的指南。" 出席 "儿童之家" 开幕式的所有人都惊讶地问我：干吗要在地球上建这么一个机构给穷孩子呢？开始工作的时候，我的心情就像一个农夫，拒绝用好的玉米种子，找到沃土就随意撒种。和农夫的结果相反，我在土地上挖到的不是粮食，而是金子，宝贝隐藏在泥土下面。我并不认为我自己就是那个农夫。我更像愚蠢的阿拉丁，明明手中拿着开启宝藏大门的钥匙，却就是无法将锁打开。

就在我为这些儿童工作的时候，我常常感到惊讶万分。我觉得有必要说说这个奇迹般的故事。教育正常儿童发展的关键，在一般人看来，是采用在教育有心智缺陷的儿童的过程中大获成功的那些方法。起初我也是这么想的，因为我曾经帮助过弱智儿童，用这种方法改变其思维方式，并取得了不错的成效。由此推理，这种方法在正常孩子身上也应该很有效。结果让我感到惊愕，这些理论看上去根本不管用，至少没有达到预期的效果。

作为激发孩子兴趣的一种手段，这些教具应用在那些智力差的儿童身上是有用的。而用于正常儿童和心智有缺陷的儿童的身上，效果是不同的。因为这些教具能使心智有缺陷的儿童改善心理健康，并学到一些东西，所以，我竭尽全力去劝说这些儿童运用教具。但是，这不适用于正常儿童。当一种教具吸引儿童时，他会以一种惊人的聚精会神的态度连续工作，对这个教具集中全部注意力，心无旁骛。完成工作后他显得满意、轻松。这种心情，从那些安宁的小脸蛋和为完成任务而满意的眼神中可以看出来。我给儿童提供的教具，就像钟表商人提供开启钟表发条的钥匙。钟自身在发条上紧后就不停地运转了；儿童不仅能持续地使用教具，而且他们的心理变得比以前更健康、更有活力。心理激励才能推动这样的工作。

我不相信这个现实，一次次地实验，结果都一样。我有时候会自言自语："我不相信！下一次我才相信。"我感到有点不可思议，并在很长一段时间内拒绝承认这个结果。我并不责怪教师们对我善意的提醒，他们一次次地告诉我孩子们在干什么。我只是很严肃地说："这很让我吃惊。"我至今还想起一位老师泪眼婆娑地说："你是完全正确的。每次，这样的情况被我看到，我就想，正在激励这些儿童的肯定是一个儿童的守护神。"

我怀着无比慈爱和悲悯之心看着这些儿童，极富感情地说："你们是谁？难道就是耶稣怀里抱着的婴儿吗？"那一刻我坚信，真理就在前方，我要拼命去抓住。

我还记得，在见到"儿童之家"第一批儿童时，他们惊恐不安、胆怯，以致无法使他们说话，他们表情呆滞，眼神迷茫，似乎生活早无乐趣可言了。现实中，他们生活贫困，没有被很好地照管，他们从小居住的小屋光线黑暗，一片破败，他们心灵苦涩，缺乏关爱。他们营养不良，缺乏新鲜的空气和阳光，他们注定是不能开花结果的嫩芽。

仅仅是换了一个环境，这些孩子就能够如此焕发出光彩，这的确让人惊叹不已。因为这些儿童拥有了新的心灵，这种发自内心的光辉将照亮整个世界。促使儿童心灵解放的办法是什么呢？就是扫清发展道路上的种种障碍。但是究竟什么才是障碍，我们也说不清。什么环境与什么儿童相匹配，我们也研究了很久。现实中的许多环境与我们期盼的目标南辕北辙。

这些孩子的家庭条件都不好，他们几乎是处于社会底层。父母工作不稳定，还要每天外出打工，或者干点零碎的活计。出于无奈，我们找了一位受过良好教育的年轻妇女做我们的教师。可是她似乎还没有准备好。说白了，这其实就是一个慈善机构性质的学校，人们没有指望他们在这里能学到点东西，只是希望别再去楼道墙壁上乱抹乱画就行了。这不是一个福利院，所以孩子们根本别想在这里吃上免费的午餐，也没有人想着给学生和老师买些办公的桌椅，我们只是拿一些家具凑合着用。

第一所"儿童之家"像一只归零的测量表，而并不是一所真正的学校。因为我们的资金极为有限，儿童和我们都没有桌子，没有一个办公室，没有基本的住宿条件。但与此同时，我拥有一些通常学校没有的为心智有缺陷的儿童教育机构准备的特殊设备，这是不幸中的万幸。我们今天所看到的"儿童之家"是那么明亮和令人愉快，但第一所"儿童之家"的环境并不像现在这样，给人印象最深的家具是一张供我们用的牢固的桌子，还有一只用来储藏所有教具的大柜子。这只柜子的门很坚实，平时是上锁的，由教师保管钥匙。儿童用的桌子既结实又耐用，3个儿童共用一张桌子。桌子一张挨着一张排列，像一般的学校一样。每个儿童除了拥有坐的长凳外，还拥有一把简易的小扶手椅子。院子里生长着栽种的植物，只有一小片草坪和树木。这就成为我们学校后来的特征之一。在这样的环境里，即使进行重要的实验也没有什么诱惑力，但是，为了了解正常儿童与心智有缺陷的儿童在反应上的差异，我对进行系统的感官教育满怀信心。我对了解年龄小的正常儿童和年龄较大的有心智缺陷的儿童之间的差异特别感兴趣。

我没有对这份工作有丝毫的轻视，我们都没有受到什么约束，也没有特别要求完成的任务，总之每天都很开心。仅仅是教儿童使用一些感官材料，我就先培训那位女教师。这样，那位教师可以很容易地做事情，也很有兴趣。我一直在鼓励她发挥自己的创造精神。

过了一段时间之后，我们的那位教师工作逐渐进入了状态。她还亲自为孩子们制作了一些教具，其中有一个精致的十字架让我记忆犹新。她把这些纸质材料的东西制作成精美的小饰品，送给那些表现优异的孩子们。一些孩子佩戴上这些饰品之后，兴致勃勃。她还很巧妙地教给这些孩子们如何敬礼，虽然这些孩子还都不到5岁，但他们都喜欢这些动作。这些变化是十分可喜的，孩子们也整天欢声笑语。于是，我也开始默默无闻地做本职工作了，我那段时间做的很多事情，许多人至今还不知道呢！

蒙台梭利教育